ほろよいブックス

情報と文化をむすぶ交流の酒

酒運び

ほろよいブックス編集部：編

◎社会評論社

「飲んでいても時間はたって行きますから、」とそれで谷村は答えた。

「そして時間がたつうちに色んなことが起こる、」とその男が一人言のように言った。「併しそれならばそういうことは時間に任せて置けばいいっていうことになる、」とこれは明かに谷村にだった。

「そう、その間にも我々が年を取って行く、」と谷村は言った。「或は飛行機が、この次はどこでしたっけ、ローマに近づく。」

吉田健一「飛行機の中」より
（講談社文芸文庫版『旅の時間』所収）

口上

When in Rome, do as the Romans do. ——郷に入りては郷に従え。大切な処世術でございます。**Bar** の棚に並ぶお酒。バーテンダーが選び抜いたお店の顔。威風堂々。私ども客はちょこんと腰掛けまして、あとは郷に入りてはの態でマスターにお任せ。お薦めを待ちましょう。

集いましたるお酒の面々は世界各地で造られてきた逸品だ。名付けやデザインを工夫した瓶やら缶に収まりまして、いざ物流の旅へ出発。なんやかんやでお馴染みの **Bar** にもご到着。客はもうすぐそこだァ。——酒類にあわせてグラスが選ばれ、注がれる。緊張と解放の入り交じる瞬間、仕上げの1滴が落ち、バーテンダーから客へリリース。よっ、待ってました！ これぞ手塩にかけた〝酒運び〟。さぁさぁさぁ、あとは私どもの口にゆっくり運んで参ります。いただきます。んん、美味い。も一度運ぶ。おぅ美味い。おかわりなんかしちゃいましょ。マスターもう1杯！ ……でも、そうだ。〆は財布からお金をお店に運ばなくっちゃあいけないわけで。

さて、改めましてのご挨拶。古今東西お酒がつなぐ良縁奇縁。本書はさしずめ覗《のぞ》き窓。皆々様のオココロをお酒の御縁で染めます、ほろよいブックス〝酒運び〟。開演でございます。

目次

ラジオが好きで携帯用をいつも手放さず持ち歩いております。土曜の昼下がりにはヒーキの番組がございまして、ベテランＤＪたちが駄弁《だべ》るのにただただ耳を傾ける。これがまたイイんだ。喋りのプロの駄弁りってのは音楽聴くように心地がイイんですョ。そのまま蕎麦屋にでも入って、モリと焼酎でちびりちびりとやりながらラジオ聴いて時を過ごす。嗚呼、贅沢。酔っ払いのオッサンがイヤホンつけて終始ニヤついてんですから、周りはそっとしておいて下さいます。目線を合わせぬよう、合わせぬよう。——さて。酒宴の始まりです。司会者のよく通る声がマイクに柔らかく響きます。自然と場内サーッと静まる。耳を傾けることに致しましょう。

酒が結ぶ縁、広げる世間

岩内・高田そして水上勉

斎藤 弘美
ゆう・えん代表／日本大学文理学部社会学科非常勤講師

「美味しい酒があるところならギャラは安くても……」

TBSラジオ（当時）でリポーターの仕事をしていた若かりし頃、私はいつもそういっていた。おかげで、全国各地に取材旅行をした総理府（当時）提供の情報番組では、仕事が終わるといつも、その土地ならではの美味しい酒を飲ませてもらった。

酒のあるところには**素敵な人たち**が集まっていた。秋田では秋田大学の留学生に「おかあさん」と呼ばれている下宿屋のおばさんがいた。留学生が集まるその家には、数え切れないほどの種類の**果実酒**がならんでいた。酒好きのディレクターと私は、留学生と、地元の人たちと、夜が更けるまで酒を酌み交わし、話し込んだ。大いに盛り上がったその夜の取材は大成功のはずだった。が、私達はあまりの楽しさに、当時**デンスケ**と呼ばれていた取材用テープレコーダーを回すのをすっかり忘れ、翌日、大慌てしたのも今となっては懐かしい思い出である。

「酒上綾町」（さけのうえのあやまち）。私がお世話になっている**「お江戸まちあるき」**の講師、**山口則彦**さんの俳号である。彼と知り合ったのは、浅草で開かれた**宝井琴調**師の講談の会の打ち上げであった。

「打ち上げ」これこそ、酒飲みにとって最高の言い訳である。

「上質な大人の学びと遊びのネットワーク」をキャッチフレーズに立ち上げた我が小社の新企画、江戸歴史探訪は、打ち上げの席での出会いから始まったのだ。はたして**「サケノウエノアヤマチ」**だったか。私にとって、探していた最良の講師に巡り逢えたのは、**そこに酒があったから……**。以来、山口センセイの「お江戸まちあるき」は、我が社唯一の定番人気企画となっている。

そこに酒があったから……。

次なる舞台は**「キングジョージ」**。といっても、今年、英国に誕生したプリンスの名前ではない。私が**木田金次郎**をめぐる不思議な人々と出会った北海道**岩内町**の**Bar**である。岩内と聞いてその位置をイメージできる人は少ないだろう。私も、友人が新聞社の支局に赴任するまではその存在すら知らなかった。**「存在すら知らなかった土地」**、それだけで飛んでいく大きな理由になった。

岩内は積丹半島の根元の部分に位置している。最近では**泊原発**の対岸の町、といった方がわかりやすいかもしれない。かつて**鰊漁**、**スケソウダラ漁**で栄えた港町である。１９５４（昭和29）年

9月26日。終戦の混乱がようやく収まり、高度経済成長が始まろうとしていた時期に、岩内史上最大の事件は起きた。この日、**洞爺丸台風**の直撃を受けた岩内は、強風によって旧市街地の3分の2を焼失する**大火**に襲われたのだった。全町４４６６戸のうち３２９８戸が焼失した岩内は「再起不能」といわれた。[1]

火災で失われたのは人々の命や生活だけではなかった。漁師をしながら、ふるさとを描き続けた画家　木田金次郎の作品のほとんどすべてが、一瞬にしてこの大火に飲み込まれたのだった。木田の名前を知らない人も、**有島武郎**の『**生まれ出づる悩み**』の主人公のモデルになった画家といえば、わかるだろう。有島の助言で東京に出ることをあきらめ、**ふるさとにとどまって絵を描き続けた**木田の絵が岩内を出ることはほとんどなかった。漁をしながらひたすら描き続けた１５００点余の作品、**すべてが灰となった時**、木田金次郎は61歳を迎えていた。

「木田は岩内大火の時の、あの〈火〉を見たことで、画風が変わったのではないか」木田金次郎美術館の立ち上げに係わった初代学芸員の**久米淳之**さんは、**〈火〉の力**を強調する。61歳の木田は、大火の翌日から寝食を忘れ、とりつかれたように絵筆を握った。強烈な〈火〉を見たとき、人は変わるのかもしれない。岩内から出ていたために、幸運にも焼失を免れた「大火以前」の作品と、**「大火後」の作品**は、素人目にも明らかに違う。大火後の作品の確信に満ちた力強さは、見る者を圧倒する。木田は69歳に脳出血で亡くなるまで岩内を離れることなく、精力的に描き続けた。

1961（昭和36）年9月の岩内、**雷電海岸**。その**岩場に設けられた酒宴の席**で、岩内大火の話を聞き、強い衝撃を受けた人物がいた。当時直木賞を受賞したばかりの新進作家**水上勉**である。水上は酒宴の翌日、「岩内から人殺しを1人出しますよ」といって去っていき、発表されたのが、**『飢餓海峡』**(2)だった。

奇しき縁で岩内とつながり、**木田美術館建設**を支援した人物がいる。水上勉の子息であり、「信濃デッサン館」館主の**窪島誠一郎**さんである。1989（平成1）年夏、窪島さんは、デッサン館に訪ねてきた岩内の人々と信州の温泉宿で酒を酌み交わし、美術館構想に耳を傾けた。窪島さんの元を訪ねたのは、「美術館建設を考える会」の8名。印刷会社社長、洋品店、文具店、陶器店の主人、タクシー会社の重役、町の助役、企画課の青年だった。その**官民混成の顔ぶれ**の多様さと熱意に心を動かされた、と窪島さんはのちに北海道新聞に書いている。

1993（平成5）年9月、初めて訪れた岩内の**Bar**で、私は木田金次郎の絵に出会った。キン

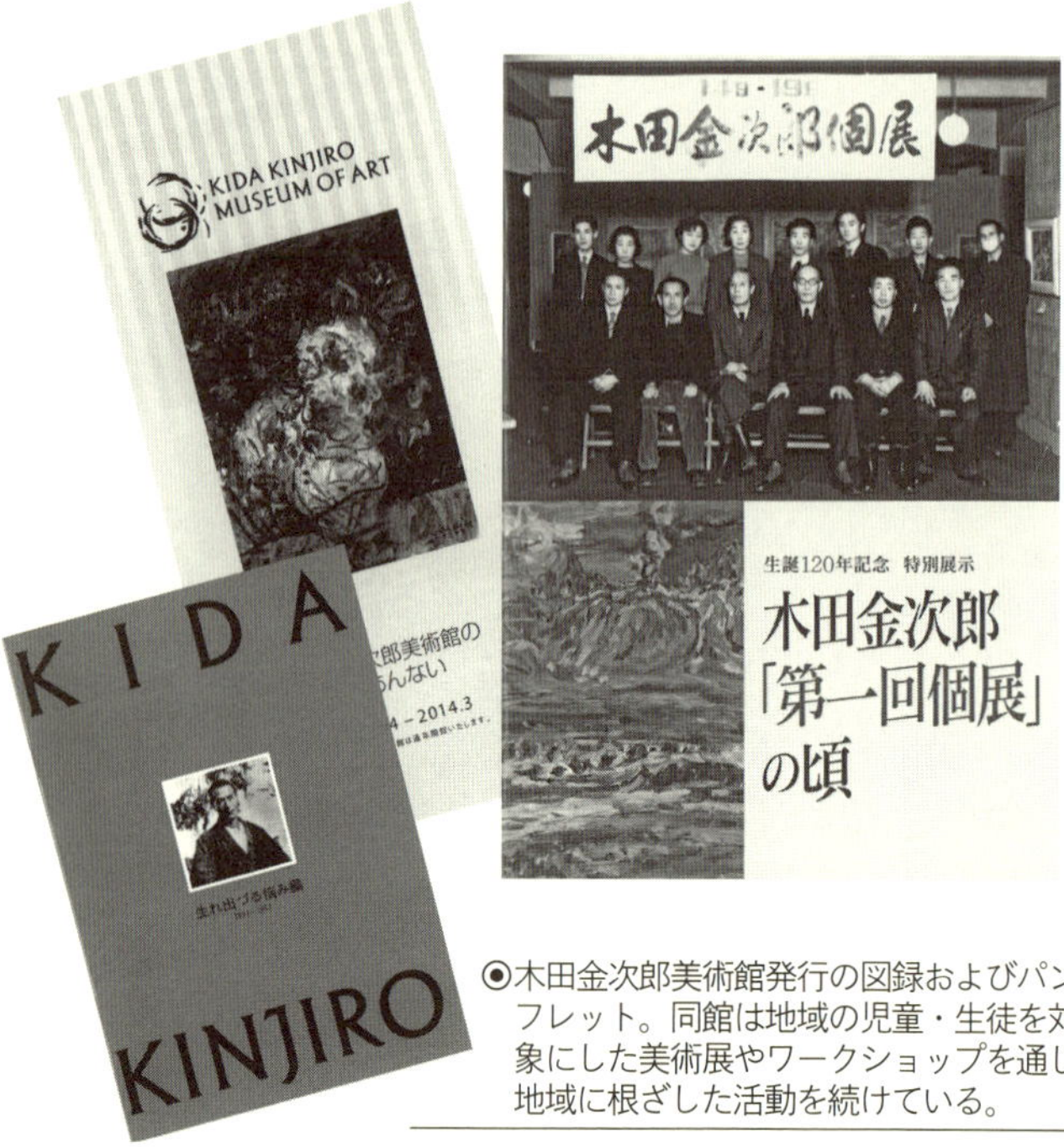

◉木田金次郎美術館発行の図録およびパンフレット。同館は地域の児童・生徒を対象にした美術展やワークショップを通じ地域に根ざした活動を続けている。

グジョージは、当時「木田金次郎美術館」を作ろうと奔走していた人々のたまり場だった。人口1万人の小さな町が**町営の美術館**を持つことには、当然、反対する人も多かった。**JR岩内線が廃止**された直後で、**再開発**が町の最大課題だった。構想が持ち上がった当初は2対8で、美術館ではなく火葬場建設案が支持されていたという。しかし、**Bar**で出会った人たちは、私に木田の絵の魅力、木田が描いた岩内の魅力、そして美術館構想への期待を熱く語ってくれた。文房具屋の**森嶋敏行**さんは青年会議所時代、岩内に水上を迎えたメンバーの1人で、美術館建設実現のために各地の小さな美術館を手弁当で視察していた。長靴姿で、オランダのゴッホ美術館について熱く語ってくれた町役場水産課の**表芳弘**さんは、その後、教育長になった。時折、議論に加わりながら美味しいお酒を出してくれたマスターの**瀧澤進**さんは、現在、美術館の館長である。

キングジョージはマスコミの発信基地でもあった。その頃、岩内には6社ほどの記者が駐在していたが、役場の記者室を引き上げた彼らは、キングジョージに立ち寄るのが日課だった。私の友人もその1人だった。官民、そしてマスコミも歩を揃えるように美術館建設に向かっていた。私が岩内に出会ったのは、まさにそのころだったのである。

ちなみに、ジャズの流れるキングジョージで私が最も好きな酒は、**ニッカ**の「**竹鶴**」。小樽から岩内に行く途中に、ニッカウヰスキーの製造工場のある**余市**がある。私が岩内に引きつけられる理由のひとつでもある。

こうして1994（平成6）年11月3日、「**木田金次郎美術館**」はオープンし、**観光客**は7倍に増えた。当時、美術館準備室長として、町役場側から建設を進めた**大島正行**さんは「経済効果は勿論だが、それ以上に、美術館は**町の人々の誇り**となっていた」と振り返る。「あのころは岩内の**青春だった**」。

酒のあるところに青春は生まれる、のか。

「雪深い　越後の里には　人の心を豊かにする　美味しい地酒があります。それを伝えていくことが私どもの夢です。」

創業明治43年の立原商店のパンフレットに書かれている店主のことばである。新潟県**上越市高田**にある**立原商店**には、**雪中梅**（上越市）、**鮎正宗**（妙高市）、**越乃白雁**（長岡市）など数々の越後の地酒とともに、**越後美人**、**越乃雪月花**、**スキー正宗**といった地元高田の地酒が並ぶ。このうち文化元年創業「越後美人」の**上越酒造**6代目社長・**飯野美徳**さんは、自ら**杜氏**として酒造りを行っている。私がこの酒と出会ったのは２０１１（平成23）年2月、東京・門前仲町の**門仲天井ホール**(3)だった。

前年4月から隔月6回シリーズで開催していた「**もんてん瞽女（ごぜ）プロジェクト**」最終回。「瞽女と地域コミュニティのいま」と題したプログラムが終了し、会場では打ち上げを兼ねた懇親会が行われた。ここで最も人気を集めたのが、「**越後高田瞽女唄**」という越後美人の**生酒**。高田の人たちがこの日のために、**絞りたて**を運んできてくれたものだった。会場にはほかにも、**高田のどぶろく**、**岩の原ワイン**などの酒と、新潟の食材を使った特別料理が所狭しと並び、さながらホテルかデパートの「高田フェア」のようになった。

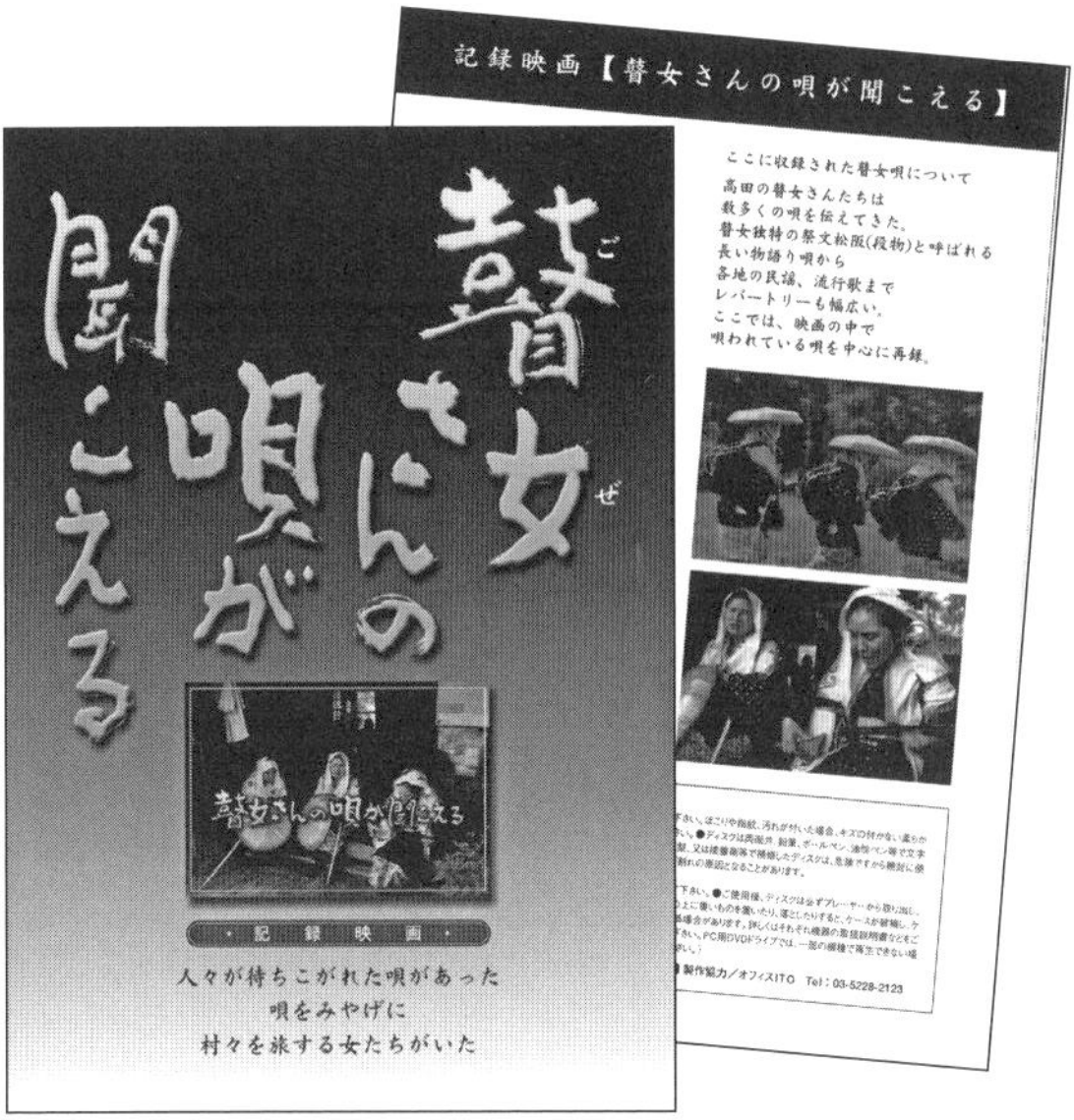

◉記録映画『瞽女さんの唄が聞こえる』ＤＶＤより。本編の他に瞽女唄も収録（「門付け唄」「新保広大寺」「昭和音頭」「へそ穴口説き」「祭文松坂〜葛の葉子別れの段」）。著作・制作（有）地球村

「もんてん瞽女プロジェクト」は、私が、小さな会場で行われたドキュメンタリー映画の完成試写会に行ったことからスタートした。映画のタイトルは**『瞽女さんの唄が聞こえる』**(4)。製作した**伊東喜雄**監督は、30年近く前にＴＢＳラジオで一緒に仕事をさせていただいた放送作家だった。当時、放送の仕事をしながら、大学院で歴史や民俗学の勉強を続けていた私は、彼が高田瞽女の取材をしているという話を興味津々で聞いていた。

１９７１（昭和46）年に撮影したというそのドキュメンタリーは衝撃的だった。それまでほとんど映像になっていなかった**瞽女たちの「日常生活」**が描かれていたからである。私は思わず、この映画を**多くの人に見せたい、見てもらいたい**と思った。そこで、

付き合いのあった門仲天井ホールの**黒崎八重子**支配人に相談し、毎回テーマを変えて6回シリーズでの上映会を開催することにした。高田瞽女最後の親方、**杉本キクイ**が亡くなって27年目のことである。

映画に登場する杉本キクイがシズ、コトミ、2人の弟子とともに住んでいたのが、上越市高田本町4丁目の**雁木長屋**である。主は変わったものの、その家は今もほぼそのままの形で残っている。雁木は今でいうアーケードのようなものだが、各家が軒を1間ばかり張り出して家の前を**雪除けの通路**にした、この地方独特の建築である。

伊東監督が通ったその家には、同じころ、水上勉も訪ねていた。水上の祖母は全盲であった。その祖母に連れられて、幼いころに瞽女の唄や話を聴いていた思い出が、水上にはあった。「不自由な生活の、朝夕のなりわいを、きいていると、眼あきの私たちでさえ、**おろそかにしているいくたのこと**を、瞽女たちは、几帳面に掟として守っていることがわかる」水上は、このとき3人の瞽女の慎ましく、行き届いた暮らしぶりにふれて、このように記している。[5]

杉本家を訪れて数年後、水上は小説『**はなれ瞽女おりん**』[6]を書いた。この小説が映画・舞台化され、「瞽女」の存在も広く知られるようになったのと相前後して、高田瞽女の杉本キクイや長岡瞽女の**小林ハル**は、国の「**記録作成等を講ずべき無形文化財**」として選択され、**黄綬褒章**を受章した。こうしたことから、1970年代後半、「瞽女」は一時、ブームのようになっていた。しかし、**映画・舞台の「おりん」**のイメージが強すぎ、水上が出会った本来の瞽女の姿は必ずしも人々に伝わってはいない。

『瞽女さんの唄が聞こえる』は、3人の高田瞽女、最後の旅姿を見ることができる貴重な映像である。「瞽女」と書いて「ごぜ」と読む。本来、**三味線**ではなく**鼓**を持っていたことから、鼓に目という字を作り、女芸人という意味で「瞽女」と書いたとされる。音の「ごぜ」はその始まりが、女性芸能者であった「**白拍子**」の**静御前**などの「御前＝ごぜん」に由来し、その発祥は平安時代にまで遡るといわれる。瞽女は**盲目の旅芸人**で、三味線を弾き、歌を唄う「**門付け**」で生涯を送ったが、その訪問は行く先々の農村で歓迎されていた。

若狭の村で、盲目の祖母とともに瞽女を迎えていた水上は、その頃の思い出を「不思議と、子供の頃から、この瞽女のことを、ふつうの「物貰い」か「乞食」と区別して考え、毎年、雪どけの春先にやってくる彼女たちの姿を心待ちにしたものだった」と書いている。

高田瞽女は自分たちの家を持ち、瞽女だけで生活した。目の見えない子どもは「按摩になるか、瞽女になるか」と親から聞かれ、瞽女になると答えると、瞽女の親方の家に養子となって弟子入りした。教える方も教わる方も盲目。すべて耳で覚えて稽古するのである。高田瞽女随一の唄い手といわれたキクイは、一段30分かかる**祭文松坂**を50段も記憶していた。親子2代にわたり瞽女を研究する**市川信夫**さん[7]によれば、7歳で入門した杉本キクイの最初の練習曲は「オカザキジョロシュハ　ヨイ　ジョロシュ」だったという。

瞽女は毎年、同じ時期に、庄屋名主などの決まった家を訪れた。門付けで家々を回ったあとは、そうした**瞽女宿**に、夕食後、三々五々集まってくる老若男女、村中の人たちに演奏を聞かせた。唄われたのは、**段物**（祭文松坂）、**口説**から**長唄**、**常磐津**、**新内**から**都々逸**、**民謡**、**流行歌**まで、実に何でもあり。そうして、老人や女子供が引き上げたあとは**男たちが残って**、**酒盛り**が始まるのである。そこで、瞽女は芸者のように唄ったりふざけたり。農村の女たちを見慣れた男たちにとって、丸髷を結って化粧をした瞽女たちは天女に見えたのだという。そこには当然誘惑が多かった。「はなれ瞽女おりん」の世界である。瞽女の世界には厳しい**戒律**があり、男女の交わりは厳しく禁止され、結婚も許されなかった。その掟を破った者は**「はなれ瞽女」**になったのである。

瞽女は歌だけを唄ったのではない。**世間の話を伝えた**。世間とは、自分の置かれた**ウチ**なる環境の**ソト**にあり、しかも自分と関係する可能性のある**周辺**である。普段は知ることのできない世間を、旅をして、人々と濃厚な時間を過ごす瞽女たちが話して聞かせてくれるのだった。

瞽女の酒は世間の味がしたことであろう。

伊東監督が杉本家に通っていた頃、もう1人、頻繁にこの家を訪れていた人物がいる。岡山出身の画家　**斎藤真一**である。斎藤はここで瞽女を題材にした多くの作品を描いた[8]。斎藤の作品は「赫」という字で表される特別な赤が印象的であり、その赤色は瞽女の**心象風景**、**情念**を表現している。

北海道に住む斎藤真一研究家の**池田敏章**さんは、25年ほど前のある日、**京都の先斗町**にある画廊で斎藤の絵に出会った。瞽女を描いたその絵の前で、**時間が経つのも忘れて**立ち尽くしたという。以後、日本中を駆け回って160点もの作品を収集。その過程で、瞽女の文化を保存し、伝えていこうと活動する高田の人々に出会う。そこから縁が繋がって、門仲天井ホールのイベントには、毎回、北海道から斎藤の小品を持参し、会場に展示してくれた。斎藤の絵の題材としてだけでなく、「瞽女」そのものに関心を持ち、係わっていこうと考えるようになったのは、このイベントに参加し、打ち上げの席で私たちと語り合ったことが大きかったと後日、話してくれた。ここにも**打ち上げの酒が繋いだ縁**があった。

その後、池田さんのコレクションのほぼすべては高田瞽女のふるさと上越市に寄贈された[9]。高田では今、斎藤真一作品の常設館と瞽女の資料館を建設しようという活動が展開されている。

酒は不思議な縁をつなげ、思いがけない世間を広げる。私の中では、そもそも全くつながっていなかったはずの北海道岩内町と新潟県上越市。ところがこの町と市は姉妹都市として長く交流を続けていたことを最近になって知った。岩内と高田瞽女、ともに水上勉という１人の作家の作品から世間に知られるようになったことも、私にとっては予期せぬ因縁であった。

さて、２０１２年に作った私の小さな会社の名は**【ゆう・えん】**という。あえて漢字にするなら「**遊**」に「**宴**」であろうか、「**結**」に「**縁**」であろうか、「**友**」の「**援**」を受けて発足した経緯もある。そして、その友はすべからく**酒飲み**である。

注

(1)『水が燃えた　9・26　焦土　そして　復興』岩宇郷土史研究会　2004年
(2) 水上勉『飢餓海峡』朝日新聞社　1963年　のち新潮文庫
(3) 門仲天井ホールは2012年9月に閉館。その後、黒崎支配人が2013年3月に墨田区両国に「両国門天ホール」をオープン。貸しホールのほか、個性的な自主企画も展開している。
(4)『瞽女さんの唄が聞こえる』2008年　構成・演出：伊東喜雄、制作：助川俊二・伊東千里、監修：市川信夫（高田瞽女の文化を保存・発信する会）
(5) 水上勉『失われゆくものの記』1969年　講談社、1996年　集英社文庫、2000年『越の道　越前・越中・越後』河出書房新社所収
(6) 水上勉『はなれ瞽女おりん』1975年　新潮社
(7) かつて水上勉を杉本家に案内したのは、市川信夫さんの父、市川信次だった。2代にわたる瞽女研究家である信夫さんは、現在「NPO法人　高田瞽女の文化を保存・発信する会」の代表を務めている。
(8) 斎藤真一は『瞽女＝盲目の旅芸人』（日本放送出版協会　1972年）や『越後瞽女日記』（河出書房新社　1972年）などの著作でも瞽女を紹介している。
(9) 池田コレクション寄贈を記念して、2012年6月23日から9月2日まで上越市立総合博物館で「斎藤真一と瞽女」企画展が開催され、64日間に県内外から6300人が来館した。

木田金次郎美術館
〒045-0003
北海道岩内郡岩内町万代51―3
電話　0135（63）2221

先だってのことでございますが、こうしてグラスを持った自分を鏡に映したんでございます。……いえいえ、見惚れてたわけじゃございませんよぉ。イイ男なのは存じております。鏡の小生もまたグラスを持っておりました。一口お酒を頂きますと向こうも頂きます。何度かやっているうちに、鏡の世界がホントにあるように思えて参ります。「おい、ちょっと飲ませてみろよ」なんて自分に言ってンですから始末に悪い。皆様もぜひお試しあれ……なんちゃって。続きまして、かの酒仙・李白も驚く(!?)お酒と暮らす人々のお話。念のため、酔い覚ましのお冷やと一緒にご覧下さい。

酒食同源の不思議な世界

エチオピア南部コンソ社会での調査より

滋賀県立琵琶湖博物館館長
篠原 徹

はじめに

もともとお酒を飲むことはそれほど嫌いではなかった。むしろ好きであったといったほうがいい。それが嵩じて最近は飲み過ぎないようにと手紙などの末尾にご忠告をうけるようなことになってしまった。友人たちには**ウワバミ**とか**大酒飲み**とか噂されているようだ。自らの**酒の人生**を反省を込めて振り返ってみると、どうやら酒飲みと称されるようになったのは、フィールドワークにおける酒に関係がありそうなのである。

坪井洋文さんといえば『**イモと日本人**』（未来社、1979年）という一世を風靡した**民俗学の著作**をものした人である。この私の民俗学の師匠にいわれたことであるが、民俗学の調査は一生涯でせいぜい数カ所でいい、**そこに通い続けること**だといわれた。私はこの考え方に共感し、長く通い続けた調査地は日本のなかで2カ所、エチオピアのコンソ社会、中国海南島のリー族社会と4カ所である。ただ、それがいずれの場所も**「酒をよく飲む社会」**であった。日本の場合は**日本酒**と**泡盛**、コンソ社会では**チャガ**と呼ばれる醸造ビール、海南島では餅米の陸稲から作った醸造酒・**山蘭酒**と蒸留酒・**白酒**を限りなく飲む人びととつきあってきた。こうして私は「それほど嫌いではなかった」酒飲み程度が、無類に好きな**「酒好き」に変身**したようなのだ。私がどうして「酒好き」に変じたのか、ここではコンソ社会のチャガ飲みについて語り、私自身の言い訳をしてみたいのである。私が考えるフィールドワークのあり方が、酒をよく飲む社会ならこちらもよく飲むようなつきあい方をすることになるからである。私の考えるフィールドワークとはということから始めよう。

フィールドワークと酒

一身二生とは、日本の**近世の終わり**と**近代の始め**の2つのまったく異なる時代の双方を生きた**福沢諭吉**が自らのあり方を省察したときに使った言葉である。(注1) 福沢はそうした価値観のまったく異なる2つの時代を生きたことを肯定的にとらえていた。こうした時代に遭遇することは滅多にあることではない。その意味では今がまさにそういう2つの時代の転換点に位置しているのかもしれない。日本の近代も**退嬰の様相**を帯び、明治以降の国民国家も150年になんなんとしていて新たな時代に突入しようとしているのかもしれない。さらにいえば国民国家も退嬰というより**終焉**といったほうがいいのかもしれない。**ポストモダン**のはずの国民国家の**次にやってくる国家**とはなんだろうか。

それはともかくとして、福沢諭吉の一身二生は2つの時代を生きるということであるが、民俗学は同時代のさまざまな地域を調査したり旅をしたりして他者理解を行う学問である。この場合の他者は自己と異なるあらゆるカテゴリーを指すが、早い話が**自分と異なる生業**(漁師や農家あるいはもっと過激に遊牧民)や**異なる地域**に生きる人びとの文化をなんとか理解したいと調査を行うのである。簡単に言ってしまえば、同時代的に一身二生つまり格好よく言えば**「他者を生きる」**ことを

◆山の上に家が密集するコンソ・サウガメ村

このサウガメ村は調査を始めた1991年には226軒であった。標高は1,880メートル（アルチメーターで測量）であり、集落の下は円錐状に広がり900メートル下まで段々畑が延々と続く。

可能な限り行おうとする厚かましい学問である。私は福沢のそれを「縦軸の一身二生」といい、民俗学や人類学の可能な限り「他者を生きる」ことを実行してみる方法を「横軸の一身二生」と言っている。これは簡単に言ってしまえば異文化のフィールドワークということになる。縦軸は滅多に出会わないし、普通の人びとにとっては遭遇は偶然としかいいようがない。それに対して横軸は選んだ学問にもよるが、かなり自らの意志で可能なありようである。

　まわりくどく言い訳のように理屈らしいことを述べてきたが、ここからが**酒に関わる本題**に入ることになる。この言い訳は**私が「他者理解」として調査してきた人びとが実は「酒を主食として生活している人びと」であった**からである。異文化を研究することは、1945年生まれの私のような年代にとっては一種の憧憬であった。敗戦後の数十年の日本では海外調査などは難しかったし、世界は無限大に広がっていて、どんな異文化の生活世界があるのか想像すらできなかった。アフリカなど生涯のうちに調査に入ることができるなど夢にも思わなかった。私の友人が**「小説や物語の世界より、現実の社会や文化のほうがはるかに豊かである」と確信をもって言っていた**のだが、にわかには信じがたいことであった。しかし事実、現実のほうがはるかに豊かであったのだが、これがまた大変な**難行苦行**であった。この異文化が「山の上のほろ酔いの人びと」であり、この物語の主役の人びとである。

山の上のほろ酔いの国

エチオピアの南部に人口10万人ほどの**コンソ**と呼ばれるエスニック・グループがいる。１９９０年からほぼ10年間、年、数ヶ月単位でこの社会を調査してきた。初期の人類学者である**C・クラックホーン**は異文化は自文化にとって**「人間の鏡」**（『Mirror for Man』,1949）といったが、確かに自文化を絶対化せずに相対化するには異文化は鏡たりうる。しかし、こういう話は、社会観や宗教観や自然観などかなり思弁的なレベルでのことが多く、**異文化の異質性**はやがて帰還することが前提なら耐えられる。しかし、それが安物の文化相対主義つまり異文化理解だったりすれば、**軽薄なオリエ**

ンタリズムとして批判される。

ではどうだろうか、年に数ヶ月とはいえ「毎日が酒だけの生活」は可能だろうか。文化相対主義だのオリエンタリズムだのと言ってられない、第一**調査者自身が毎日酒で食事をとる生活が可能かどうか**という根源的なことが問題であった。だから最初にコンソの社会に入って帰還した時、空港に迎えにきた**女房は15キログラム痩せた私をみて驚きあきれ果てていた**。今なら女房も食べ過ぎ、飲み過ぎの肥満体である私を喜んでコンソの調査に送り出すだろうけど、申し訳ないけどもうコンソとつきあう体力も気力もない。**必要なのは知力ではない**。この調査は私自身が被験者として実験されているようなものであった。

コンソの社会と文化については詳細は今まで書いてきたものを読んでもらうしかないが「酒が主食」ということに関係することを簡単に要約すると次のようになる。[注2] この社会は**玄武岩**でできた小山塊（約1500メートルから1800メートル）の**山上に密集した集落**を作って住んでいる。集落の数は1990年代には34あり、山上には通常数百の家が蜂の巣のようになっていて、集落は高い石垣で囲まれている。小山塊の山上から山麓にかけて石段で作られた段々畑が数百メートル続く。畑には**モロコシ、コムギ**など約30種類の畑作物が混植されている。もちろん**電気も水道もない世界**であったが、最近聞くところによると特異な集落構造と建築様式によってエチオピアの**世界遺産**になったとか。

この34の集落のひとつ**サウガメ村**に滞在して毎日主食の醸造ビールを飲んで暮らしたことを思い出しながら書いてみたい。世界は1989年の**ベルリンの壁の崩壊**あたりから、一気に狭くなり**観光**なら世界中どこ

◆友人の人類学者・掛谷誠さんが私の調査地を訪れた時の1コマ

珍しさに彼がどこに行こうがこの状態であり、プライバシーのなさはこういうものだと思っていただければいい。私が朝自分の小屋から出て行こうとすると、もう何人もの子どもたちが出てくるのを毎日待っている。

へでも気軽に行けるような時代になった。しかし、いくら世界が狭くなっていろいろな社会の存在がわかるようになっても、主食が醸造ビールという世界はそんなにあるものではない。

この社会が私たちの社会とどうも鏡像関係にあるらしいということは調査の当初に直観的にわかった。それは我々の社会と大きく異なる特徴的な3つの現象に集約的に表現できる。まず、コンソは山上で密集して暮らすという生活様式をもっている。2番目に、コンソの人びとは山上から山麓にかけて**ストーン・テラシング**を作り、そこで作る作物をほとんど**主食チャガ**という**醸造ビール**にして、4回の食事のうち昼と晩の主要な食事は醸造ビールという生活を送っている。朝ご飯と夜の夜食に近い食事は、**ソルガム**の団子とか**煮た豆類やイモ類**（タロイモ、サツマイモ、ジャガイモ）などの簡単なものである。3番目は、山上で密集して暮らすことと何せ醸造ビールであるから一家族分だけを造るというわけにはいかないという事情と関係している。**食事も何十人、時には何百人一緒に醸造ビールを飲む**。ともかくこうした暮らしに遠因があるのであろう、私たちの社会の根幹をなすものの1つである**プライバシーというものが存在しない社会**なのである。まだ他にもいろいろあるが、この3つのことが主要な我々の社会と異質なことだと思った。まるで**「アベコベの世界」**にやってきてしまったという印象であった。我々の社会と鏡像関係にある社会とか、**ルイス・キャロル**の描いた**『鏡の国のアリス』**といえばなんとなく格好いいが、私が迷い込んだ社会はとんでもない社会で、なにもかもがアベコベの社会であった。酒飲みの修行に行ったのか、プライバシーを尊重しない社会での人間の適応実験の被験者として放り込まれたか、なんだか妙なのであった。

　確かに想像の世界やフィクションの世界より現実のほうがはるかに豊かなのであるが、**こちらの世界からみれば**奇妙な世界に遭遇してしまったという思いであった。３つの特徴的な差異は、**居住様式、食生活、人間関係**であり、これらは人間の社会や文化の比較研究には重要な指標である。異文化は自文化の鏡つまり鏡像関係にあるものだということは巧みな比喩であるが、鏡に写る像は、上下、左右、前後の３つの関係のうち、こちら側の像と１つは必ず同じことになるわけだけれども、コンソと我々は居住様式、食生活、人間関係のいずれも対称的なものであり、その意味では鏡像的な関係ではない。

醸造ビール・チャガを造る

　サウガメ村の住人２２６軒、おおよそ１５００人（正確な人口数、各戸の家族数を数えようと努力したが無理であった）が毎日飲んでいるチャガという醸造ビールがどのように造られるかまず述べてみよう。表１（31頁）はコンソが段々畑で作る作物の一覧表である。**チャガの材料**となるのはソルガム、トウモロコシ、コムギ、キャッサバであるが、キャッサバを混ぜたチャガはまずいといって好まれない。モロコシ、トウモロコシ、コムギが基本的なチャガの材料である。彼らが最もうまいというチャガは**蜂蜜**入りのものである。これは結婚式とか**特別の日**に飲まれるだけで、**普通の日**は蜂蜜

コンソ名	和名	備考
ウンダ	モロコシ	醸造酒チャガ、ダマ用葉菜
カッパ	コムギ	醸造酒チャガ
ボロコーダ	トウモロコシ	醸造酒チャガ、ダマ用葉菜
モッカタ	キャッサバ	醸造酒チャガ、エドダ
パガンナ	コンニャク	醸造酒チャガ
パーサ	ヒモゲイトー	醸造酒チャガ
パラッシャ	シコクビエ	醸造酒チャガ
カシェナ	ヒマワリ	醸造酒チャガ
シューヘダ	ベニバナ	醸造酒チャガ
ティニッシャ	サツマイモ	エドダ
クッルマ	ジャガイモ	エドダ
ポッテーダ	カボチャ	エドダ
クルデーダ	キマメ	エドダ
ネッカタ	レンズマメ	エドダ
ヒダナ	ヤムイモ	エドダ
サルドーダ	ヒヨコマメ	エドダ
ハガラ	アブラナ科	ダマ用葉菜
テイリャ	キャベツ	ダマ用葉菜
ミットミッタ	トウガラシ	香辛料
トゥーマ	タマネギ	香辛料
ニャンニャン	トマト	香辛料
フートダ	ワタ	織物用作物
タンボーダ	タバコ	換金用作物
ラハンナータ	ヒョウタン	容器の素材
ムーセダ	バナナ	換金用作物
プニッタ	コーヒー	葉はホラ用葉菜、豆は換金用作物
アガタ	サトウキビ	換金用作物
パパヤ	パパイヤ	換金用作物
デュバナ	エンセーテ	換金用作物
	（学名）	
シェラギッタ	*Moringa stenuputera*	ダマ用葉菜
ゲーショダ	*Rhamnus prinoides*	酒用発酵促進作物
チャテーダ	*Catha edulis*	換金用嗜好品

表1　サウガメ村の主要栽培植物一覧

（注）ダマはモロコシなどの団子で、野菜と一緒に煮て朝食べる物。ホラはコーヒーの葉を煮出して塩を入れた朝食用の飲料。エドダは4回の食事の最後のものをいい、豆やキャッサバなどを煮た物。

は入らない。

このチャガをつくるには土器と木器の両方を使う。**私がみた最大人数分のチャガをつくったときの作り方を再現**してみる。1人ヒョウタンの容器で2杯飲むのが普通であるのでこの時容量を計算してみるとおおよそ**500人分**であった。コンソが醸造ビール・チャガを飲む作法は、1軒の家でチャガを大量に作り、そこへ近隣のものが飲みにくるというものだ。1日4回の食事のうち、主要な2回の食事は家族団欒ではなくて**集落団欒**であり、多くの人が一緒に酒を「食べる」といっていい。毎日2、3カ所所どこかの家で集落団欒のような、あるいは集落集団飲酒が開かれているのである。確かにビールを毎日家族分だけ造ることは至難の業であろう。**大量に造ったほうが合理的**である。大量に造っても味も発酵程度も変化せずに保管できるのなら、家族で毎日飲むことができるであろう。醸造ビールだし、日本のように缶ビールや瓶ビールのように**同じ味、同じアルコール度数で保存できる技術**があればいいが、コンソにはない。**発酵**はどんどん進む、そうなれば大量のビール、**みんなで飲んでしまう**しかない。

木器は胸高直径1メートル以上の大木を長さ2メートルほどに伐り、それを横にして上になった太い幹の表皮からチョウナで刳《く》りぬいたものである。これを**トーマ・チャガ**というが、トーマは容器の木の意味である。チャガを造りたい家は、このトーマ・チャガを数個集める。1軒の家で数個持っている裕福な家はほとんどない。現在のコンソの住んでいる地域にはこんな大木はまったくといっていいほどない。古くから伝世されているのである。**土器**も使うが、これは高さが70センチメートル以上の大きなものである。これも持ち寄ってチャガを造る。土器を**オコダ・チャガ**というがオコダは土器の意味で、チャガ用の土器のことである。チャガを造ろう思えばまず蓄えてあるソルガム、トウモロコシ、コムギを**磨り石**で粉にする。古代エジプトの絵画にでてくる**サドル・カーン**と同じ形態の磨り石である。これで**造りたい人数分の粉を毎日毎日挽き、蓄えていく**のである。これがかなりの労力であり、およそ500人分を造ったとき、下宿していた私の家の娘・カシャイヤは1ヶ月ほど毎日粉挽きをしていた。どの家でもチャガ用の木器も土器もたくさん持っているわけではないので、木器や土器の**貸し借り**をしてチャガ造りに入る。この段階でもこの家がチャガ造りをすることは**広報**されているようなものである。そして大量に造る場合は粉挽きに1ヶ月もかかるのだから、家を訪ねてきて様子をみたりする機会も多いので、チャガ造りが何時始まるのかは見当がつく。こうした情報をもとに自分の家ではチャガ造りを何時始めようかなど計算できるわけで、**話し合って造る順番など決める必要はない**。こうして、毎日サウガメ村の数軒の家で造られたチャガをサウガメ村の**村人が食事として昼と夕方飲みに出かける**のである。

話をもとに戻そう。木器と土器が用意できたら、蓄えられたチャガ用の粉を水で練って**団子**にする。まず、団子を木器に一杯になるまで入れてから、水を木器に入れる。こうした状態で5日間ほど**寝かせる**。1つのトーマ・チャガには約1トンほどの量になる。5日ほど経って団子がかなり**ふやけた状態**になったら、これをオコダ・チャガつまり土器に入れて**煮る**。家の庭では、何十と並んだ土器が火にかけられ、酸っぱいような匂いが家中に漂う。十分煮詰められると土器に

◆コンソ・サウガメ村のある日の夕方の食事

普通は男たちと女たちは別々に飲むことが多い。しかし、老女や既婚女性では男たちに混じって飲むこともある。ヒョウタンの容量は大きいもので2リットルくらいあるが、普通は1リットル程度である。

◆チャガを造るときの一工程。ソルガム団子を煮る。
持ち寄った土器にソルガム団子を入れて煮るのであるが、造る家の中の周囲はこの土器がずらっと並ぶ。

いれたまま少し冷やされ、やがて取り出されて長さ20センチメートルほどの**紡錘形の形**にされて、再び木器に重ねて入れていく。どの家にも炉の上に乾燥して保存しているトウモロコシや大麦の麦芽があるが、これをこのトーマ・チャガに一緒に入れる。場合によっては**ゲーショダ**という酒の発行促進をするという**灌木の葉**を入れることもある。早く発酵するという。大概はこの状態で1日寝かせれば次の日の昼にはチャガができあがる。**アルコール度数は5%**ほどだから、ビールと同じような度数である。ただし、できあがった状態はもう少し度数が高いのが普通であり、飲む時は別にソルガムの粉などを練って煮沸したものをこれに加えて飲む。

さあ、500人分ほどのビールができあがった、いよいよ飲むことになる。色はどういったらいいだろうか、**泥水のような黄濁色**で、**未発酵のモロコシが底にかなり溜まる**といったもので、少々酸っぱい感じがするが、５％ほどのアルコール分を含んだ立派なビールである。もちろん冷やして飲むことはないし、未発酵の粉がかなりあるので**ゴクゴク飲むというわけにはいかない。**

酒食同源の不思議な世界

　コンソのサウガメ村に調査に入った時、最初に付き添ってくれたのは、アジス・アベバ大学のエチオピア研究所が紹介してくれた南部の町アルバミンチに住む人類学者**タダッセ・ウォールデ**であった。彼はこの地域出身の人類学者で多少コンソ語も理解するし、知り合いもいるということで1週間ほどつきあってくれた。僕と34あるコンソの村のいくつかを回り、フェイス・トゥー・フェイスの関係ができやすいもっと小さな村サウガメを選んでくれた。とはいっても密集した集落に２２６軒（これも数えて確定するまで相当時間がかかったけど）でおおよそ１５００人くらいは居住しているのである。全ての村人を覚えるなんてとんでもない。

　タダッセ・ウォールデが帰ってしまい、ひとりサウガメ村に取り残されるというか放り出された訳である。タダッセが村の村長のような人と交渉してくれて、私はガイヤナという家に下宿することになった。ガイヤナは4人の妻がいたが、最初のころは第1夫人のクズッサのところで、やがて第2夫人ダッピテのところに下宿した。**言葉もまだ全然習得していないし**、ガイヤナの弟オルカイドーが何をするにも**手振り身ぶりで教えてくれるのに従うだけ**である。現地の文化や社会を調査しにきたのであるから、当然現地食が原則である。ともかく朝起きたら食事をしなくてはならないわけで、オルカイドーと一緒に**朝から晩まで同じように行動した**わけである。

朝起きたらオルカイドーがやってくる。ガイヤナの隣の家のオルカイドーの友だちバシュラを伴ってくる。どこかの家に行って**朝ご飯**を食べる。コーヒーの葉を炒ったものに塩を少々加えた**ホラ**という飲み物とソルガムの団子と**シャラギッタ**という木の葉菜を一緒に煮た**ダマ**という食べ物である。ホラというコーヒーは美味しかったが、ダマは僕にはおそろしく不味いものであった。さて**昼食**である。これまたチャガを造ったどこかの家に行くことになる。僕が下宿していたガイヤナの娘カッシャイヤが造った500人分のチャガの時は、この家に昼ごろどんどん人が集まってくるのである。自分の**食器であるヒョウタン**をぶら下げて。大人用のヒョウタンなら700ミリリットルくらい入るであろう。これをカッシャイヤにトーマから入れてもらって、カッシャイヤの家の囲いのなかで飲み始めるのである。

家の囲いの中はそのうち人であふれ出し、門の外側でも飲むようになる。4～5人が固まっていて、まだヒョウタンに入れてもらってない人がいればその4～5人でヒョウタンにチャガが入っている人が廻し飲みを始めるのである。どうせ他の人もチャガを自分のヒョウタンに入れて同じメンバーで廻し飲みするので、飲む量は結局同じなのである。家の内外は鈴なりの人である。これは**宴会ではなく通常の昼ご飯**なのである。朝食は1時間ほどで人は去っていき、ほとんど畑に行く。昼ごろもどってきてどこかの家にチャガを飲みに行く。1時間から2時間すると人は消え、皆畑に行く。コンソの人びとは**働き者**である。夕方またもどってきてどこかの家にチャガを飲みに行く。またチャガを造った家は**人、人、人で鈴なり**である。夕方のほうが食事後の仕事がないだけに皆長居する。1回の食事で飲む量は大人なら男も女も老人もヒョウタン1杯から2杯というところか。したがって1日昼と夕方飲むとなれば2杯から4杯ということになる。

どんな社会にも酒に強い人と弱い人がいるものである。だから夕方になるとほろ酔いの人がかなりいることになる。これが毎日の昼と夕方の食事である。最初の1～2週間は緊張しているのでなんとか持ちこたえたのであるが、この時はそれから4ヶ月コンソで暮らす予定で来ていた。これから4ヶ月毎日チャガを飲み続けなくてはならない。エチオピアの日本大使館の人が差し入れてくれたインスタント・ラーメン数個と非常食として購入してきた缶詰は、もうよほどのことがなければもったいなくて手をつけられない。よせばいいのに夜ひとりで密かに飲もうと思って隠し持ってきた**ウイスキー**など、**もう見たくもなかった。李白**は一斗詩百編の**酒仙**であったが、雲海のきれいな山の上のほろ酔いのコンソにきたら何と言ったであろうか。詩は何編できたであろうか。**「酒心なくして詩心なし」**なんて**私も偽悪的に言っていたことはあるが、詩心なんて微塵も涌かなかった**。さらに言っておくと、コンソの老人たちはときどき集まって夕食後酒を飲む。**夕食後**なので酒といってもチャガではない。チャガを蒸留した**アラク**という強烈に強い酒を飲むのである。ときどき誘われたが、冗談ではない、**これ以上飲むことはできない**ので、この酒については話を割愛することにする。げに、強烈な酒の国なのであった。

　ある年の調査の帰りにエチオピアの首都**アジス・アベバ**でセミエン高原にいるゲラダヒヒ調査にきていた高名な霊長類学者である**河合雅雄**先生と一緒になったことがある。アジス・アベバのレストランでワインを飲みながらコンソの生活の話をしたら、「**おもしろいじゃないか、人間が酒を主食にして、プライバシーが発生しないほど密集して住むなんて、人間の生態学としてきわめて興味深い**」なんておっしゃった。確かにその通りなのであるが、何故にこのような社会が発生し、存続しているのか、**調査中は思考停止**だし、日本に帰還しても**あまりに世界が異なるのでまた思考が停止して、今だにどう理解したいいのかわからない**。

　コンソが我々の社会とアベコベの社会であることを主食の醸造ビールを中心に話してきた。実は、コンソの主要な生活文化の特徴である居住様式（山上に住む）、食生活（主食としてのビール）、人間関係（プライバシーの不在）のベクトルは我々の生活文化のベクトルとはまったく**逆方向**になっている。**我々と対極にある世界**であるのだが、この3つの生活文化の特徴は実は相互に深い関係があるようである。醸造ビールを主食にすれば、醸造ビールを毎日家族分だけ造ることはむつかしい。したがって大量に造るが、発酵が進まないうちに家族だけで飲んでしまうわけにはいかない。だから多くの村人と一緒に毎日飲むことになる。

　コンソは１５００メートルから１８００メートルの山上に住んでいる。段々畑は約９００メートル下まで作っているが、遊牧民のなわばりである下の世界は酷熱の世界で、とても定住村落を作れるようなところではない。暑いときは50度を超すのであり、醸造ビールはすぐさま発酵を促進して飲めなくなる。山上で密集して暮らし醸造ビールを毎日集団で飲むということが、濃密な人間関係を生み出す。我々と対極にある世界であるのだが、ともかく不思議な世界であった。

おわりに　～酒飲み文化のなかでのコンソの順位

最後に、コンソの人びとは**年間どのくらいのアルコールを消費する社会か**検討しておこう。実は次に私が長期に調査した中国・**海南島のリー族社会**はこれまた聞きしにまさる酒飲みの社会であった。海南島のリー族社会は1999年から年に数週間単位で数回づつ5年間にわたって調査してきた。このときは調査してきた村は異なるけど、若い人類学者たちと共同で調査してきた。私と**西谷大**さんは一緒の村で調査したけれども、さすがに私は年齢も年齢であったので酒飲みは比較的若い西谷さんに任せて、私自身は逃げ回っていた。このリー族社会の「酒飲み」の凄まじさに驚いたのは私たちだけではない。村に一人で入った**梅崎昌裕**さんは肝臓を心配しながらも酒飲み文化にかなりつきあわされたようだ。あまりに強烈な印象の酒飲み文化に梅崎昌裕さんは**「酒とフィールドワーク」**という論文まで書かざるを得なかった。(注3) **凄まじさはこの論文に尽くされている**が、このなかでリー族社会の「酒飲み文化」を世界各国の酒飲み文化と年間純粋アルコール換算での比較を試みている。リー族社会の飲酒は**ルクセンブルグ**（12・3リットル）、フランス（11・9リットル）、ポルトガル（11・6リットル）に次いで世界第4位

（約11リットル）となると計算している。日本人のアルコール消費量は年間6・3リットルであり、飲酒量の多い高知県の酒飲みでもリー族には勝てそうにない。では、コンソの人びとの「酒飲み文化」はどの程度のものなのであろうか。コンソを調査しているときには、食事としての醸造ビールを飲むことに必死で世界のなかでの酒飲み文化の順位など考えたこともない。今冷静になってみると梅崎さんのようにコンソの年間純粋アルコール換算で消費量はどのくらいかだったのか知りたいと思う。たまたまコンソから記念にヒョウタンの容器を持って帰ったので、容量を量ることができる。おおよそ700ミリリットルであった。1回の食事でこれを1杯から2杯、これを昼と夜飲むわけである。アルコール度数を5％として365日この状態だとすれば、どうなるか。これは簡単な計算ですむことになるが、コンソの人びとの**推定純粋アルコール換算の消費量**はなんと12・7リットルから25・5リットルとなる。つまり低く見積もっても私は**世界一のアルコール消費量を誇る飲酒文化**の世界で過ごしていたことになる。

なるほど、こうした世界につきあってきたのによく**酒嫌いにならずにすんだものだ**と思う。次の調査地リー族社会も無類の「酒飲み文化」をもっているところであった。そして体力も気力も知力も衰え、研究の第一線から遠のき、終の棲家を**近江**の地に定め、フィールドワークから身を洗ったと思った。ところが近江がまた全国ブランドの銘酒はないが日本酒の旨い地域であることを知り、またぞろ近江の酒が何故旨いのかということをテーマに歩き回るということになってしまった。

注

（1）福沢諭吉著・松沢弘陽校注『文明論之概略』（岩波書店、1995年）の「文明論之概略緒言」のなかに「試に見よ、方今我国の洋学者流、その前年は悉皆漢書生ならざるはなし、悉皆神仏者ならざるはなし。封建の士族にあらざれば封建の民なり。あたかも一身にして二生を経るが如く、一人にして両身あるが如し。二生相比し両身相較し、その前生前身に得たるものを以て、これを今生今身に得たる西洋の文明に照らして、その形影の互に反射するを見ば、果して何の観を為すべきや。その議論、必ず確実ならざるを得ざるなり」と述べていることを指している。

（2）篠原徹著『アフリカでケチを考えた』（筑摩書房、1998年）にかなり詳しくコンソの生活を描いた。この社会のあまりの特異さに最初に書いたエッセーのタイトルは「山の上に住む、ほろ酔いの人びと」（季刊『民族学』68号、（財）千里文化財団、1994年）であった。

（3）梅崎昌裕「酒とフィールドワーク」（篠原徹編『中国・海南島—焼畑農耕の終焉—』東京大学出版会、2004年）37頁～52頁同じく聞こえても意味が全然違うのが言葉のおもしろさで。「サケベン食いたいな」「サケベン？　なんだい、それ」「知らんの？　白米の近くに切り身がドーンと寝そべってる奴だよ」「酒の切り身？　酒って切り身にできんの？」「あ。お前わざと間違ってンだろ？　いいか、お魚さんの鮭。サケとも読むだろ」「…分かってるよ。でもさ、普通シャケ弁当だろ」「俺はわざとサケと呼んでる。この発音を絶やしたくないね」「うるさいよ」——シャケ弁当はサケ弁当でもございまして。むしろ酒弁当ってのにありつきたいもンでございます。

酒の力と「飲み会力」

慶應義塾大学文学部教授
井上 逸兵

言語学、**社会言語学**を研究したり大学で教えたりすることを生業としている者として、**ことばとコミュニケーション**の視点から「酒」について考えてみたい。この職業には、しばしばオマケとして、時に極めて**重要な職務**として、**若者と宴席をともにする**ことが伴うが、長年その職務に献身的に従事してきた経験から、ここ30年くらいの若者の「酒」に対する関わり方の変化についても触れようと思う。つまり、いささかごった煮的な話となるが、ちょっとした肴くらいになってくれれば幸いである。

言語学には、**意味論**という分野があって、意味がどんな仕組みになっているかをああだこうだと考えるが、例えば英語などと比べると、**日本語の「酒」ということば**は、ちょっと特別なことばであることがわかる。

「酒」にはおおざっぱに言って、2つの意味がある。

1つは、アルコール飲料の1つの種類としての「酒」、すなわち、清酒、いわゆる「日本酒」、という意味である。ただし、**「日本酒」**ということばは、**外国の酒**との対比で使われることばであって、国内では**本来は不要なはずのことば**だ。朝日新聞のデータベース「聞蔵Ⅱビジュアル」はこの新聞の1879年の記事から検索できるが、1879年2月25日大阪版に「朝鮮國より此頃帰阪しせし人の話を聞くに……（中略）……又**本邦の酒**を澤の亀と唱へ……」とある。この「本邦」には「にっぽん」のルビがふってある。「日本酒」ということばがこのデータベースに最初に登場するのは、1879年11月2日の大阪版で、「支那上海にて本年は日本酒の売捌よければ……」との記事がある。いずれも国外での清酒に関わる記事である。日本の中でも西日本では、酒といえば**焼酎**なのだろうと思うが、少なくとも**関西以東以北あたり**では、**「酒」＝清酒、「日本酒」**である。

「酒」のもう1つの用法は、アルコール飲料を代表させた意味での「酒」、すなわち、総称としての「酒」である。**「ちょっと酒でも飲みに行くか」**と誘われて、「いやー、私は酒はちょっと苦手で、**ビールを飲みたいので遠慮しておきます**」などという人はいない。厳格な日本酒専門店でもない限り、「酒」が飲めるところではだいたい「ビール」やその他のアルコール飲料も用意されていて、**どれを飲んでも「酒を飲む」ことに通常はなる。**「酒でも……」と誘った人も、ビールを飲んだからといって**目くじら**を立てることもあるまい。**「酒」はアルコール飲料の総称**と一般にも認識されている。ちなみに、言語学では、このような**上位語―下位語の関係**も意味の諸相の1つとして取り上げられる。この場合、「酒」は上位語（あらゆるアルコール飲料の上位概念、総称）でもあり、下位語（アルコール飲料全般を上位概念としてその一種として下位にある語）でもある。「**花**」というのは、ふつうは上位語で、いろいろな花の上位語、総称として用いられるが、「**花見**」という時の「花」とは、一下位語である「**桜**」のことである。あじさいを見に行くことを「花見」とは言わない。一下位語の「酒」が総称になったのと対照的だ。ことばの意味の関係も一筋縄ではいかない。言語学や**修辞学**では、このように下位区分される語（下位語）が上位語（総称）の働きをするもの、その逆に、上位語が特定の下位語をさして使うものを**提喩**（シネクドキ）と呼んでいる。いずれにしても**生活に密着している語ほど起こりうる現象**だ。

英語では、アルコール飲料を総称することばは、**alcoholic beverage** などとか、なんだか味気ないものしかない。アメリカでは酒屋を **liquor shop** と言ったり **wine & spirits** と表示されたりするが、**liquor** や **spirits**（ともに**蒸留酒**）や **wine** が酒の代表ということでもない。イギリスに至っては、**off license** と言われている**酒屋**があるが、これは**酒を客が持ち帰る**（店から **off** する）ことだけを許可されているライセンスを持っているということである。店で飲み食いもできる full license と区別されたものだが、**何とも味気ない**名前だ。少し脇道にそれるが、日本語で「酒」が酒一般、飲酒一般を表すような意味で、英語で飲酒のことを言うとしたら、drink という動詞、もしくは動詞派生のことばで言うしかない。野球で「フォアボール（四球）」のことを walk と動詞で言うのと似ている。

日本語では「酒」ということばにかように**特別な感情や意味合いが込められている**と考えられるが、このことがよくわかるのは、**歌のタイトル**だ。南米の熱帯雨林を流れる大河の名を冠する某インターネット通販サイト（まわりくどすぎる?）で、「ミュージック」のジャンルで「酒」で検索してみると、おびただしい数の**「酒」を含んだ曲名**が出てくる。**検索上位**のものだけを見ても、**いくつかのパターンに分類**できる（言語学者は分類が好きである）。大枠で言うと、（1）「○○酒」（「**おもいで酒**」、「**ひとり酒**」、「**おとこ酒**」など）、（2）「酒○○」（「**酒ごころ**」、「**酒契り**」、「**酒人情**」など）、（3）「○○の酒」、「酒の○○」（「**酒の舟**」、「**火の酒**」、「**とまり木の酒**」）、（4）「酒よ、○○」（「**酒よおまえは**」、「**酒よさけさけ**」、「**酒よ！あんときゃありがとう**」）、（5）その他である。

この中で、注目すべきは、（4）だ。**酒を擬人化し、それに語りかける、かつ、それを歌にする、**

そんな**感情的で、感傷的な態度**を酒に対してとる文化は世界にもそうは多くあるまい。少なくとも同じように英語圏の歌のタイトルを検索してもそんな歌にはお目にかかれない。もっとも、先にも述べたように総称としての「酒」という言葉はないので、**liquor**とか**wine**とか**spirits**などで検索することになるが、いずれも曲目に使われていることも日本に比べれば少なく、擬人化して呼びかけるなどということはない。

例えば西洋人とくらべて、このような違いがあるのは、もちろん**生物学的な違い**もあるだろう。西洋人の方が日本人より体内の**アルコール分解酵素の比率**が高いことはよく知られている。概して、西洋人の方が日本人より酔っ払わないのだ。そのため、一般に**酔っ払いに対する寛容度**も西洋人の方が低いと言われている。**へべれけ**になっているやつは、つまりは**相当飲み過ぎた**ということだからである。

一方、日本人の方が、どちらかというと**酔っ払うこと**に対して許容度が高い。**「酒の席」であることが言い訳にすらなる**ことがある。これも、日本人が生理学的に（西洋人にくらべると）酒に弱いことに起因しているかもしれない（少なくとも遠因ではあろう）。**「酒に飲まれる」**という表現は、もちろん「酒を飲む」の裏返しというレトリックでもあるが、「酒」は何か第三者的な存在で、酒は**人**

を「**飲んで**」**しまう存在**でもあり、人を**乱れさせて悪さをする存在**でもあり、**人と人との関係の仲立ちをする存在**でもある。「**酒の力を借りて**」人に言いづらい話をしたり、うち解けたりする。「酒よ！」と語りかける歌も生まれるわけだ。

酒がコミュニケーションの補助をする存在であることは、**神事**や**ハレの日**に供されるものも含めてかなり古くからあったに違いない。荻生待也編『日本の酒文化総合辞典』（柏書房）によれば、１９５８年、長野県八ヶ岳山麓井戸尻遺跡で発見された、約５０００年前の縄文中期の古土器には**山葡萄の種子**がこびりついていて**果実酒製造の痕跡**と推定されているそうだ。同辞典によると、味が向上したのはずっと後の米を材料とした「**和酒**」（「日本酒」よりいいことばだと思う）になってからとのことなので、当時の果実酒はあまり旨くなかったのだろう。

旨くなくても酒を飲むとすれば、現代の我々も容易に想像がつくが、目的は酔っ払うことだ（きっと）。酔っ払ってコミュニケーションを円滑にするということが古代においてもなされていたとしても不思議ではない（酔うためだけに酒を飲むという営みは、例えば研究者なら論文が学会に採択されなかった場合などに有効とされている）。より近い歴史上の史実（？）としても、「酒を酌み交わし」交友を深めるというシーンはよくあるし（時代劇でしか見たことはないが）、最近でもドラマ、現実の生活ともによくある光景だ。

ここから少し話を方向転換させよう。

「**酒を酌み交わす**」ことによって**人間関係を密にする**ということは、**ひと昔前の日本社会**では、なんてことのない当然のことだったように思う。酒を飲むことに対する社会の評価も好意的なものだった。大酒を飲むことにも飲ませることにも（後者は特に）、概して今よりも寛容だったように思う。酒に強いことは、少なくとも男に関しては勲章のようなもので、それだけで敬意を払われた。**下戸**もいたが、社会人になって鍛えられて、**飲めるようになる**ということは一人前になることだった。

仕事が終わってからでも同僚と遅くまで飲むというようなことは、国や文化によっては考えにくいところもあるが、日本では見慣れた風景だった。**飲んで仕事の憂さを晴らす**。あるいは、**愚痴のような発展的議論のような話を延々と続ける**。おそらく、日本の高度成長を支えたことの一部はこのような光景だったろう。

様相が変わってきたのは、ここ10、20年くらいではなかろうか。仕事が終わってまでも仕事や仕事の人間関係を引きずらない。家庭や自分の交友関係や趣味を優先させる。大学生でもやたらとコンパを開かない、参加しない、そんな人間像が生まれてきた。よいことなのか悪いことなのかはわからない。

　これを象徴させることばが「**飲みニュケーション**」と「**アルハラ（アルコールハラスメント）**」だ。かつては当然だった、酒を飲んで語り合う、酒の力を借りて人間関係を構築する、というようなことがなくなって、「酒」に新たにその意味を**再付与**させようというのが「飲みニュケーション」である。一方、無理矢理飲ませるという考えの**負の面**に着眼して、ハラスメントと捉えたのが「アルハラ」である。興味深いことにこの2つのことばが**新聞に登場**するのは、時期的に微妙にずれていて、**「飲みニュケーション」→「アルハラ」の順**である。

　再び新聞記事の検索に頼って言えば、「飲みニュケーション」ということばが主要全国紙に登場した最初の記事は、日経新聞の1988年6月23日夕刊だ。「志木サテライトオフィス、職住近接のメリット確認」という見出しのこの記事は、「サテライト勤務」する人たちの、「本社勤務では体験できない」「飲みニュケーション」を報じたもので、飲むことに対しては肯定的なものである。一方、朝日新聞初出の「仕事とお酒」（1989年8月29日）では、「お酒の入ったウェットな関係ではなく、からっとドライな関係で」で仕事をするという内容で、「部下との『飲みニュケーション』もほとんどない」と「飲みニュケーション」には否定的だ。

「アルハラ」の初出は毎日新聞1992年6月18日東京朝刊で（毎日新聞記事検索『毎策』による）、**アルコール問題全国市民協会**のシンポジウムで「無理強いされる側の意思を尊重するよう求める『アルコール・ハラスメント』の考え方を広げる必要性が確認された」と報じられている。朝日新聞2000年10月6日「おれの酒が飲めないのか、それって『アルハラ』」における「市民団体は、酒の嫌がらせ行為を「アルコールハラスメント」と名付け、企業や大学に防止への取り組みを求めている」という記述からわかるように、この**ことばが市民権を得た**のは比較的最近である。

この2つの**ことばの流通**は、あきらかに職場や大学の仲間と酒を酌み交わすことが、以前のように必ずしも**常態と見なされているわけではなくなっている**ことを表している。「飲んでコミュニケーション」が当たり前の時代には「飲みニュケーション」などという発想は生まれてこないし、下戸も耐えて鍛えていた時代は、ハラスメントとはされていなかった（不快に思っていた人はいただろうが）。

ここからは、大学教員として日頃から大学生ら若者とつきあい、社会言語学者としてコミュニケーションの媒体やテクノロジーとコミュニケーションの関係を考察してきたものの観察としてつれづれなるままに述べてみたい。それによって、**現代人、特に若者の酒との関わりの一端**を示すことができればと思う。

コミュニケーションのツールの革新はこれまでもコミュニケーションのあり方のみならず、人々の生活、生き方そのものを大きく変えてきた。**文字**、**活版印刷**、**電話**、**ラジオ・テレビ**、と人類は幾度となくコミュニケーションツールの大変革を経てきた。いうまでもなく、今起こっている革命は**電子メディア**と**モバイルメディア**によるものである。そして、それは**酒を介した人付き合いのしかたと連動**しているかに見える。歴史上それぞれのコミュニケーション革命は、人々の生活を便利にした分、何らかの人間の能力を**減退**させたと考えられるが（例えば、文字の発明は人間の記憶力を低めたと言われている——それは必ずしも悪いこととは言い切れないが）、現在の電子コミュニケーション革命が減退させたものの1つは、**「飲み会力」**である。

筆者は大学のゼミで定期的に筆者も必ず参加するゼミの公式行事として飲み会をすることに

している。現代の若者でも飲み会を好む者も多く（それが筆者のゼミを希望する理由という説もある）、彼（女）らは放っておいても飲んでいるが、学生の中には飲み会を**苦手とする者**がいる。そこそこの人数がいて、雑多な人たちがいて、（多少）気を使わなければならない先輩、大人もいるという状況で、**一見、無目的に時間と空間と飲食を共有する**のには、たしかに（酒を好まないものには特に）**労力を要する。**しかし、このカオスを処理する能力は**人間力とコミュニケーション処理能力を高めると信じて**やっている。ただの**のんべ教員**ではないのだ！

もちろんすべてではないが、最近、飲み会を好まない、苦手とする人が比率として増えていることは様々なところに現れている。**「飲み会　苦手」というキーワード**でインターネット検索すると、おびただしい数の悩み相談のページにヒットする。例えば、Googleだと、それに「関連する検索キーワード」にでてくるワード群は、**「飲み会　会話　苦手」**、**「飲み会　苦手　克服」**、**「会社　飲み会　話題」**、**「大人数　飲み会　苦手」**、**「会社の飲み会　断り方」**などで、涙ぐましくすらある。もちろん、酒そのものが苦手という者もいるが、酒は飲むが飲み会は苦手、少人数の飲み会ならよいが大人数は苦手、というのが最近の傾向のようだ。

このような**「飲み会力」の低下**と近年の電子メディア、モバイルメディアによるコミュニケーション革命とは無縁ではない。なぜなら、「飲み会力」を構成するカオス、無目的、不特定、偶発性を処理するコミュニケーション能力は、電子・モバイルコミュニケーションの特徴である**ピンポイント性**と相反するからである。

最近の若者は**もの知り**である。少なくとも筆者の勤務する大学の学生たちはよく勉強するし、まじめである。ただ、いろんなことをよく知っているが、自分の得意領域以外だと**「ネットで知った」という知識**が多い。彼（女）らもインターネットを介した知識の**危うさ**には気づいているし、その情報は玉石混淆で取捨選択が必要なこともわかっている。しかし、いかんせんインターネット検索はお手軽だ。玉石混淆でも**タダ**ならそれですませる。何かを調べるにしても、どうしてもグーグルで済ませてしまうということが多い（小論でも多々活用していることを棚に上げて言うと）。

しかし、インターネット検索の危うさには気づいていても、その**「ピンポイント」であるがゆえの「無駄のなさ」の損失を理解している者**は多くない。あるいは、**理解していてもそれを回避しようとする者**は少ない。インターネット検索の問題は、何でもピンポイントに調べられすぎるということだ。筆者はよく学生に、**「周辺視野」**でどれだけのものを見られるかが勝負だ！などとうそぶいたりする。「周辺視野」とは**中心視野**（焦点をおいて見ているところ）のまわりのぼんやりと目に入っているあたりのことだ。ピンポイントで見ているということは周辺視野で**何も見ていない**ということになる。

例えば、辞書をひくにしても、最近は多くの人が**電子辞書**や**インターネット上の辞書**をよく使う。筆者もよく使うが、時間と場所が許せば**紙の辞書**を引く。電子辞書やネット上の辞書はたしかに手っ取り早いが、難点は調べようとする語の意味しか調べられないことだ。ところが、紙の辞書だと**モタモタ**と調べていると、たくさん**「偶然に」**いろんな**「余計な」**ものを見つけたりする。思わぬ発見をして、おもしろくて読みふけり、何を調べていたか忘れてしまったりする。これも「周辺視野」で見ることだ。インターネット検索も同様に、検索をうまくかけられればかけられるほど、ピンポイントに（**とりあえずの**）情報にたどり着いてしまい、余計なものを見なくてすんでしまう。端的に言えば、**偶然の出会いが少なく**、**カオスに遭遇しない**のである。「周辺視野力」は「飲み会力」につながる。認知に**負荷**がかかるが、それは意味のある負荷で、カオス処理能力を向上させる。現代人の**頭がウェブ化、グーグル化する今**、むしろウリになる能力である。そう信じて学生の「飲み会力」の向上を（酔っ払いながら）図っている（つまり、**この能力には「酒」は必ず**

しも必要ではなく、ノンアルコールでもよく、その実、学生にアルコールを強要はしていない、が、本書の趣旨からはそこはあまり強調しないでおこう）。

なんでもピンポイントに目標に達する志向性は、現代人の生活のあらゆる面に見られる。最近の学生には、**テレビを見ない**、というのがチラホラいる。テレビを持ってない、というものもいる。買う金がないというわけでもないようで、インターネットで**自分の好きなもの**を選んで**動画配信サイト**で見ればそれで済むということなのだろう。ケータイ電話で、直に（ピンポイントで）話したい人に電話ができる。女の子の家に電話をするのに、父親が出ないかとビビったドキドキ感は、もう**昭和のノスタルジー**とともに語られる話になった。最近の大学生たちは**待ち合わせの約束が「アバウト」**だ。どうせ**誰かが遅刻する**と思っているし、**だいたいの時間**に待ち合わせ場所に着いたら**メールしあう**。状況に応じて会う場所も**調整**する。もちろんケータイのなせる業である。駅のかつての（リアル）掲示板の話を学生たちにすると、まるで異国の話を聞いているかのような顔をする。

何でもピンポイントに目的に達することに慣れたインターネット世代の中に、一見無目的にだらだらと時間の流れる飲み会を苦痛と思うものがいても不思議ではない。この世代の特徴とも思われるこれらの生態は、インターネットや電子メディアが生み出したものなのか、この世代の生態がインターネットの隆盛を生み出したのかはわからない。おそらくその両方であり、相乗効果があるのだろう。それがよい未来を作るか否かもわからない。とにかく**カオス**、**雑**、**余剰**という要素に現代は**不寛容**だ。しかし、それを飲んで飲み込む力を高めるために酒を活用する、悪くない話だと思うがいかがだろうか。

故郷は遠くにありて云々とかつて詩人は書きました。久しく帰らぬ故郷の名が入った地酒や地焼酎を1本ご購入なんていう方もいらっしゃるかと存じます。母国を想って買われる方もございましょう。ところで、酒席で盛り上がる話題に地元ネタがございます。笑い話にも自慢話にも時に攻撃的な話にまで発展しちゃいます。できれば同郷同士が当たり障りなく、思い入れ一杯に話せるのが理想でございますナ。さて次のお話は職人たちの酒宴を手がかりに望郷の念を掘り起こして参ります。

酒がつなぐ「望郷」の共同体

東北学院大学文学部歴史学科准教授・
同大学博物館学芸員
加藤 幸治

紀州鍛冶へのいざない

「下戸の建てた蔵は無い」ということわざがある。**酒を飲めないと出世できない**というのは、一歩踏み外せば**アルハラ**につながりかねない物言いだが、実際のところ**酒を酌みながら交わされる話**が、ある人の人生を左右することがある。公正な人選が要求される現代とは異なり、酒の席であるポストがきまるということは**かつての地域社会**においてはむしろ**ポピュラーな合議方法のひとつ**であった。

また、むかしからの**懐かしい面々**が顔をそろえる**酒宴**というのは、他では得難い居心地のよさを得られるものである。同窓会や同郷会など、現代人が大切にしている人々のつながりを確認する場では、その場に漂う**帰属意識**や**連帯感**が最高の**酒肴**である。

民俗学から「酒運び」について論じようとすると、たいていの論者は地域社会の存在を前提に、そこで催される酒宴がどういう人々のつながりを生みだしているかについて論じるであろう。筆者はちょっと視点をずらし、**酒宴の場のみによって人々のつながりを確認するような人々の営み**について興味を持っている。人の移動とモノと情報の流通に関心を抱いてきた筆者が、ここで提供したい話題は**紀州鍛冶**である。

関西地域で民俗調査をしていると、農村にも漁村にもかならず存在する鍛冶屋が**「紀州出身」**などと和歌山県と何らかの関わりを主張したり、あるいは地域の人々がそう説明したりする場面によく出くわす。時に

鍛冶屋の仕事場（和歌山県西牟婁郡上富田町岩田にて）

は**誇らしげ**にみずから紀州鍛冶を標榜する職人に出会うこともあるし、地域の人々も**「あの鍛冶屋は紀州鍛冶だから仕事を依頼した」**というエピソードを語ることもある。実は京都、大阪、兵庫、奈良、滋賀など、広い地域でこうした民俗誌データが存在するのである。鍛冶屋は本来、**「鍛冶三里」**と言われるように、一定の地域の範囲（これが三里程度）を得意先として、村々を巡回して道具の製作・修理を行うのが一般的な営業形態である。そうした近隣の移動ではなく、１００～２００キロも離れた関西各地に**出職**《でしょく》し、移動先に定着していった紀州鍛冶については、あまり知られていない。

紀州鍛冶は、実際には和歌山県中部に位置する日高郡内の特定の集落から排出されてきた。その地域は**南部川**《みなべがわ》沿いに分布するが、その代表的な集落が河口に位置する**日高郡みなべ町埴田**《はねた》である。埴田では、多くの家で長男が家を継ぎ、耕地や山林を経営して、農業や紀州備長炭の生産などに従事する。長男以外の次三男以降はどうするかといえば、16歳になると家を出て手に職をつけるべく修行の道に入る。修行といっても仏教に帰依するのではなく、**職人の見習い奉公**に入るのである。そのとき大工、左官などの選択肢があり、そのひとつが鍛冶屋であった。詳しくは後述するが、彼らは一人前になるために関西一円に定着した先輩の鍛冶屋たちのもとへ旅立つ。そしてうまくいけば誰かの**跡取り**となることができるが、それは一握りの**腕利き**のみであった。それは大変名誉なことであるが、同時に**職を得ることは故郷を捨てること**と同義であった。

　そんな彼らが、年に一度、あるいは数年に一度、故郷の村に**帰郷**する。それが**鍛冶講**である。**講で最も重要なのが酒宴**であり、ふだんは**散り散りになっている同郷人のつながりを確認する場**であった。そして、その酒宴においてはさまざまな情報が交換されると同時に、職人の職場や跡取りを含む多くの重要事項が話し合われたのである。

　本稿は、地域社会における生活の協同を前提としない、むしろ**移動と散在を前提とした職人**たちが、酒宴の場において**社会的なつながりを維持**していくかつての紀州鍛冶のすがたを描いてみたい。

紀州藩田辺領の出稼ぎ鍛冶屋

紀伊半島中部の日高地域からの**鍛冶屋**の出職は、**紀州藩田辺領**による鍛冶職の領内支配のいわば副産物として生まれたと考えられている。紀州藩田辺領では、地域ごとの鍛冶屋の数を定めて配置するなど、積極的に鍛冶屋を統制しており、刀・武器のほか、藩で使う御用の道具を製作・修理する**「本役鍛冶」**、農家の使用する道具の製作・修理する**「平鍛冶」**に分けられていた。そのうち「平鍛冶」はいわゆる**野鍛冶**であり、各地域に一定の人数が配置され、藩に許可を得て保護を受け、税を払いつつ、農民の道具の製作・修繕に当たっていた。

領内の鍛冶屋は藩の調整のもと設定されるものであったため、新たに技術を獲得した職人は、既存の鍛冶屋のもとで働くか、領外へ出るしかなかった。**他所へ移動して仕事をする鍛冶屋**は、まさにあふれだすようなかたちであらわれてきたのである。少なくとも18世紀には他地域で仕事をする鍛冶屋が活動していたと思われるが、19世紀に入ると地域に残る史料から移動の詳しい内容が分かってくる。**「鍛冶屋共他所稼願帳控」**（岡本家蔵・印南町史編纂室編1987所収）によると、19世紀初頭において現在の印南町東山口では、1つの村から34名の鍛冶屋が紀ノ川流域、摂津・和泉へ移動し仕事をしていた。また、**「鍛冶共他所他郡壱ケ年帰出稼帳」**（明治家蔵・印南町史編纂室編1987所収）によると、現印南町宇杉でも10名の鍛冶屋が紀ノ川流域、河内・和泉、吉野で仕事をしていた。**他所稼**あるいは**出稼**には、藩の許可を必要としたことから、こうした村ごとの出職状況を把握する資料が残っているのである。こうした状況は、**『紀伊続風土記』**（1839年）に、「日高郡中の民農隙に諸國に出て鍛冶職となる者あり南部荘中殊に多し」と記されている。すでにこの頃、鍛冶屋が他地域で仕事することはよく知られていたことであった。

　鍛冶屋の**出職が増える理由**はよくわからない。この地域に打刃物の職人町があるわけでもないし、消費しきれないほど鉄が手に入る土地でもない。南部川沿いの農村は農業と**紀州備長炭**をもっぱらの生業とし、近代に**南高梅**が特産品となるまでは、ごくふつうの農村であったからである。現在のところ分かるのは、ただ19世紀から領外へ出職する鍛冶屋が増え、紀州鍛冶と呼ばれる一群の職人たちを生みだしていったことのみである。

　江戸時代末期、出職した職人は1年のうち正月と7月は地元へ帰り、**運上銀**を納めることが義務付けられた。村としても、そこを本籍地とする人が健在であることを確認する必要もあったであろう。19世紀半ばには、田辺領芳養組・南部東組・南部西組・切目組から約１０００人（修行中の職人を含む）の鍛冶屋が領外へ移動し、うち**相当数の鍛冶屋が帰郷せず税金も納めない状況**であったというから驚きである（印南町史編纂室１９９０）。江戸時代末期には、鍛冶屋の出職が増えすぎ、統制しきれないといった状況にまでなって、出職した鍛冶屋の**受容地域への定着**がすでに始まっていたのである。近代に入ると藩による移住の制限が解除され、鍛冶屋が出稼ぎ先への**定住化**は加速していった。

近代以降の鍛冶屋の出職システムと同業集団

　鍛冶屋の出職の具体像に迫るための民俗調査で把握可能な時代は、大正期以降である。筆者は南部川流域とその周辺地域のうち、現みなべ町埴田・西岩代・清川を重点的に調査し、かつて出職した元職人やその家族、子孫への聞書きを実施した。

スネボウコウ（脛奉公）とオレイボウコウ（御礼奉公）—修行時代

昭和初期のこの地域では、子供が**尋常小学校**を卒業する満13歳になると、何らかの職人の**年季奉公**に出るのが一般的であった。職種には、男子は大工や左官、製材所、鍛冶屋などがあり、女子は女中として奉公した。こうした年季奉公を、**スネボウコウ（脛奉公）**と呼ぶが、その由来は不明である。奉公先は日高・西牟婁地域が中心であったが、鍛冶屋の場合は県外の**地元出身の鍛冶屋**に預けられた。職種の選択には本人の意見も反映されるが、それがどんな仕事かも分からない年齢なので、**親が希望した職種の職人を探す**のが一般的であった。仲介者は地元出身の職人や同業組合、学校の教員などで、鍛冶屋に関しては**セワヤク（世話役）**と称されるみなべ町埴田で開業していた鍛冶屋が大きな役割を果たしていた。

年季は満18歳までが基本で、仕事は掃除や洗濯、鍛冶炭の準備が中心であった。奉公を始めて1年ほど経過すると、やっと金鎚の振り方を教えてもらい、剣道の素振りのように毎日練習をし、少しずつ親方の**「向こう槌」**を打たせてもらうようになる。年季明けが近づいてくる頃には、**鶴嘴作り**ができるなど基本的な技術は習得していたという。スネボウコウの年季が明けると、必ず1年は無給で**オレイボウコウ（御礼奉公）**をするのが**しきたり**であった。その期間は多様な製品の作り方を教えてもらい、充実した期間であるという。

ジョウゲ（上下）鍛冶―出職

オレイボウコウが明けると、一人前の職人として扱われるようになる。そのまま修行先の親方のもとで何年か働くものが多いが、1年を通して鍛冶屋として働く者は稀で、**実家の農業の手伝い**のために一定期間は和歌山に帰省するのが通例であった。鍛冶屋の仕事は、出稼ぎ先の生業の繁忙期にはあまり仕事がない。農閑期に農民は農具を修理するから、**鍛冶屋の繁忙期は農閑期**となる。だから、農繁期である3～6月と9～11月には、むしろ出身集落に帰って家の手伝いをするのであった。出職期間は実家を離れて出稼ぎ先に下宿したり、集落内に粗末な小屋を借りて生活したりしたという。また、盆正月の休みや地元の炭焼きの忙しい時期には和歌山に帰り、一定期間滞在した後、再び職人として出職する場合もあった。こうした鍛冶屋を**ジョウゲ（上下）鍛冶**と呼んだ。**出職先に行くことを「上る」、実家へ帰ることを「下る」と表現**したのである。

ジョウゲ鍛冶は、基本的に1年契約であったが、他の鍛冶屋に職人の手が足りなくなるなどのケースに、別の親方に雇われることもあった。その場合、期限付きの派遣でまた帰ってくるケースと、親方との契約を打ち切って別の親方と再契約するケースがあったという。**別の職場を親方から勧められる**ことは、仕事が一人前にできると認められたことと同義であり、名誉なことだったという。そして、職場をやめるときや新たな鍛冶屋を開業するときには、**シュウギ（祝儀）**と称して、親方から1年分の給与に相当する額をもらったが、これは退職金としての意味もあった。

イッキ（居付）鍛冶―出職から定着へ

こうして何箇所かの地域の鍛冶屋で働きながら鍛錬を積む中で、親方に腕前を認められ、運良く鍛冶屋に空きが出れば、**自分が親方となり新たな鍛冶屋を開業**することとなる。空きがでるケースとは、関西各地に定着した鍛冶屋が事故や病気で突然死亡したり、廃業したりすることで、一定の範囲の地域に鍛冶屋が無くなることである。そうしたときに、親方を介して声がかかり、出職先の職人が所有していた道具や施設一式を買い取る**資金調達**ができれば、出職先に**生活の基盤**を移して家族ともども移住することになり、こうした鍛冶屋を**イッキ（居付）鍛冶**と呼ぶ。この時点では、和歌山の実家には**墓参り**や地域の**氏神の祭**に帰る程度となり、イッキ鍛冶となることは地元では「**成功した**」とみなされている。

イッキ鍛冶となる時は、一軒前の店を構えることができたという喜びと同時に、郷里を捨てることになる寂しさがあったと、元職人は語っていた。ただし、イッキ鍛冶となる職人は、農家の次男三男がほとんどで、長男は最終的には実家に帰って家を継ぐのが一般的であった。

このように、日高地域の鍛冶屋の出職とは、生まれ育った地域をスネボウコウという形で離れ、そこから修行時代を経て一人前となり、オレイボウコウを経て、ジョウゲ鍛冶として郷里と出稼ぎ先を往復する職人となり、その中の一部が出職先の鍛冶屋を引き継いで定住するイッキ鍛冶となるという、一連の過程が見えてきた。この**出職から定着への過程が世代ごとに継承される**ことで、南部川流域とその周辺地域は、鍛冶屋の出職の排出地域であり続けることができたのである。それを支えたのは各地で結成されていた鍛冶講と呼ばれる**同業集団**であった。みなべ町埴田に残る鍛冶講の文書などから、明治時代後期には講が職人の勤務先を掌握していたことがわかる。次に、鍛冶講の機能について述べる。

鍛冶講の役割

紀州鍛冶で特徴的なのは、鍛冶屋の移動に、村ごとで作る鍛冶講と呼ばれる同業団体が深く関与していたことである。**現みなべ町西岩代**にはかつて**「戎講」**（当初は**太子講**という名称だったという）という鍛冶講があり、19世紀前半には20人以上の鍛冶屋が加入していた（南部町史編纂委員会編1996）。太子講は、鍛冶職人が**職祖**として**聖徳太子**を崇めることがあることを考えると興味深いが、それを戎講と改めた理由はよくわからない。

西岩代の鍛冶講規約には、正月10日に鍛冶屋が会合を持ってから出職先へ出向くことが定められ、「尚又やとい弟子之も是迄違、他領よりやとい申候義相成不申候、御領内之内ニてやとい可申候」とあり、**移動先で弟子を取ってはならず必ず地元（西岩代）から弟子を取ることが申し合わされている。**講は大正時代初期まで行われていたが、講員の減少により1915年に解散した。現みなべ町西本庄も「稲荷講」を有し、明治時代末期に約25名の鍛冶屋が加入していたというから、出職する鍛冶屋を排出する集落では、こうした鍛冶講が営まれていたと想像される。

現みなべ町埴田にも「恵比須講」と呼ばれる鍛冶講があり、19世紀半ば以降の史料が一括で残されている。**明治後期の鍛冶講の様子**を物語る資料に、1894年に作成された「契約書　南部村大字埴田」

特別展『移動する職人たち』展示風景（和歌山県立紀伊風土記の丘　2005年、筆者担当）より

（谷本家蔵）という史料がある。その冒頭を引用すると以下のとおりである。

約束書　當南部村大字埴田恵美須講ノ儀ハ従来堅整ナル規約ヲ結ビ取締及惣代人ヲ設ケ是ヲ整理シ大字部内ノ維持制理法ト理ヲ殊ニスト雖モ今般ニ部内ニ関スル諸般ノ議事諸般ノ整理ヲ代表スル為協議委員ヲ任撰シ後来如何ナル事情ノ醸スルモ苦楽ヲ相共ニスル誓言ナリ故ニ此恵美須講タルヤ完全ナル組織法ト認定スルヲ以テ以後規約條ニ違犯セシ者有之節ハ講中ヨリ規約法ニ基キ十分ナル解説シ其説明ヲ盧解セズ或ハ戒飾セザル者アル時ハ取締又ハ惣代人ヨリ事実申告ニ固ク部落権限代表ノ任威ヲ以テ相共ニ之ヲ分解處置可致事明治貳拾七年二月一五日薬師寺ニ於テ惣集會ニ而契約セシ者也

つまり、埴田の恵美須講は、従来厳しい規約を結んで取締や総代人といった役職が差配して**秩序の維持**を図ってきたが、このたびその役を執行する協議役員を選出して、**どんなことがあってもそれに従うように誓言した**。そこで恵美須講をその組織の正統なものと認め、その規約に違犯したものがあれば十分に言い聞かせ、理解しない場合は集落の総意をもって当人を排除するということを明治27年2月15日に薬師寺で行われた村の集会で契約したという、いかにも**物騒な内容**である。

そしてこの記述に、「協議委員」として11名が署名をしている。鍛冶講は、同業集団という以上に集落におけるとりわけ出職鍛冶についての意思決定組織として機能し、その決定には強い拘束力を伴っていたことがうかがえる。また、これを１８９４年に再確認したとあるのは、**この時期に結束を固めなおさなければならない何らかの背景があった**のであろう。

鍛冶講は鍛冶の同業集団としては、西岩代の「戎講」同様、出職先の調整をしたと考えられ、これを確認する１８８０年の「約定規則書　和歌山県日高郡埴田村恵美須講舎中」(谷本家蔵)がある。

鍛冶職ヲ業トシテ他府縣ヘ出稼寄留人或ハ新規営業者ニ至ルモ各々勤メテ其業ヲ励スルハ人タル者ノ常トシテ論ヲ不俟處ナリ然ト雖モ従来其土地ニ於テ寄留スル職工者アリ其近傍近郷ヘ新ニ同職工ヲ初メ他人ノ稼ヲ妨ナサントスルアリ此斯近年猥リナルヲ以テ相互ニ其利益ヲ得ル不能之ガタメ自然衰耗ノ姿ニ至ラントスル故ニ今是レヲ一洗シテ向来各々職工ヲ

栄エンガ為メ一種ノ規則ヲ設クル左ノ如シ
第一条　他府縣下江出稼寄留スル其近傍近村ニ於テ新ニ同職工ヲ自己ニ開店営業不相成候事
第二条　新ニ営業セント欲スルモノハ開店以前其趣取締委員ニ具陳シテ取締ノ指揮ヲ受テ開業可致候事
第三条　新規営業者ニシテ無届自己ニ開業スルモノハ假令親戚朋友弟子ト雖モ恵美須講仲間ヲ省キ一切世話振等致ス間敷候事
第四条　規則ニ背キ条目ヲ犯ス者アリト認ムルトキハ取締委員ヨリ十分説諭ヲ加ヘ尚弁明セザルモノハ第三条ノ通リタルヘキ事
第五条　取締人他郡ヘ転住スルカ疾病等止ムヲ得サル事故アル時ハ同職工人ノ内重立ノ者ヲ撰是ヲ取締スルモノトス

内容は、①他府県へ出職した職人が近傍の村で新たに店を構えることを禁ずる、②新たに開店しようとする場合は取締委員に具陳して許可を得る、③無許可で新たに開店した場合は親戚朋友弟子といえども恵美須講から排除し一切手助けをしてはならない、④規則に背いた職人には取締役員より十分に説明し言うことを聞かなければ③の措置をとる、⑤取締人が他郡へ転居したり病気になったりといった事故が生じたときは職工のうち「重立」の者を選び取締りにあたらせる、というもので**集落出身者が職を得られない事態への危機感**がうかがわれる。

ここにあるように、鍛冶講が一定距離以内に二軒の鍛冶屋が開業し同郷出身者同士で仕事を取り合うことがないよう、職人の出職をコーディネートしていることが分かる。また、「大正拾一年正月　約定連名帳」（谷本家蔵）にも、「此度當恵美須講員一同申合セ約定トシテ左記ノ通リ相定メ候　他人使用スル雇入ヲ無断ニテ雇入セザル事　若シ規則ニ背キタル時ハ五拾円ノ違約金ヲ徴収ス」としている。こうした**厳しい掟**を定めなくてはならない背景には、**後継者を地元から排出し続けることへの強い拘《こだわ》り**がある。出職して、定着先の地域社会に溶け込んだ職人は、現地での社会関係のなかで日々の生活を送ることになるため、地域の論理に従う必要があった。紀州鍛冶として維持してきた仕事を紀州から選んだ後継者に継がせることは、想像以上に難しいことであったかもしれない。

講の構成人数は、時代ごとに大きく変動しており、諸記録の連名数を比較すると、１８８１年72名、１８９２年78名　１９２２年36名　１９５３年12名、１９６３年８名となっている。**大正から昭和初期**に大きく減少しているが、これは、移動の困難さが関係していると思われる。

興味深い資料として、鍛冶講の文書には、「約定証書」（谷本家蔵）という１８９４年の記録がある。これは、大阪共栄社田辺代理店との**汽船チャーター**の契約書であり、「一、大阪迄乗船下等客一人ニ付金四拾弐銭也トス　但シ小児ハ其半額ノ事外ニ金二銭ハシケ賃」としている。職人の出職先への交通の便宜を講が中心となって図ったものであろう。出職の移動については『埴田区誌』にも以下の記述がある。

昔から鍛冶屋が働きに出ることを上り、帰国を下りというてこれを上下と称した。交通機関の不備な時代は陸路皆徒歩で、和服にバッチ、スネキリ、キャハン、コウカケ、草履履きで、半期間の着物を大風呂敷に包み、各自背負い、出発の日は原谷（日高町）か鹿ヶ瀬泊り、翌日は今の海南市又は藤白泊り、翌々日は泉州路で一泊、其の翌日は大阪八軒屋の京屋か島清泊り、江州、山城辺行きは淀川通いの船に乗り、外それぞれ出稼ぎ先へ向かったのである

しかし、1904年と1905年に帰郷した職人が定着先に戻るためにチャーターした船が沈没するなどの事故が相次ぎ、次第に出職先に定住するか地元へ帰って農業や炭焼きに従事する職人が増えていったと言われている。大正から昭和初期の、講員の著しい減少は、こうした中で**鍛冶講の影響力**が次第に脆弱化していったことを物語っていよう。

鍛冶講の酒宴

講の集会は正月中に行い、1880年の記録（谷本家蔵）では**「なます　かづの子　にこみ　いり菜　わけぎ」**の**酒肴**を、「一人前手皿二ッニ定」（手に盛り付けて）として酒を飲み、「手伝衆親類兄弟相定候事　其外壱人モヨビ客相成ズ候事　十二時ニ講席江寄合候事　此席五時限リ引取スベキ事　右倹約一流相定候也」として、**贅沢を排しながら宴会を催した**。聞書きでは、講にはいわば「二次会」のような**くだけた酒宴**があり、これは各家庭や仲の良い者同士で気がねなく営まれたという。講の宿元は持ち回りで、この資料の入った箱とエビス神像の掛け軸、神酒徳利や神酒口など祭祀用具一式を1年間預かる責任があった。

紀州鍛冶は何を製作したか

日高地域を排出地域とする鍛冶屋の出職は、近畿一円に展開したが、職人は**移動先の生業に柔軟に対応**することで、その**受容地域を拡大**していった点が注目される。

例えば、筆者が調査した事例では、奈良県吉野郡川上村において**吉野林業**の集散地に供給する**斧《おの》・鉈《なた》・山《やま》刀《がたな》・鎹《かすがい》・筏用の鐶《かん》**などは、紀州鍛冶が製作した。奈良県国中平野の**天理市丹波市**や**田原本町**では、紀州鍛冶は**農具**を中心に製作・修理をした。近畿地方有数の稲作地帯である滋賀県**湖東平野**でも、農具の製作・修理に当たったという話を近江八幡市で聞いた。大阪府の淀川沿いの農村である**三島郡島本町**や、**京都府乙訓郡大山崎町**や**長岡京市**では、農具のほか、この地域の**特産品**であるタケノコ生産に使用する**ホリ**（タケノコ掘り具）・**竹切り鉈《なた》・竹切り鎌**等の特殊な道具を生産した。

彼らは、蹄鉄鍛冶《ていてつかじ》や鋸鍛冶《のこぎりかじ》、車鍛冶《くるまかじ》、といった鋼《はがね》を扱うような特殊な技術を有したのではなく、**日常生活や庶民の仕事に必要な道具は何でも修理し製作する**ごく一般的な野鍛冶であった。**出職先の多様なニーズに応じた製品を製作することができた**のは、この軟鉄と鋼を組み合わせるごく**一般的な野鍛冶の技術が基本であった**からである。では、出職先での他の鍛冶屋との競争にいかにして勝ち、浸透していったかについては、よくわからないが、大阪府枚方市で行った職人への聞書きで、出職先の人々の要望をきめ細かく聞いて対応し、満足な製品を作ることをモットーとしたと語ったあたりにヒントがあるかもしれない。技術的には現地の鍛冶屋とかわらない紀州鍛冶は、サービスの面で他に秀でたのではないだろうか。「紀州鍛冶の経営学」といったものに筆者は興味があるが、それを**語れる話者はもうこの世におらず、それを観察できる鍛冶講も現在は存続していない。**

一方、技術的にも確かな職人が多かったのも事実のようである。**谷本家**（みなべ町埴田）には、奈良市内へ出職した先代が受けた表彰状が残っている。その内容は以下のようなものである。

紀州住人鍛冶職
谷本政次郎
皇太子殿下　大正五年五月五日笠置遺址山行啓行宮ニ御記念之杞御手植御用具之鍬調度之命ヲ拝シ謹調セラレシ事ヲ記念ノ為メ茲ニ之レヲ記ス
大正五年五月十日
鹿鷺山　笠置寺

奈良市内でも評判だった谷本家は、笠置寺における当時の皇太子の植樹祭に使用する鍬を献上し、後に笠置寺から表彰されたのだという。

鍛冶屋の奉納物

今回の調査で、鍛冶屋の排出地域であるみなべ町西岩代の西岩代八幡神社の絵馬堂や床下で、**軟鉄《なんてつ》で鍛造した鳥居や下駄の形の奉納物**を発見した。これは聞書きによると、出稼ぎ先から帰省したときに、あらかじめ作っておいたこれらの作り物を地元の神社に奉納し、**出稼ぎ先での商売繁盛や旅の安全を祈願**したというものだという。**戦時中の鉄材の供出**で多くは失われたようだが、いくつかを採集し、現在はみなべ町教育委員会が管理している。

　また、鍛冶屋の排出地域の集落には、鍛冶屋に関連した**火伏せの愛宕灯篭**が見られる。現みなべ町西本庄には、鍛冶屋の建立による愛宕灯篭（一八二二年）があり、現みなべ町埴田にも同様の灯篭が残る。地域の伝承では、これらはその集落から出稼ぎした鍛冶屋が現地で火事を起こしてその村に迷惑をかけ、仕事が出来なくなるようなことがないようにと、地元に残った家族が持ちまわりで灯明を点したのだという。**地元と出職先との往復を常とした職人とその家族が、仕事の安定を願った**数少ない痕跡であろう。

まとめ

　紀州鍛冶は、関西一円に散在していた数十人の鍛冶屋が年に一度開かれる鍛冶講によって出身集落との紐《ちゅう》帯《たい》を保ち、講の取り決めに従いながら定着先での鍛冶職を営むことで、ある共同体を維持していた。定着先では紀州鍛冶と呼ばれ、地域社会に受容されつつも**外来者**としての位置を保持することで、現地の鍛冶屋との**差別化**をはかった。そこにはあまり差別意識は存在せず、むしろ技術の確かさやアフターケアのきめ細かさなどから、紀州鍛冶とは**一種のブランド**のようにとらえられてきた。

　紀州鍛冶はもともとの出身集落には一切の財産を

（上）西岩代八幡神社（和歌山県日高郡みなべ町西岩代）の拝殿・絵馬堂に飾られている鍛冶屋奉納絵馬
（下左）西岩代八幡神社境内の回り舞台奈落にて収集の鍛冶屋の奉納物（所蔵：みなべ町教育委員会）　撮影筆者
（下右）和歌山県日高郡みなべ町埴田の愛宕灯篭

持たず、墓地さえない。一年に一度行なわれた**鍛冶講が、互いの絆を確認する唯一の機会**であった。彼らを結びつけたものは、鍛冶講のネットワークとそこに織り込まれた儀礼と、紀州鍛冶としての来たし方、そして散在しながらもそれによって生きる**ライフコースの共有**であった。しかしこれらは単なるシステムである。**共同体はこうした「器」だけでは機能しないはず**である、筆者はそこに**もう少しナイーブで感情的なもの**があるような印象を持っている。彼らは生まれ育った集落をベースに機能するシステムに依存していながら、決してそこに帰ることはない。**異郷にあって仕事を営む鍛冶屋が共有する意識**は、ある種の**「望郷の念」**のようなものではなかったか。それを対面的なコミュニケーションで確認できる場が鍛冶講の酒宴であった。

この**「望郷」の共同体**は、前述の職人が乗った船の事故に加え、講の加入者数減少によって組織の維持が困難となったことから、昭和初期に解消されその紐帯は失われた。その後の紀州鍛冶は、定着先で世襲されるようになっていき、紀州鍛冶は家業の来歴を説明するだけのものとなっていったと筆者は考えている。

参考文献一覧

印南町史編纂室　1990『印南町史　通史編上巻』第一法規
印南町史編纂室編　1987『印南町史　史料編』第一法規
印南敏秀　2007『京文化と生活技術　―食・職・農と博物館―』慶友社
上南部誌編纂委員会編　1953『上南部誌』南部川村
加藤幸治　2005「日高地域における鍛冶屋の出職と定着」『年報』第31号　和歌山県立紀伊風土記の丘
河島一仁　1983「出稼職人の集団構造とその地域的展開　―「紀州鍛冶」を例にして―」『人文地理』第35巻第6号　人文地理学会
同　1989a「紀州田辺領における農民と鍛冶職人」『立命館地理学』第1号　立命館大学
同　1989b「紀州田辺領における「本役鍛冶上下場」地域をめぐる集団間関係」『和歌山地理』第9号　和歌山地理学会
同　1984「『紀州鍛冶』の受容に関する一考察　―京都府船井郡の場合―」『歴史地理学紀要』第26巻　歴史地理学会
斎藤卓志　1997「知多の野鍛冶」斎藤卓志・石川三千郎ほか『職人ひとつばなし』岩田書院
篠宮雄二　2002「農鍛冶の出職に見る社会的関係についての一考察」『愛知県史研究』第六号「愛知県史研究」編集委員会
東海民具学会編『東海の野鍛冶』東海民具学会　1994
長岡京市教育委員会（調査委員会主任調査員：印南敏秀）2000『長岡京市文化財調査報告書第四〇冊　京タケノコと鍛冶文化』長岡京市教育委員会
浜野大吉　1962『埴田区誌』日高郡南部町埴田区
南部町史編さん委員会編　1996『南部町史　通史編　第三巻』南部町
吉田晶子　1994「枚方周辺の筍掘り具　―使用法・製造法・形態差について―」『研究紀要』第3集　財団法人枚方市文化財研究調査会
和歌山県立紀伊風土記の丘編　2003『移動する職人たち　―鍛冶・木地・炭焼き―』同館（筆者編集担当）

◉附記

本稿の調査を行っていた2002年、筆者は故**吉田晶子**さんより大阪府枚方市で活躍した紀州鍛冶を話者として紹介され、その調査と吉田さんとの議論によって紀州鍛冶についての明確なイメージを得た。その後も和歌山県文化財保護審議委員を引き受けていただき、いくつかの文化財指定のための調査などでご一緒させていただき、多くを学ぶ機会を得た。今後の飛躍が期待されていた吉田さんは、2013年3月に急逝された。その思い出を胸に書き改めた本稿を、民具研究の先輩である吉田晶子氏に捧げる。

酒の来歴は事典で調べたり**Bar**で聞いたりできますけれども、酒類業界のお話は普段なかなか聞けません。和歌山から東京に戻ります前に、大阪で業界の方と一席もうけましょう。きっとためになる。ご心配なく、アポはとっております。こう見えて抜かりないネン。ほろよいながらも責任は果たしまっせ……。さてこちらでございます。専門誌『ほろよい手帖　月刊たる』。飲酒文化のエッセンスをまじえて酒類業界の現在をうかがうことに致しましょう。情報の流通もまた、酒運びでございます。

大阪からお酒の情報を発信

『ほろよい手帖　月刊たる』

上野　明子

『月刊たる』編集者／編集部

『ほろよい手帖　月刊たる』（以下**『たる』**）という雑誌をご存知だろうか。知っていたらかなりの酒通だとお見受けする。

創刊1980年、**お酒の情報文化誌**として発行して以来、30余年。この原稿に向かっているのが、ちょうどビアガーデンがオープンしはじめ、琥珀色の冷たいビールがそろそろ美味しくなる季節だなと感じている頃なのだが、この時期に発行した2013年6月号で368号を数える。

〝たる〟という名前から、日本酒ファンには酒樽を思い起こして日本酒の、ワインファンからはワイン樽からワインの、ウイスキーファンはウイスキー樽からウイスキーの専門誌と思われることが多いが、**お酒好きが1つの酒類しか知らないということが無い様に**、この雑誌も守備範囲は広い。日本はもちろんのこと、世界各国のありとあらゆるお酒や酒文化、それらにまつわる話題などを取り上げて掲載してきた。その数は数え切れないほど世界中を紹介してきた。

誌面を飾ったお酒は**多種多彩**。國酒である日本酒、焼酎にはじまり、ビール、ワイン、ウイスキー、ジン、ウオツカ、ラム、テキーラ、チューハイだってカクテルだって、もちろんノンアルコール飲料だって、チューハイやカクテルに使う割り材（ソーダやトニックウォーター、シロップなど）

だって紹介してきた。

最近では、新しく**RTD**（Ready To Drink）と**RTS**（Ready To Serve）、**RTM**（Ready To Mix）というジャンルが誕生し、注目を浴びている。これらは何かというと、RTDは、フタを開けたら**すぐに飲める低アルコール**のお酒のこと。いわゆる、缶や瓶に入ったチューハイやカクテルがそれ。一方RTSは、**氷を入れたグラスに注ぐだけで楽しめるアルコール飲料**のことで、もちろんソーダで割っても美味しく飲める。RTMも同じ様なジャンルで、ソーダで割ったり、オンザロックで楽しんだり、ジュースで割ったり、ワンミックスするだけで楽しめる。この2タイプは**海外ではすでに人気のジャンル**で、カクテルやチューハイをつくるためにいろんなお酒もそして割り材も揃える必要がなく、さらには道具も不要なので手軽でしかも美味しく飲めるのがいいところ。これらは**家呑み**の需要を考えてつくられた商品だろう。実際に、この数年で家呑みが増えているといわれているし、特に、20代など若者は自宅でお酒を飲むことが増えているという。『たる』でも過去に**「賢いお酒の買い方・選び方」**や**「家呑みのススメ」**という特集を組んで家呑みの魅力を紹介したことがある。ただ、それだけというのは寂しすぎる。なので、**「街飲み礼賛」**や**「寄り道パラダイス♥ ガード下酒場へ行こう」**という特集も組んだ。居酒屋やバー、もちろんレストランだってそれぞれに**愉しみ方**があり、**文化**があるので、お酒雑誌をつくっている立場からは、**どちらの愉しみもバランス良く知って欲しい**と思っている。

さて、『たる』の主役がお酒ということがお分かりいただけたと思う。『たる』の歴史を語るとき、創業者であり、現在も社長を務める**高山恵太郎**について触れない訳にはいかない。大阪生まれの大阪育ちの『たる』を発行しているので誤解をされる事が多いのだが、実は湘南生まれの湘南育ち。それがなぜ大阪で、『たる』を発行している出版社である、たる出版を起業し、『たる』を誕生させたのか…それはお酒をテーマにしたからというのが一番大きな理由になっている。

「天下の台所」と言われた大阪はもちろんのこと、奈良や京都など、長年、都がおかれた**関西**という地は、**日本の中心として食文化が発展してきた歴史**がある。特にお酒に関しては、**日本酒（清酒）発祥**と言われる地が関西にあり、京都の**伏見**、兵庫の**神戸**や**西宮**にひろがる**灘五郷**は、昔から**酒どころ**として全国にその名を知られている。他にも、**国産ビール発祥の地**や**本格的な国産ウイスキーが誕生**したのも大阪、**屋上ビアガーデンのはじまり**も**大阪**だったりするし、**京都**に目を向ければ、**祇園甲部**や**先斗町**、**上七軒**といった**花街**があり、最近で言うと、全国に先駆けて京都市議会で、「京都市清酒の普及の促進に関する条例」と、なんだか難しいがいわゆる**〝日本酒で乾杯〟条**

例というものが制定されている。**兵庫**は日本酒愛好家なら知っている人も多いと思うが、日本酒を**醸《かも》す**ことに適した**酒米**（**酒造好適米**）の中でも、最高峰といわれる**「山田錦」誕生の地**であると同時に、現在でも全国の生産量の約8割を占めている県だ。お酒造りもお酒を楽しむ文化も、関西は豊かな地なのだ。これらの風土は、お酒をテーマにした雑誌を発行するにはまさにうってつけ。食い道楽ゆえんにお酒にまつわる話題は多いはずだし、ネタには困らないと考えて決めたという。そして**東京の銀座にも会社があるが、未だに大阪に本社を置いている**。この方針は、**出版不毛の地**と言われている大阪で30年以上も、さらに休刊することなく続いている所以かもしれない。そして、それは**関西の文化人**からも歓迎された。

創刊号がここにある。**お酒をテーマ**にしたときから、切っても切れない〝**食**〟や〝**人**〟も**テーマ**に加わり、編集方針となったのだが、それに合わせて創刊号から**「ほろ酔い対談」**（後に**「ほろ酔いハーモニー」**）が企画されていた。そして第1回目に登場していただいたのが、逝去されたことがまだ記憶に新しい、直木賞作家で深夜のテレビ番組の『11PM』の司会者で知られる故・**藤本義一**氏と、講談師の**四代目旭堂南陵**氏（当時は小南陵氏）。関西の文化を支える（支えていた）お2人だ。

酒誌たる1980年4月号（創刊号）

特に藤本氏には、その後も**「ぶらうん管交友録」「酒の掌編」**（後に**『掌の酒』**として単行本化）、**「酒義酒帳」**、**「ほろよい相談室」**など長年連載をしていただき、『たる』を支えていただいた。往年のファンはご存じだと思うが、お酒好きの作家先生で、読者である愛飲家相手にあの軽妙な調子で愉しませてくれた。『たる』にとって、大きな存在だった。このほかにも、たくさんの関西の文化人、企業家、学者らが『たる』に登場してくれ、様々な酒にまつわる話を書いて下さっている。これは『たる』の財産というべきものだ。

対談コーナーは以後も役者や映画監督、評論家、落語家、スポーツ選手まで、大阪や関西だけでなく全国で活躍する錚々たる著名人が登場していただいたのだが、残念ながら今は途絶えている。でも、バックナンバーを見てみると、どれも面白い内容になっている。例えば、芥川賞作家の**開高健**氏と当時サントリーの社長だった**佐治敬三**氏との対談は、テンポ良い会話が飛び交い、今読んでもきっと読者に喜んで貰えると思う。お二人とも大阪生まれなせいか、掛け合いが絶妙で、会話の最後に「**赤玉ポートワイン**」で落とすあたりは、さすが。にくい演出に、読者も酒が美味しくなったはずと想像する。

このようなビッグな対談をどう組んだのか……。それは、お酒にまつわる対談や原稿をとお願いしているからかもしれない。**お酒の話題**でインタビューや原稿をお願いしたとき、イヤな顔をされることが少ないうえ、逆にお酒の雑誌ということで面白がって貰えることもある。これは本当に恵まれていると思う。今ではほとんどあり得ないが、昔は、酒場や宴会の席など、酒の席で偶然出会った著名人に、**お互いお酒でうち解けあって、良い気持ち**になって酔いを愉しんでいる頃合いを見計らい、対談や連載などの依頼を持ちかけて了承して貰ったというエピソードもあったとか。「**お酒の話**」というのは、失敗談であれ、武勇伝であれ、案外誰でも持っているということなのだろう。現在連載中の、作家の**椎名誠**氏、酒場や旅のエッセイストでイラストレーターの**吉田類**氏はもちろん、2002年から連載を続けて下さっている俳優で気象予報士の**石原良純**氏も、お酒の話題がつきたことがない。

1

2

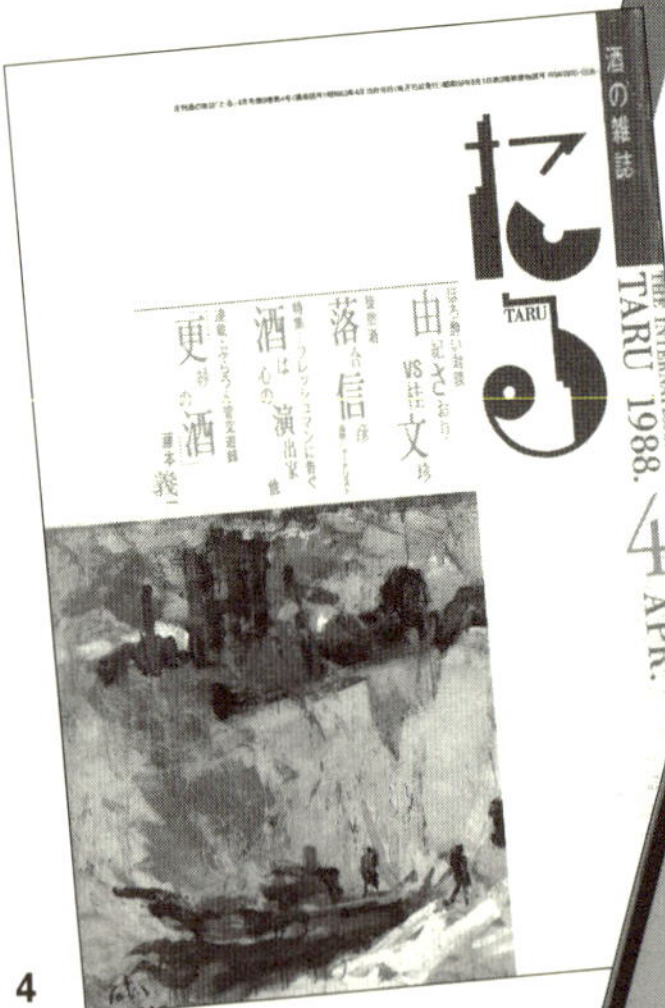

4

3

❶酒の雑誌たる1983年1月号 ❷酒の雑誌たる1985年5月号 ❸酒の雑誌たる1987年2月号 ❹酒の雑誌たる1988年4月号 ❺酒ウォッチング月刊たる1991年3月号 ❻ほろよい手帖 月刊たる1998年1月号 ❼ほろよい手帖 月刊たる2003年1月号 ❽ほろよい手帖月刊たる2006年1月号 ❾ほろよい手帖月刊たる2012年4月号

5

酒ウォッチング
THE INTERNATIONAL WINE, BEER, SAKE SPRITS AND LIQUEUR MAGAZINE・TARU
たる
月刊
新装刊
3
齋藤 茂太
vs
小泉 武夫
上野 瞭
特集
なぜ人は酒を飲むのか
いいだもも・永山久夫
連載エッセイ
白石かずこ・馬場啓一
今村恒美・品田雄吉
藤本 義一

たる
Monthly TARU
1
January 1998
390 yen
リニューアル
第1号特集
神々と酒
味蕾の潮流
短歌で一献
酒学探訪
三島由紀夫
盛り場東西

6

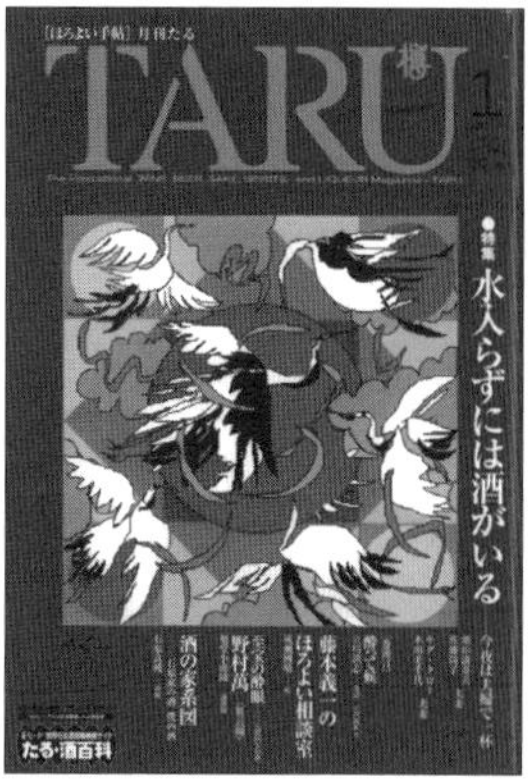
[ほろよい手帖]月刊たる
TARU
樽
1
特集
水入らずには酒がいる
藤本義一のほろよい相談室
酒の家系図
たる・酒百科

7

[特集]春のワイン花盛り「カーネーション」で話題の街、岸和田春のワイン祭り
TARU 30th anniversary
[ほろよい手帖]
たる
樽
4
390
天晴れ!
ワイン日和なり。
特集インタビュー
夏木マリ
また夢になるといけねえ
十代目 金原亭馬生の巻
吉田類の酒場吟行
椎名誠

9

[ほろよい手帖]月刊たる
TARU
樽
1
390yen
たる・酒百科
酒の暦
酔って候
藤本義一のほろよい相談室
コマの間に滲む酒
酒の家系図

8

対談やインタビューなどで様々な人の酒談義を聞くことも多いが、仕事柄**お酒の造り手**やお酒のプロというべき、**ソムリエ**や**バーテンダー**らに取材をすることも多い。彼らに話を聞くたびに、その技の凄さや姿勢に学ばされる。造り手の技術力は、日本酒にしろ、焼酎にしろ、日本のワインもウイスキーもビールもハイレベルで、世界的なコンテストで認められるほどだし、良い酒を造るという**探求心**がつきることが無いように思える。

ソムリエは、1杯のワインの色や香り、味わいからワインの銘柄や造り方、ぶどうの品種までも**探り出す技術**を見せつけられると、もう、凄いの一言。バーテンダーは、それぞれのお酒の知識はもちろんだが、お客さん**一人一人の好み**に合わせてレシピを少しずつ変え、お客さんにぴったりなカクテルを出してくれる。私はこれぞ**究極のサービス**では、と思っている。

お酒を支えている人たちの中で私自身が注目しているのが、**町の酒屋**だ。

最近、酒屋を利用したことはあるだろうか。ひと昔前までは、ビールの配達など家庭の御用聞きをする酒屋が多く、お世話になった人も多いと思うが、今は時代が違う。ある酒屋の店主が**「酒屋の数は減っているけど、免許を持っている店は増えているですよ」**と苦しさを話してくれたが、**酒販免許の自由化**でお酒はスーパーやコンビニエンスストアなどでも販売され、そこで買う人が多い。酒屋は減少傾向にある業界なのだ。ライバルが、人々が集まりやすい店ばかりなので、同じ商品を販売していても、価格競争をしても、とうてい敵わない。最近ではスーパーの**プライベートブランド商品**が開発されたり、**コンビニエンスストア限定商品**も販売され、厳しさは増している。だから、**酒屋でしか出来ない道**を模索する必要がでてくる。今、**愛飲家**の間で話題になる店は、ワインショップをはじめ、日本酒などの和酒を専門とする店、世界のビールを集める店など、**個性が際だった酒屋**がとても多い。数あるお酒の中で、店主らが好きだったり得意な分野を専門的に特化させて営んでいるのだ。

取材で出会う酒屋は、この様な第一線で活躍しているのがほとんどなのだが、そんな酒屋ほど、繁華街や主要道路沿いなど街の中心にないことも多い。駅から離れた住宅街の中や、オフィス街の片隅などにあるのだ。なので、店の場所はわかりにくく、店に行くと、店構えも昔のままだったりして正直「えっ」と驚かされることもあるほどだ。それでも愛飲家の注目を浴びているのは、お酒に対する**店主らの情熱**に惹かれているからだと思う。そして、現在の姿になるまでの道のりを伺うと、**店の基礎から新たにつくり変えているケース**が多く、その情熱がないと続けられないのがよく分かる。

代々営んできた店を受け継ぎ、それまでの形態から専門店化させるために、**先代**である親に店の方針を理解してもらうのに苦労したという店主もいたし、和酒専門店にしたいがそれまでのルートでは**地酒**や**地焼酎**が入手できず、全国の**日本酒蔵**や**焼酎蔵**に足を運んで、取引をお願いして回ったという店主もいた。ある店主は「**酒屋はお酒の専門店だと思ったら、お酒の事を知らないことに気づいたんです。流行に敏感なお客さんとの会話は貴重な情報源です**」と話し、**お酒イベント**や〝**角打ち**〟といって立ち飲みをして**愛飲家との距離を縮める工夫**をしていた。ほかにも、インターネットが普及していない時代から海外ビールに着目し情報収集に苦労した店主も、日本酒や焼酎の美味しさを広めるために飲食店に働きかけて美味しいお酒を飲める場所を増やす努力をした店主も、**若者**に興味をもってもらおうと企画する店主も、地元の酒蔵とともに活動する店主も、**お酒造りの現場**を知るため、毎年造り手と共に蔵で汗を流している店主もいる。彼らの話をうかがうと、**お酒と真剣に向き合っている**のが伝わってくる。よく店主らから聞く言葉なのだが、酒屋は酒造会社やワイナリーなどの造り手と、愛飲家ら買い手の**橋渡し役**だという。**お酒だけでなく造り手の魅力や情報を伝えるのも仕事**なのだ。彼らの知識の深さや正確さは勉強になることが本当に多いし、お酒の話になると止まらないほど惜しみなく教えてくれる。

お酒は**生活を豊かにする力**があるとよく言われるが、良い酒屋を知ればそれが倍増する。店主が選んだ自慢のお酒が並び、嗜好に合った美味しい1本を親切に教えてくれる。私自身、新興住宅地に生まれ育ち、**地元密着の町の酒屋**というのになじみが薄かった。『たる』に携わってから知った世界なのだ。今までこんな愉しいところだと知らなかったのが悔やまれるくらい、町の酒屋は愛飲家にとってパラダイスだと思っている。

お酒を追いかけていると、その**時代が見えてくる**のが面白い。創刊から現在までの間に様々なお酒ブームもあった。例えば、**地酒・吟醸酒ブーム**に**トロピカルカクテルブーム**、ワインも**ボージョレーヌーヴォー**、**赤ワイン**などブームがあった。どれも時代に反映されている。近年では、**本格焼酎ブーム**で盛り上がり、人々の間で定着して愛飲されているし、**プレミアムビール人気**や**ハイボール人気**も続いている。さらに、〝**ネット飲み**〟（ネット飲み会）という新しい言葉が生まれているし、ＲＴＤをみれば、３％などの**低アルコール飲料**から、８％などのアルコール度数の高い**ストロング系**まで二極化がひろがっている。

このような**新しいジャンル**を追いかけながら、同時に**伝統**を守っている、日本酒や焼酎、泡盛の世界も取り上げその神髄に迫ってきた。たとえ、流行のスポットにあたっていなくとも、日本のお酒は世界に類をみない**國酒**だ。それを知らないというのは、悲しすぎる。

『たる』は雑誌を通して、**お酒の愉しさ**を伝えてきたし、当然、お酒を大事にしてきたし、**「お酒に失礼なことをしてはいけない」**と、教えられたこともある。失礼なことというのは、**お酒を悪者にする行為**すべてを指す。簡単に言えば、**お酒のせいにしてはいけない**ということ。やけ酒やお酒の勢いを借りて、暴れるなんて行為はもってのほかだ。お酒というのは、**酔うためだけではなく、美味しく飲むのが一番楽しいことなのだ。各々に合った酒類があり、自分の適量があるのだから、コントロールが必要なのだ。**

と言ってはいるが、**お酒を飲みすぎることもある。**そういえば、**二日酔い（宿酔い）を特集**したことがあった。日本だけでなく、海外の人からも二日酔いの予防策やなったときの対策を聞いたが、それぞれのお国柄が表れたものもあったが、「お酒のチャンポンをすれば二日酔いになるからしない」とか「二日酔いになったら迎え酒をする」とか、日本でもおなじみの対処法があってユニークだった。**古今東西悩みは一緒**なのだ。お酒ってなんとも**人間らしい飲み物**かと思う。まあ、ビールは**メソポタミア文明**の時代、紀元前３５００年〜３０００年からあるといわれているし、ワインも６０００年〜７０００年前にはあったといわれるほど、**人との付き合いは古い**のだから当然かもしれない。

日本各地に根付くお酒文化でまだ知らないものもあるし、世界には、ワインも味わいながらぶどう畑を駆けめぐる、フランスの**ボルドーマラソン**やドイツの世界的なビールの祭典・**オクトーバーフェスト**など陽気で遊び心溢れるイベントもある。これからも、『たる』は人類が生み出したお酒を追いかけて、その魅力を伝えることだろう。改めて、お酒って話題が尽きないなと思う。

中入りでございます。後半は関東・東北への長旅ですので少し腹ごしらえをなさって下さい。おトイレも忘れずに。皆様の飲みっぷりがよろしいようで、用意しておりました酒は先ほどすべてさばけました。まもなく酒屋さんが追加を届けにいらっしゃいますので、しばらくお待ちを。よっ、噂をすれば酒屋さんご登場。あっ！　まさに酒運びの酒屋さんにお話して頂かなくちゃあいけません。ま、ま。そういわずにお願い致します。題しまして「酒運びロマンティクス」。

酒運びロマンティクス　by 瀬間剛

p箱

p箱（ぴーばこ）。それは、プラスティックコンテナーの略である。

現在、日本酒、焼酎などの瓶詰めされたお酒を、主にそのプラスティック製の箱に入れ流通されている。（段ボール箱に入れての流通もあるが。）

皆さんも、一升瓶6本入れの小豆色をしたp箱を見かけたことはないだろうか？　街中で酒屋さんが配達をしている時、酒屋さんの店先で、または大衆酒場、角打ちでイス代わりになっていたり、傘立てや盆栽の土台など以外に身近に存在している。

だが、現在の**酒流通に欠かせないp箱**が確立するまではもちろん**木製**のもので、**ガラス瓶**が明治時代にできて、その後太平洋戦争を経てガラス瓶の製造が安定してきた頃、ようやくp箱が出現したと言っていいだろう。

酒の運搬用具の歴史を遡ると、室町時代には板を差し合わせて作った1升から2升入る「**差樽**」。板を円筒形に並べてタガで締めた「**結樽**」。現在でも祝儀や祭礼で飾られる手樽の把手を角のように大きく作り漆など塗った「**角樽**」。あとは何といっても江戸時代から昭和初期にかけて蔵元から問屋、酒販店への流通で大きな役割を果たした「**四斗樽**」。船での大量流通の際はこの四斗入りの**杉樽**が活躍、また瓶詰めの酒が一般化するまでは酒といえば杉の香りのついた樽酒。また、**吉野杉**を使用したものを最上とした。

あー、樽酒が呑みたくなった……。

さぁ気を取り直して、ではp箱とは実は何者なのか？　どこで作られ、空いたp箱はどこへ行くのか？　追ってみたいと思う。

このp箱、実は**レンタル商品**なのだ。よく見かける**小豆色**のp箱（新日本流通）、**黄緑色**（フーズコンテナー）、**灰色**（宝永エコナ）、主にこのレンタル会社が行っている。

まず、①レンタル会社が、酒蔵などの契約メーカーにp箱をレンタル、②そのレンタルしたp箱にメーカー等は商品を入れ問屋、酒屋に納品。③酒屋・小売店はp箱で飲食店、消費者に届ける。④飲食店・消費者は、空いた瓶・p箱を再び酒屋、または瓶回収業者が回収。⑤回収した瓶回収業者がそのまま使用できるものは契約メーカーへ。また、汚れたものはレンタル会社へ再び戻り、そこで綺麗に洗浄され備蓄。①へ戻る。

といった流れだ。

本来は、レンタル商品。④の飲食店、家庭に納品されたp箱が**回収されず、勝手の良い使い方**をされている。

なぜか盆栽の土台に使われているケースをよく見かけるが、他にも良さそうなものがありそうだが、p箱はいいタイミングでそこにあったのだろう。本来の役目と同じ以上に**大活躍**だ。

――ここが改善のポイント地点である。

最後に違った角度から見ていくこととしよう。

酒屋は毎日いくつものp箱に触れる。一升瓶の入ったp箱を日々持ち運ぶとなると、身体にも負担がかかり筋

肉痛や無理な持ち方をすると筋を痛め兼ねない。**正しいp箱の持ち方**が一番の防止対策だ。少し軽いからといって片手で持つのはいけない。（若い人にありがち）

入れるお酒はバランス良く。（どちらかが重いと必ず片方の腕に負担がかかる）

安全面では街中を配達する際、通行人にぶつかってはいけないからp箱は必ず幅をとらない縦にし、腹に抱えるように両手でバランス良く持つ。（酒もバランス良く入れましょう）

あと、これは上級者だと言う持ち方は肩に乗っけて運ぶ人だ。40・50代のベテランに多い。逆に若者の場合は単なるカッコつけと言ってもいいかもしれない。

こんど街中で**酒屋さんを見かけたら、ぜひ観察してほしい**。

それと回収されていないp箱にも目をやってほしい。

彼らは帰るべき場所があるのだから。

そのp箱が我が家の盆栽の土台に……。素直にアイム・ソーリー。

1月18日

酒運びロマンティクス　by 瀬間剛

新潟の祖父の血を継いだのか、20歳を過ぎた頃から酒という昔は親父しか呑まないものをほぼ毎日あおり、好きなものは？の問いには**日本酒**と迷わず答え、いつしか**酒屋に就職**していた。必然なのか、偶然なのかはわからないが、一言で**酒好き**と言っておこう。

酒好きともなれば、居酒屋によく行くことになる。銘酒が揃う居酒屋、何十年も続く古き良き昭和の居酒屋、安くて美味い大衆酒場、チェーン店の居酒屋には足を運ばない。1人で行くなら、なるべく個人経営の小さい居酒屋がいい。なぜならば、その店の**雰囲気**、**志向**、**味**、**人柄**、店の**居心地**が明確に表れるからだ。

幸運にもなかなか良い酒場が近所にあり、一度訪れてから、たまに顔を出し、いつからかそこへ**配達**するようにもなった。

赤提灯、長暖簾、煮込み、焼き鳥、ホッピー、サワー、古びた外観。決して豪勢な肴、美味い酒はないが、安さとその居心地は**1日の疲れ**をそのまま家に持っていかず、そこで疲れを酒で流すには最高の場所だった。だから、自然と**常連客**も増え、そして皆の**憩いの場**となる。**ボトルキープ**した焼酎の水割りとお新香で呑み続ける赤ら顔のオジサン、ビールと煮込みでさっと帰る粋なオジサン、呂律の回らない酔っぱらい親父、何かと話しかけてくるドカジャン姿のオジサン、やけに焼酎が詳しい小柄なオジサン、**要はオジサンばかり**なのだ。

仕事を終え、今夜は真っすぐ家に帰る気持ちが起きなかった。煙草をふかしても寒さのせいで吐いた煙と白い息が混じり合って寒空に舞い上がった。今日は煮込みで一杯やるかな。そう思ったら、引きつけられるようにいつもの店に向かっていた。

店先の真赤な赤提灯が風に揺れ、まるで手招きしているようだ。かじかんだ手で、古びたガラス戸を掛けた。ガラガラ～。「こんばんは～」「ひさしぶりっ。」

お店の**女将さん**はいつもの**笑顔**で迎えてくれた。カウンター席に座り、暖かいおしぼりを顔にあてた。

すると、たまに見かける白髪交じりのおばさんが、今日はご機嫌のようで話しかけてきた。

「お兄さん、また会ったね～。仕事帰り？」

「そうです。こんばんは。今日は寒いですね～。どうも。」

隣のオジサンは煮込みと焼酎お湯割りで一杯やっている。

女将さんの「**まず何にする？**」の問いに、この寒さだがまず生ビールで落ち着きたい。

東京でも、この時期はとても寒いが、**生ビールには暑いも寒いも関係なく**、最初の1杯で「**プッハ～！**」とやりたい。早速キンキンに冷えたビールが届き、後ろで座っていたおばさんと乾杯した。

アテはすぐに出てくる**煮込み**を注文。そして、返すように女将さんが、聞いてきた。

「今いくつだっけ？」

「実は今日、自分誕生日なんですよ。」

「**あら、おめでとう！　じゃ、また乾杯だね（笑）**。」

酒運びロマンティクス　by 瀬間剛

「勧めるのが上手だな～（笑）じゃ、**もう1杯！**」

昨日、配達した八海山を注文。女将さんは思い出したかのように突然、「あっ、そういえば息子さんも誕生日近くなかった？」完全に**ほろ酔い**気分のおばちゃんに問いかけた。すると、ふらついた足取りで私の隣の席に腰掛け「今いくつ？」と尋ねてきた。

「実は今日誕生日で38になりました。」

「今日は何日だっけ？」

「18日です。」

それを聞いた今まで陽気だったおばちゃんが、急に顔色を変えた。

「えっ！　今いくつ？」おばちゃんが2度聞き返した。「今日で38になるんですよ～。」

「やだ～息子と1つ違い、同じ誕生日じゃない～！」

話を聞くとおばちゃんが1人で育ててきた息子さんはいつしか暴走族に入り、やがて交通事故で成人を迎える前に帰らぬ人となった。おばちゃんは、息子さんが暴走族のトップになりたいと告白された時、**やるからには**

1番になりなさいと言ったことを今も**後悔**しているようだった。

私は今日、きっと息子さんはお母さんにもう後悔しないでと言いたかったのではないかと感じた。偶然で無理やりなこじつけかもしれないがそう確信した。

「息子さんは、お母さんが心配なんじゃないでしょうか？　今でも。」

おばさんは、**ありがとう**と僕の手を握り締めて心の奥に溜まっていた涙が頬をつたった。

女将さんは
「今日は息子さんの誕生日なんだから乾杯しょう！せっかくだから瀬間クンの持ってきた**八海山呑んでみたら?**」

と明るい声で言った。

久しぶりに呑んだ日本酒をおばちゃんは**涙ながらに美味しいと呟き**、私はふと自分を産んでくれた母に感謝し、グラスに残った酒をグッと飲み干した。

酒運びロマンティクス　by 瀬間剛

雨にも負けず、そして。

雨にも負けず、
風にも負けず、
暑さにも寒さにも負けず、酒屋は**お酒を届けなくてはならない**。

特に厄介なのが**雨の日の配達**である。

もちろん雨に濡れないよう長靴、雨合羽は必需品で傘なんて差せないから濡れるのは覚悟の上だ。何より商品が濡れてはいけない。p箱では商品が雨に濡れてしまうから、多少の雨であれば、段ボール箱に入れて運ぶ。それ以上の場合は、大きいビニール袋で段ボール箱にかぶせる。

夏と冬、どちらが嫌かと言うと、確実に夏と答える。冬の配達は確かに寒く、雪なんか降った時には運転がとても大変だ。しかし個人的なことより、商品に気を使う夏が嫌だ。

夏は**暑さは酒にとって油断大敵**である。

焼酎や泡盛ならさほど気を遣わなくていいが、ワインの**スパークリング**や日本酒の**生酒**は**デリケート**だ。日が当らないように必ず段ボールに入れ**紫外線をカット**、**保冷剤**で温度を保ち、車内の冷房もガンガンに効かせ、配達で車を一旦止めて納品している時もエンジンを掛けっぱなしで**車内の温度を保つ**。

コスト的に見ても、**夏のガソリン代は冬よりかかる**。

あと、天候的なこと以外に気をつけなければいけないのは、**駐車違反**を取り締まる我々の業界では**ミドリムシ**と呼ばれている人たちだ。黄緑色と濃い緑の制服を着た厄介な人たちだ。必ず2名で街を徘徊、止まっている車なら配達の車だろうが、ハザードを点けていようがお構いなしに**取り締まる**。

繁忙期の**年末**や**お中元・お歳暮**の時にはこちらの**怒りのピークが限界**に達することもある。そんな時、街で**素敵な女性**にすれ違ったり、**料飲店さんの女性スタッフ**に優しく声をかけられたりすると、そんなこと吹っ飛んでしまう。……男って単純(笑)。

酒運びロマンティクス by 瀬間剛

さぁ、今日も1日頑張ろう。

実は今日、待ちに待った配達用の新しい軽トラがやってきたのだ!

配達の商品の確認もｏｋ! エンジンの掛かりも前より全然いい。ハンドルも握りやすい。今日は天気もいいし気分は上々♪ シートベルトを締め、いざ出発!

すると当然、車内から聞きなれない女性の声が…

「ＥＴＣカードが挿入されていません!」

ん? 車内で時が一瞬止まった。

え〜?「ＥＴＣいらないだろ!?」思わず声にした。そう、配達には必要ないＥＴＣ装備の新顔だったのだ。

どこまで、配達させるんだこの新車は!(苦笑)

その後、エンジンを掛ける度に、その**無感情な女性の声**を聞くこととなった。。。

(Text by 瀬間剛/酒屋勤務・酒場ライター。ブログ「居酒屋ロマンティクス」。そしてある時はベーシスト。)

盆栽とｐ箱

引き出しから懐かしい帳面を見つけました。書き付けてありましたのは遠い遠い日に出逢った方々の名前でございます。すでに世を去って久しい方あり、今ではすっかり立派になった人あり、中には記憶からぽろっと抜け落ちちゃってる人もあり。時の移ろいは人とのつながりをこんなにも変えるンでございましょうか……。さて、前置きはこれくらいに致しまして、皆様を新宿の酒場にお連れ致します。お店縁《ゆかり》の人々が綴った帳面というのがございまして、それを覗きに参りましょう。新宿アナザー・ストーリーの1つでございます。

新宿の酒場と文人

酒場「樽平」を贔屓にした文人たち

新宿歴史博物館学芸員
宮沢 聡

誰もが知っているように、**東京の新宿区内**には数えきれないくらいの**酒場**があります。**新宿駅東口**は駅周辺の発展とともに昭和時代の初めころから酒場が増え、現在は人気スポットになった**神楽坂**はもう少し古く、明治の終わりころから酒場が多くできました。

神楽坂周辺には**尾崎紅葉**、**泉鏡花**、**北原白秋**などの文人が住んでいました。そのほかにも**夏目漱石**、**国木田独歩**、**若山牧水**、**永井荷風**など近代文学のそうそうたる人物が現在の新宿区内に住んでいました。**太宰治**、**田辺茂一**など酒呑みで知られた文人も新宿に住んでいたことがあります。

太平洋戦争敗戦直後には駅周辺には**バラック造りの飲み屋**ができて、文人に限らず、人々はある種の解放感につられてひたすら飲んでいたというのは、多くの者が書いている通りです。また、昭和時代にできた新宿駅東口の**酒場「秋田」「利佳」「あづま」**は文人、学者が贔屓にし、それらの人が思い出を書いた本も刊行されています。**新宿における文人と酒のエピソード**は数えきれないことでしょう。

新宿にある博物館としても、酒場と文人の関係という重要な**文化的現象**を展示をできればおもしろいと思っているのですが、博物館はものを並べなければならず、なかなかできない状態でした。そんなところに、博物館ボランティアのNさんより、**酒場「樽平《たるへい》」**に文人の資料が大量にあるという情報を得ました。この人は長年新宿にあった放送局に勤めていた人で、新宿郷土史に関心が深く、特に近代史に詳しい人です。この人は「樽平」にちょくちょく飲みに行き、御主人とも昵懇の中で、文人のことを聞き出したのでした。

酒場「樽平」というと、酒好きの人ならまず知っている老舗です。「樽平」というのは**山形県小松**の**樽平酒造**で元禄年間から作られている清酒で、樽平酒造は**米沢上杉家**から名字帯刀を許されたほどでした。昭和3年（1928）、「樽平」の販売を兼ねて神楽坂に店を出し、昭和5年（1930）新宿駅東口の東海通り（東海銀行があったのでそう呼ばれていた、現在は末広亭があることから末広通り）に移転しました。戦後は東口の食堂横丁（東口駅前の「ヤマダ電機」横の道）に移転して、現在も営業しています（ただし予約制となっています）。そのほか新宿以外にも、銀座、内神田、江古田に店があります。

実は、酒場「樽平」に多くの文人が通っていたことは、既に知られていたことでした。昭和53年（1978）に講談社から出版された「文壇資料シリーズ」の村上護著『**四谷花園アパート**』に「新宿界隈居酒屋樽平」という章があります。これは新宿一丁目にあった高級アパートに住んでいた**青山二郎**、**小林秀雄**、**中原中也**などのドキュメントなのですが、同じアパートに「樽平」の**当時の御主人**も住んでいて、「樽平」に通った多くの文人たちの記述があります。ボランティアのNさんはそれを読んでいて、「樽平」に飲みに行くと御主人にちらちらそのことを尋ねていたようです。しかし、御主人はあまり文人に興味がなかったようで、最初はあまりとりあってもらえなかった。しかし、何度か尋ねているうちに、若主人が自宅の押入れの中から、文人たちの色紙、寄書帳を見つけ出してくれたのです。

Nさんの尽力のおかげで、新宿歴史博物館常設展示室の一角にある特設コーナーで、**「新宿の酒場と文人①」**と題して、展示ができたのは平成24年（2012）1月から3月まででした。樽平に保管されていた色紙

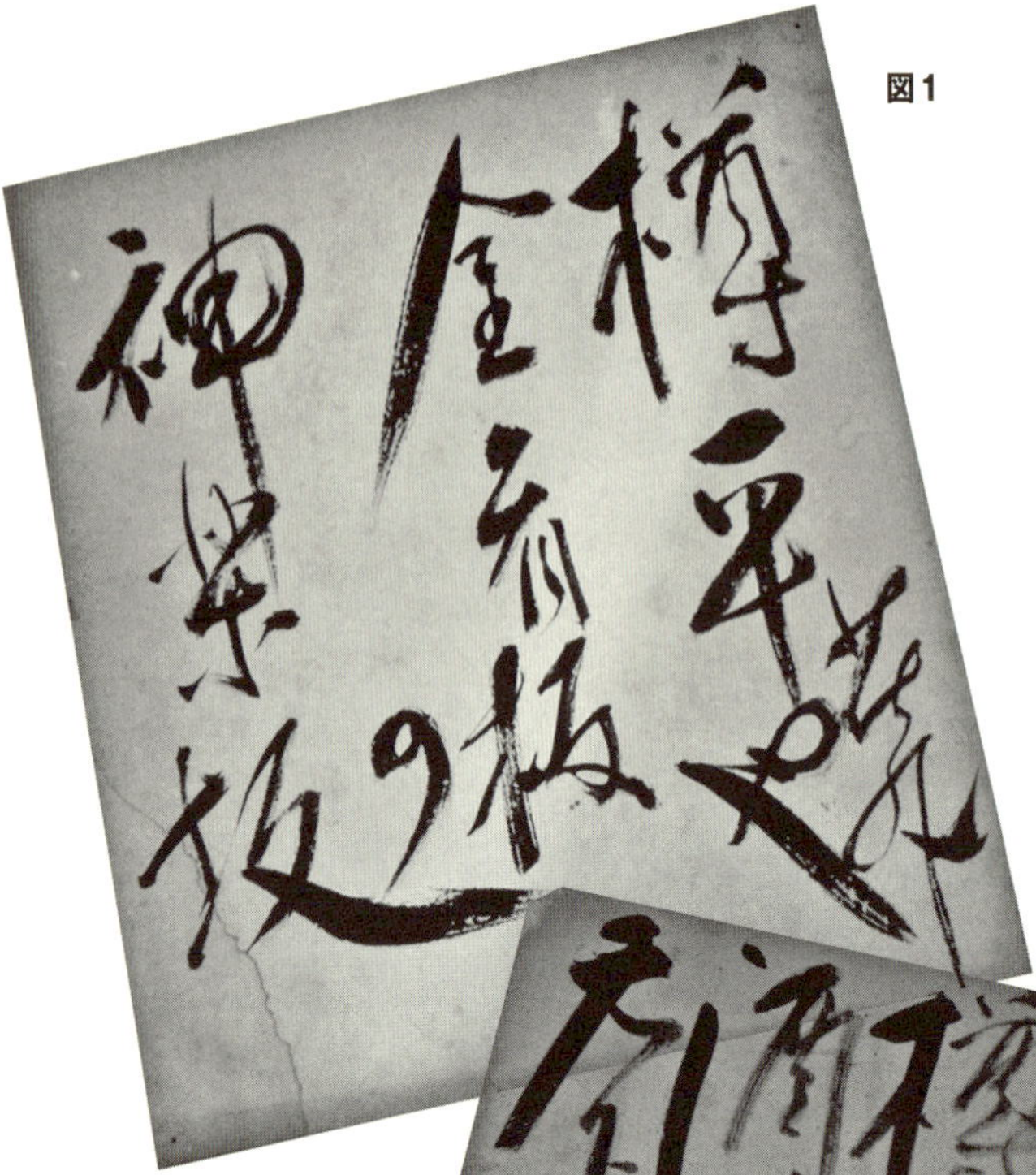
図1

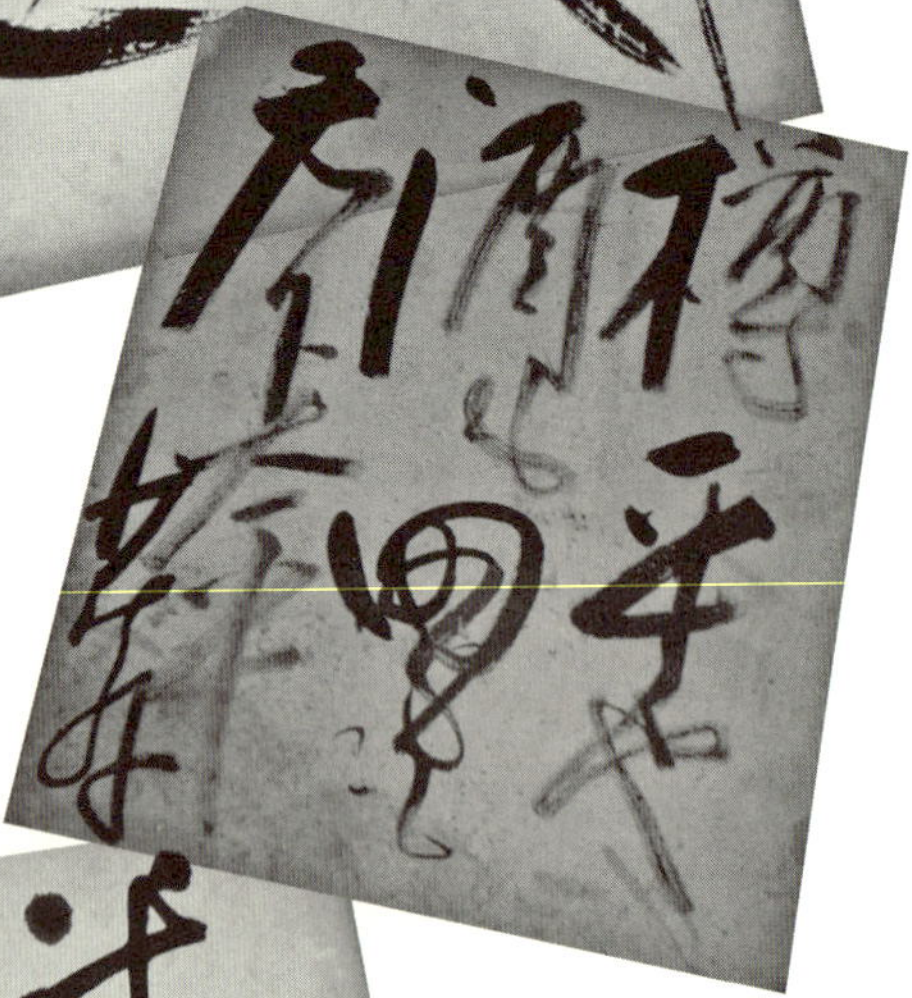
図2

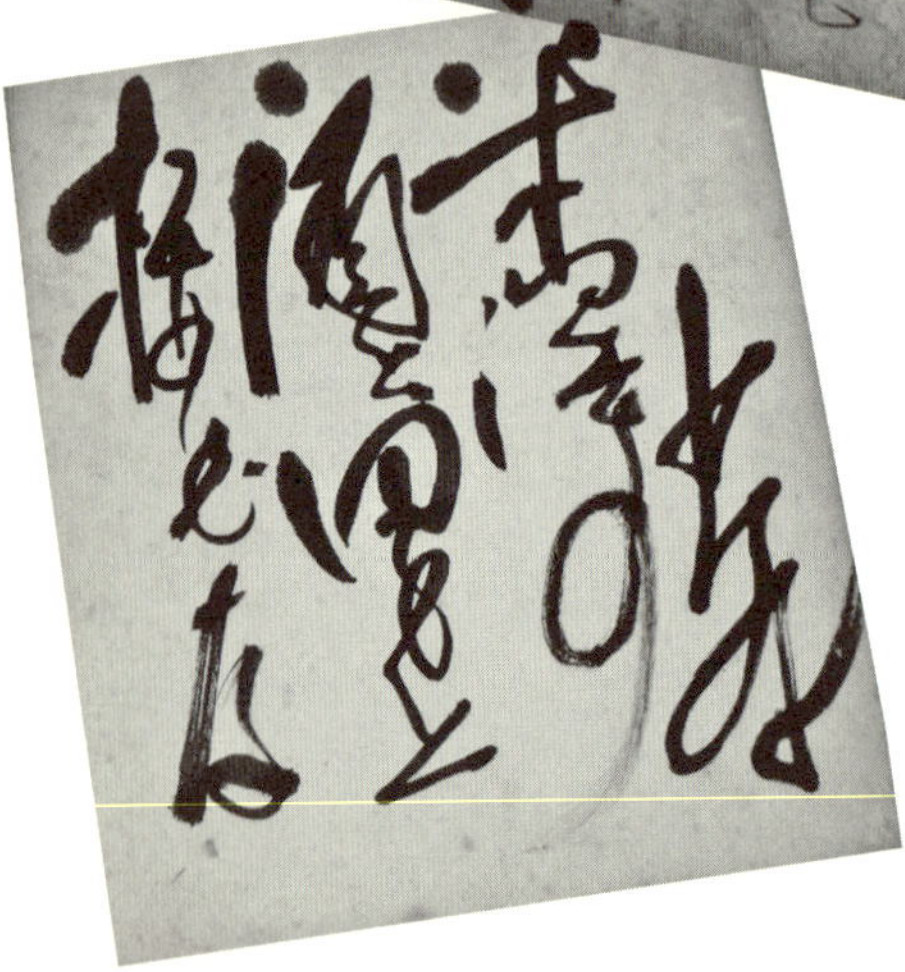
図3

は、150点余、その中から署名者がわかるもの8点、寄書帳を2点、酒をおかんする「ちろり」1点をお借りして展示しました。その中から興味深いものを紹介します。

図1〜図3（112頁）**は児玉花外**の色紙です。詩人児玉花外は**明治大学**の校歌の作曲者ですので、明治大学出身の人は名前を知っているかもしれませんが、現在はほとんど知られていない人物です。児玉花外は明治7年（1874）京都生まれ、本名は伝八。花外という号は「一生を出世栄達という花の外に居る」ということから付けたといいます。はじめ**新島襄**が校長をしていた**同志社**予備校、本科に学びますが、明治23年（1980）に新島が死去すると中退し、姉妹校であった仙台の**東華学園**に行きます。この学校が廃校になると、**札幌農学校**（現北海道大学）、**東京専門学校**（現早稲田大学）に学びますが、いずれも中退しました。京都にもどった花外は**内村鑑三**の影響を受け内村の雑誌**「東京独立雑誌」**などに詩を発表します。明治36年（1903）に第2詩集となる**『社会主義詩集』**を発表しますが、これは**発禁処分**を受けてしまいます。特に過激な内容ではない詩がなぜ発禁処分を受けたのかは、謎とされています。「社会主義」という題名だけで発禁になったのではないでしょうか。

幸徳秋水、**堺利彦**らが**日露戦争**に反対して**「萬朝報」社**を退社したのが同じ年の出来事です。社会主義者に対する敵視政策がもっとも激しかった時代でした。幸徳秋水らの**大逆事件**は7年後の明治43年（1910）に起こされます。花外も一時秋水や堺利彦の**平民社**に出入りしたことがありました（なお、秋水も堺利彦も新宿区内に住んでいました。さらに秋水ら**大逆事件の被告が処刑されたのは東京監獄**――現新宿区市谷台町にあった――です）。これ以降花外は詩作をやめてしまったようです。花外自身自分の詩は明治40年で終わったと語ったといいます。

その後大正9年（1920）、明治大学の学生たちの要望を受け**「明治大学校歌（白雲なびく駿河台）」**を作詞しました。でもなぜ、明治大学出身でもない花外に作詞の依頼をしたのでしょうか。これは明治大学教授だった**笹川臨風**の紹介だったそうです。

ちなみにこの時の校歌は第3回目のもので、**隅田川競艇レース**の応援歌として作られたそうです。また、これを作曲した**山田耕作**は、花外の作詞がうまく曲にのらず、花外の了解を得て**西条八十**に加筆を依頼し、更に**三木露風**に手を入れてもらって完成したそうです。

花外の色紙にもどりますが、花外が「樽平」に行ったのは「樽平」が神楽坂にあったときです。**図1**は「樽平や金看板の神楽坂」、右下にはずいぶん崩していますが「花外」のサインがあります。**図2**は「樽兵や酒も男も天下大平　花外」、**図3**は「米澤の酒と男と桜も在　花外」とあります。この時期花外は50代、妻（再婚）は大正2年（1913）に亡くなり、家族はなく、定職もなく暮らしていました。「樽平」で飲んでは、色紙を**代金代わり**においていったのだと推測されます。

おそらく、もっとたくさん色紙を書いたと思われますが、現在「樽平」に残っているのは、これらを合わせて4枚です。花外は昭和18年（1943）東京板橋の**養育院**で寂しく亡くなりました。

余談ですが、神楽坂の坂を上って**朝日坂**を下ったところ、**島村抱月**、**松井須磨子**が作った**「芸術座」跡地**のすぐ前には**飯塚酒場**という店がありました。ここは**官許にごり（濁酒）**を呑ませる酒場で、労働者から芸術家まで集まって喧々諤々と議論をしていたといいます。花外はここも常連でした。また、**稲垣足穂**も良く来たそうです。さらに、ここは演劇評論家**飯塚友一郎**の実家です。飯塚は**坪内逍遙**の養女くにと結婚しました。

図4（116頁）は「文学生活昭和十一年忘年会」です。**『文学生活』**はこの年創刊された文芸雑誌で、翌年の6月まで11冊発行されました。「**今夜是良夜**（丹羽）文雄」、「**僕だって人生の一部に夢中になる事はあるぞ**〈福田〉清人」、「**月に蔭あり**（小田）嶽夫」、「**文学に真面目になる事と人生を真面目になる事とは年齢の相違がある**（務）」、「**寒鰤大洋を横ぎる**　佐々木茂作」、「**それぞれに顔の見どころありにけり**（尾崎）一雄」、「**緑酒松花春**（浅見）淵」など同人の書き込みがあります。

図5（116頁）は「**あしへい七回忌**　昭和四拾壱年壱月」、**火野葦平**の七回忌の集まりの時のものです。**寺崎浩**、**丹羽文雄**の名前があります。左の**玉井英気**は葦平の息子です。なお、葦平の死は**十三回忌**のときに自殺と発表され、世間を驚かせました。

図6（117頁）は「**未明先生の会**　昭和二十八年十一月二十八日」。「樽平」で児童文学者**小川未明**を囲む会が開かれた時のものです。未明は戦後に創立された児童文学者の統一団体**「日本児童文学者協会」**の初代会長を務めました。その時のメンバーとも重なっているようですが、**與田準一**、**坪田譲治**、**山室静**といっ

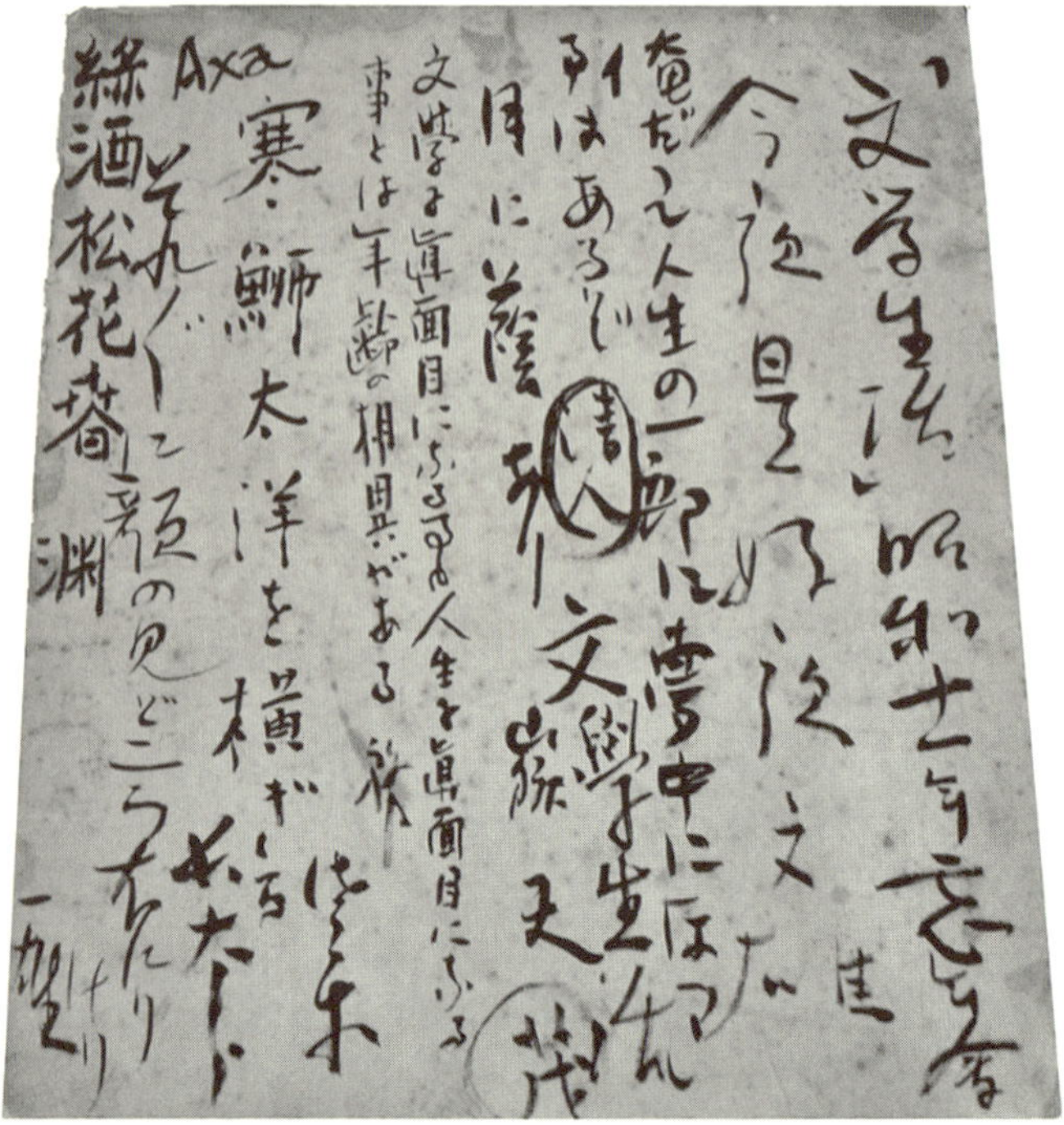

図4

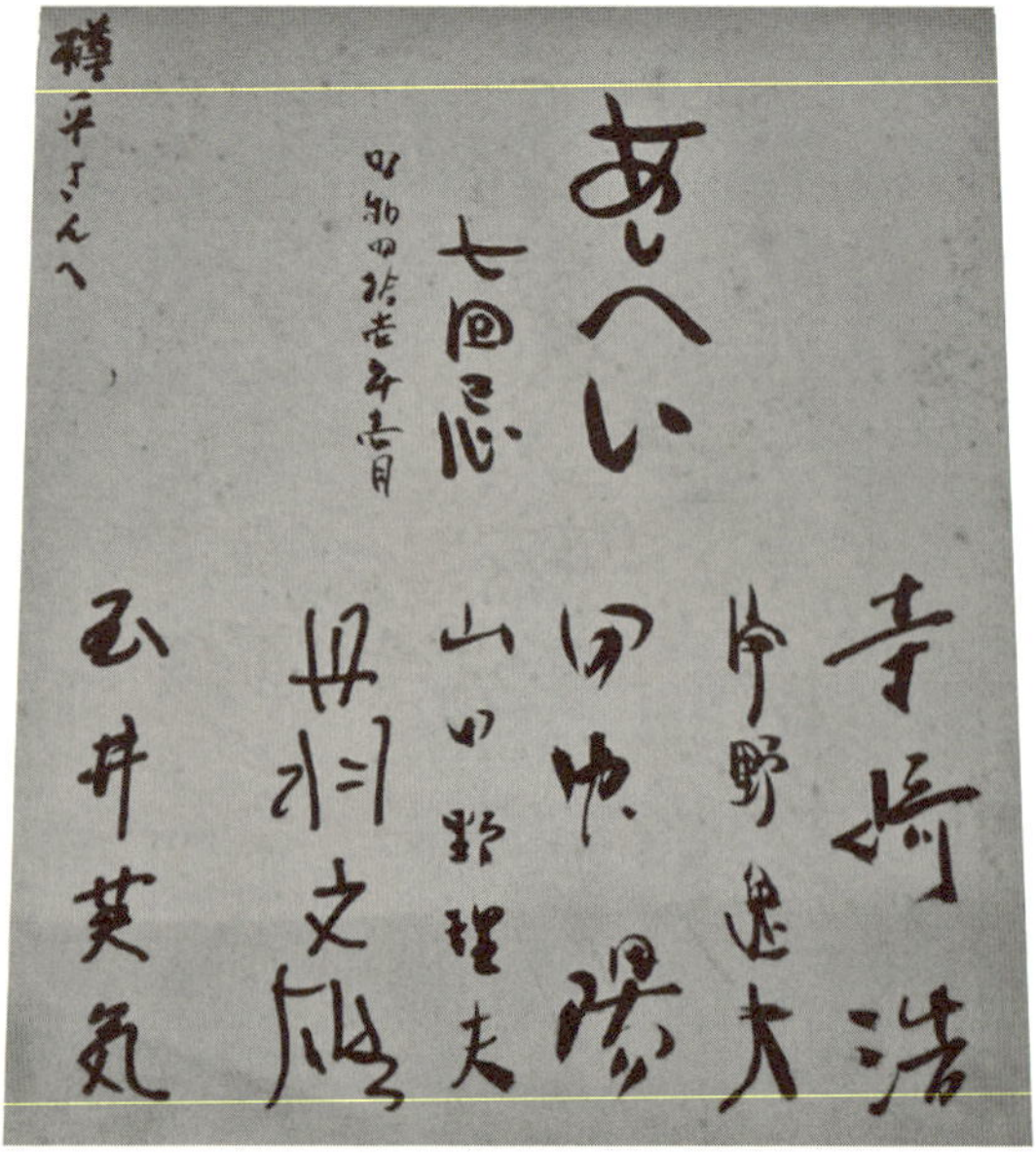

図5

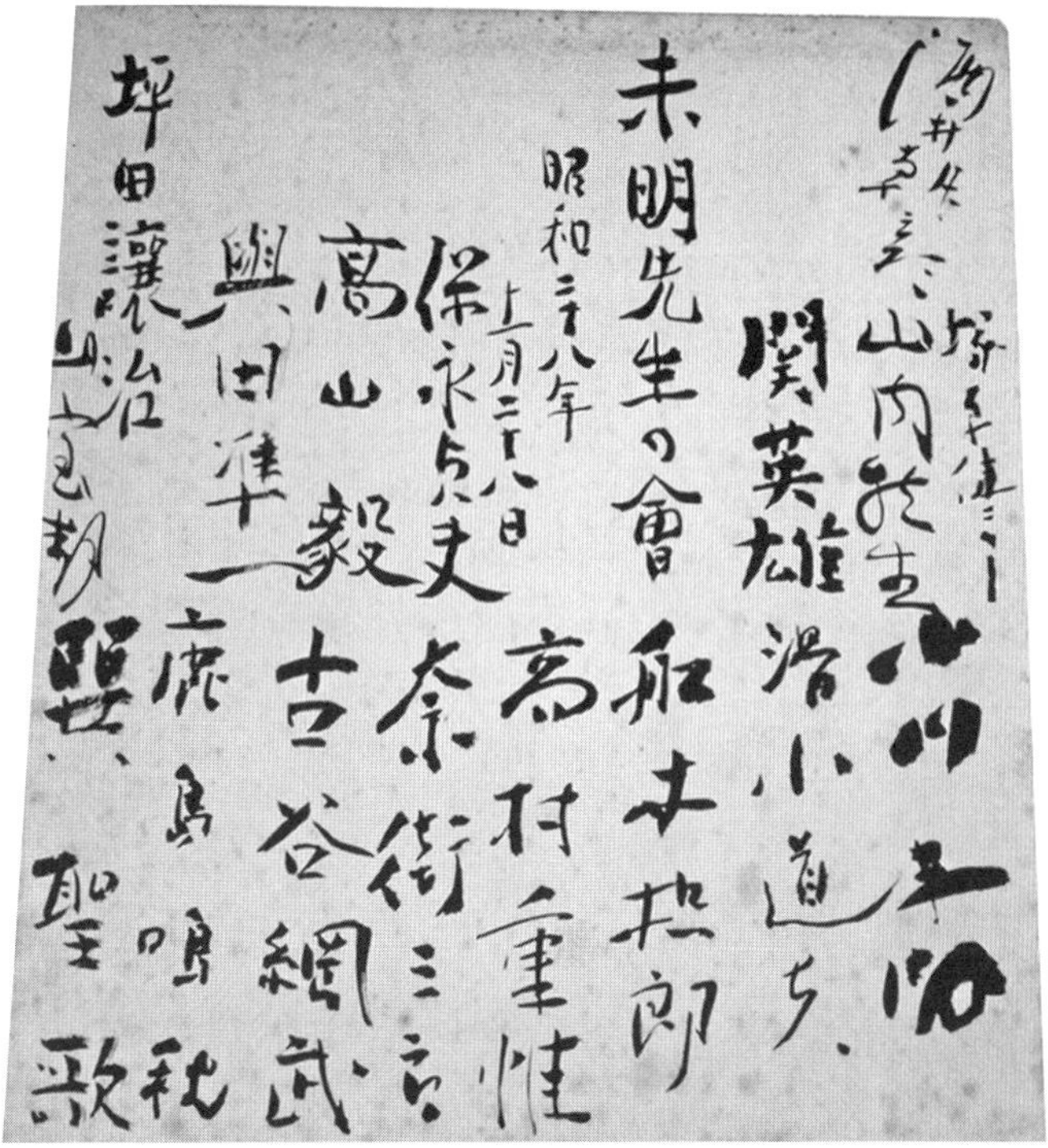

図6

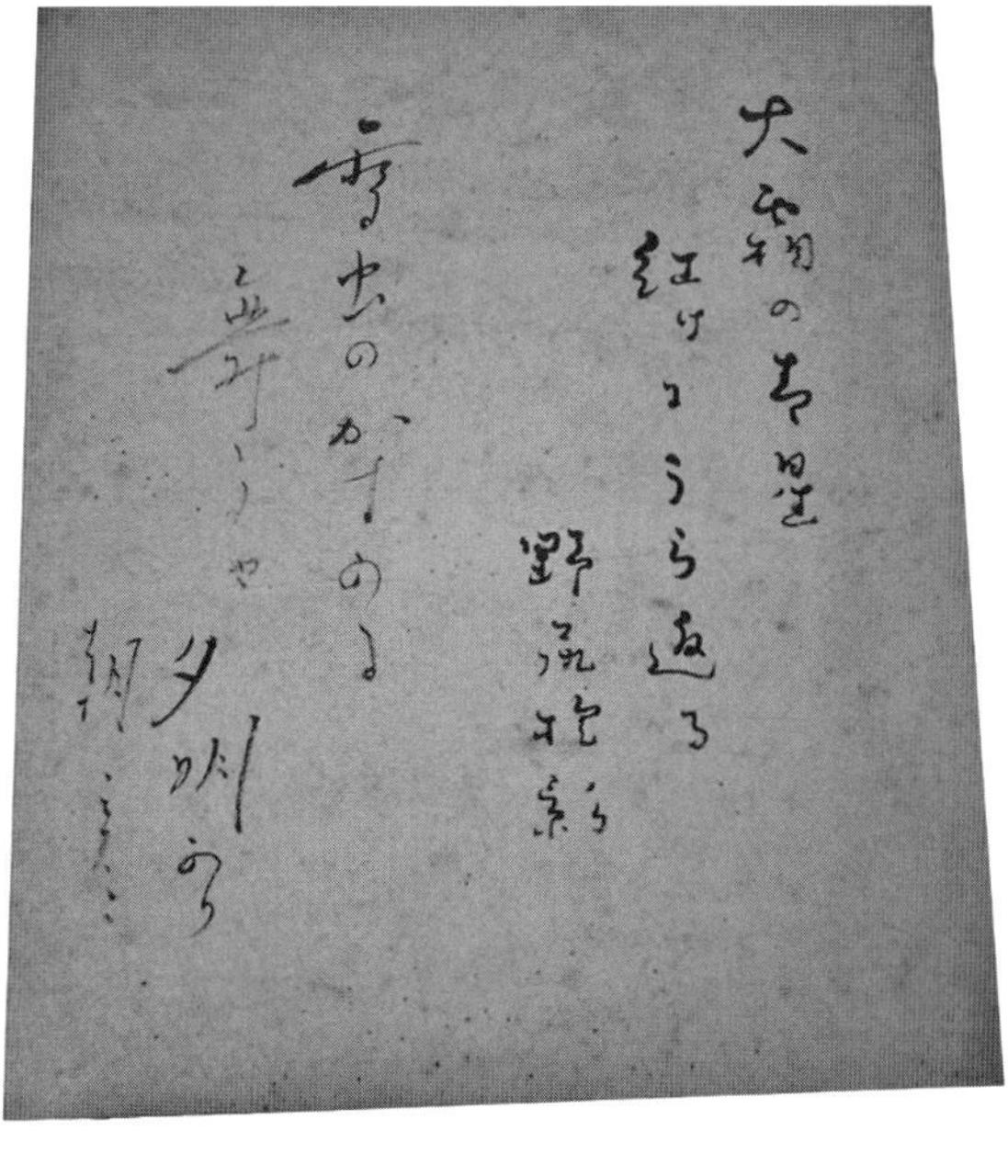

図7

たよく知られた児童文学者の名前がみえます。**古谷綱武**は文芸評論家ですが、児童文学論も多くあります。**巽聖歌**は**童謡「たきび」**（垣根の垣根の曲がり角）を作曲しました。中野区上高田に「たきび」発祥地の碑があります。昭和初めころこの辺りに住んでいた聖歌は散歩をしながら「たきび」の歌の詩情をわかせたといわれています。

図7（117頁）の右側は「**大霜の春星紅けにうら返る**　野尻抱影」と読めます。**野尻抱影**は英文学者、天文民俗学者です。古今東西の星座、星名を調べ、**冥王星の和訳命名者**でもあります。星にちなんだ短歌を詠んだのでしょう。弟は**大佛次郎**です。

図8（119頁）は「高瀬の馬鹿三里　この家に於いて発表す　ひととせをへて樽平に集ふ　昭三十年九月十六日　春部」とあります。春部は劇作家の**伊馬春部**です。春部は新宿駅東にあった**ムーランルージュ新宿座**の脚本家として新宿歴史博物館に写真が展示されています。太宰治の友人でもありました。**「高瀬の馬鹿三里」**は春部が脚本を書いた**ラジオドラマ**で、山形の樽平酒造を訪れた時に聞いた話をもとに作られたものです。その時のメンバーが「樽平」で会合をした時に書かれた色紙です。出演をしたのが**黒柳徹子**さんでした。今から58年前ですから、22歳。ところで、ここに紹介した色紙を書いた文人はみな鬼籍に入ってしまいましたが、黒柳さんだけは今も元気に活躍しておられ、嬉しいですね。

図9（119頁）は蟹を描いた色紙ですが、作者は夫二

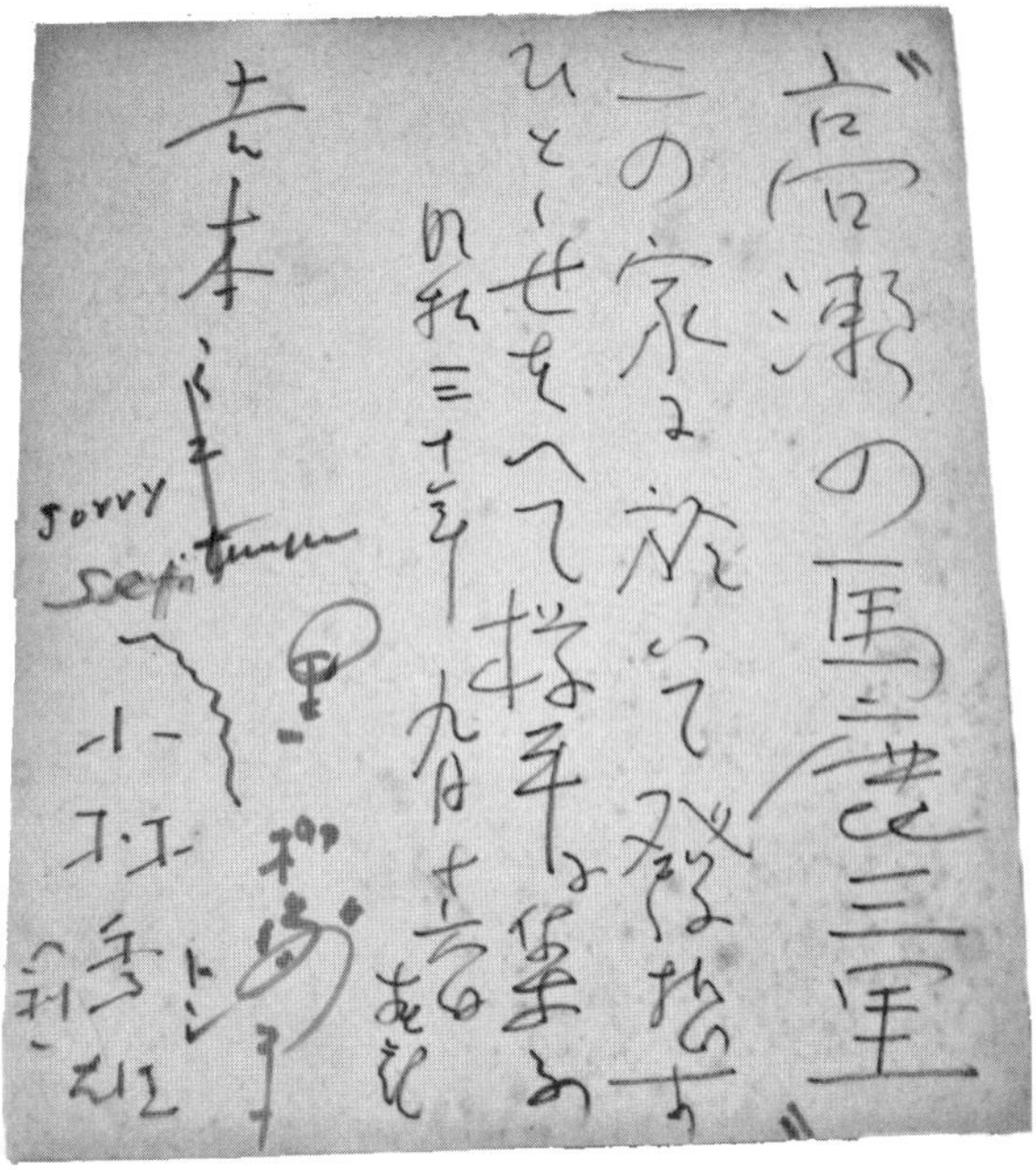

図8

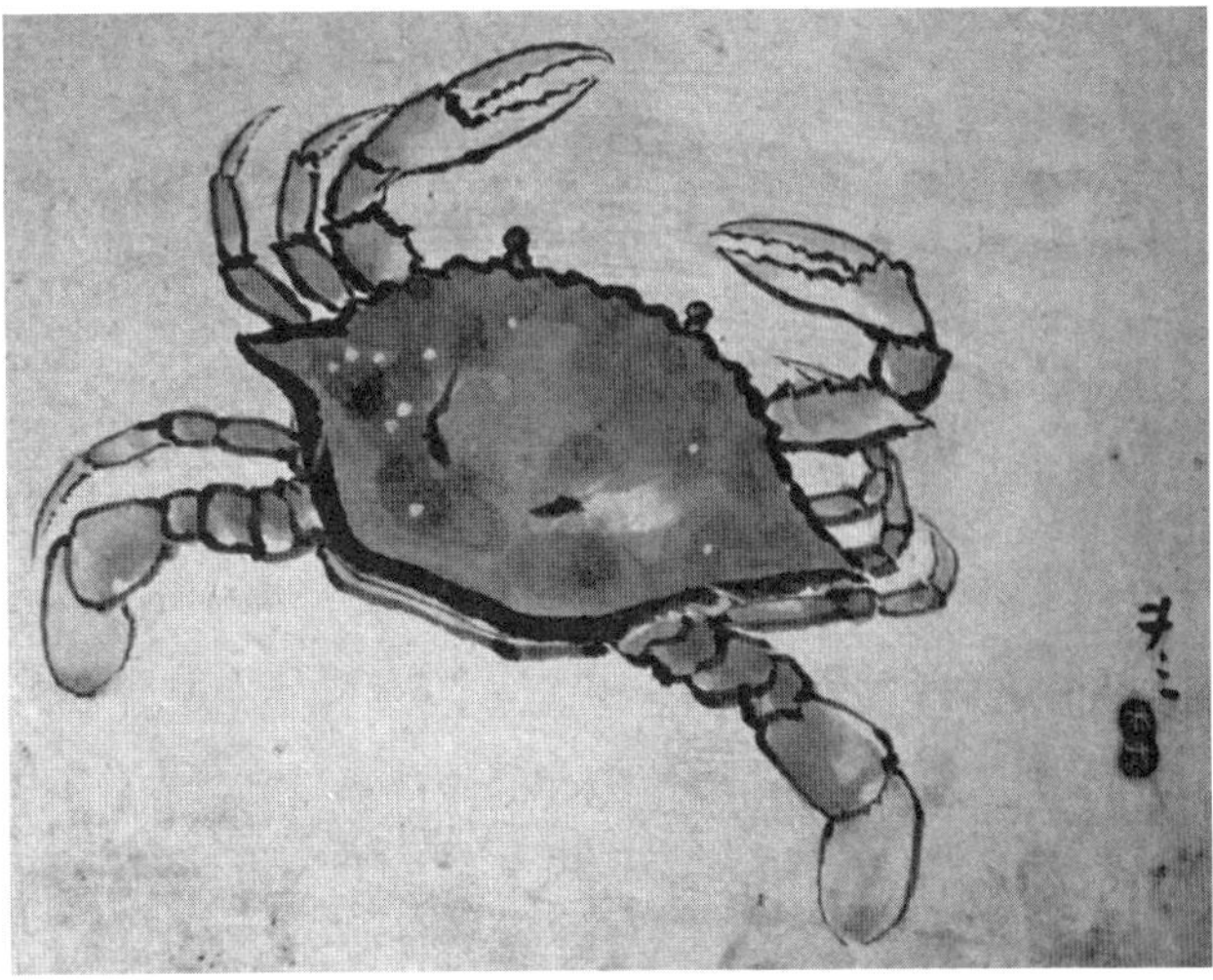

図9

というサインにあるとおり**岡村夫二**。岡村不二は装丁家、**新潮社の嘱託**として活躍しました。この蟹は**ガザミ**で、**つまみ**として出されたものということです。

さて、これで色紙はおしまいですが、更におもしろいものがあります。それは2冊の寄書帳です。1つは**「樽平徂徠集」**、これは昭和28年から30年にかけて火野葦平、尾崎一雄、浅見淵、坪田譲治、伊馬春部などの文人、向井潤吉、加藤芳郎などの画家が書や絵を描いた30帖の寄書帳です。**図10**はその表紙です。「樽平徂徠集」と書いた右下に小さく「あしへい」とあります。先ほど七回忌の色紙があった火野葦平本人が書いたものです。

図 10

図11（121頁）の右側はこの帖の中に描かれた河童の絵です。「樽平にあぐらかきにけり　あしへい」。**『麦と兵隊』**など**兵隊三部作**が有名な火野葦平は、河童伝説の多い北九州市の生まれ、**河童**をこよなく愛していたそうです。昭和32年（1957）には**『河童曼荼羅』**を刊行、北九州若松の自宅を**「河伯洞」**と名付けていたといいます。ここには可愛らしいカッパを描いています。左は**浅見淵**「新宿の華樽平の酒」。

図12（122頁）は色紙にもありましたが**伊馬春部**の短歌「ますくしておとめはねむるひたすらに眠りて汽車ハとどろきにける」

図11

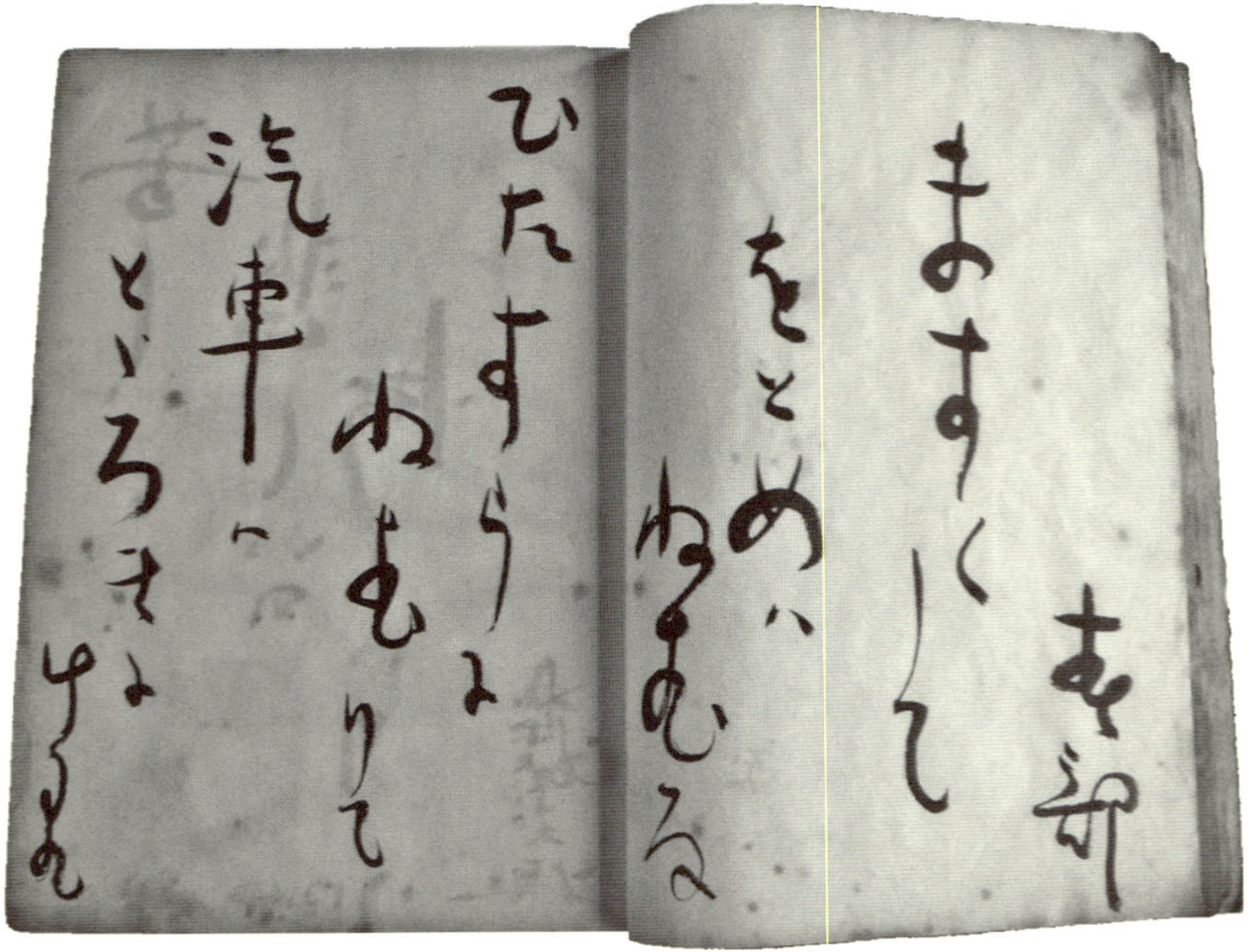

図12

図13

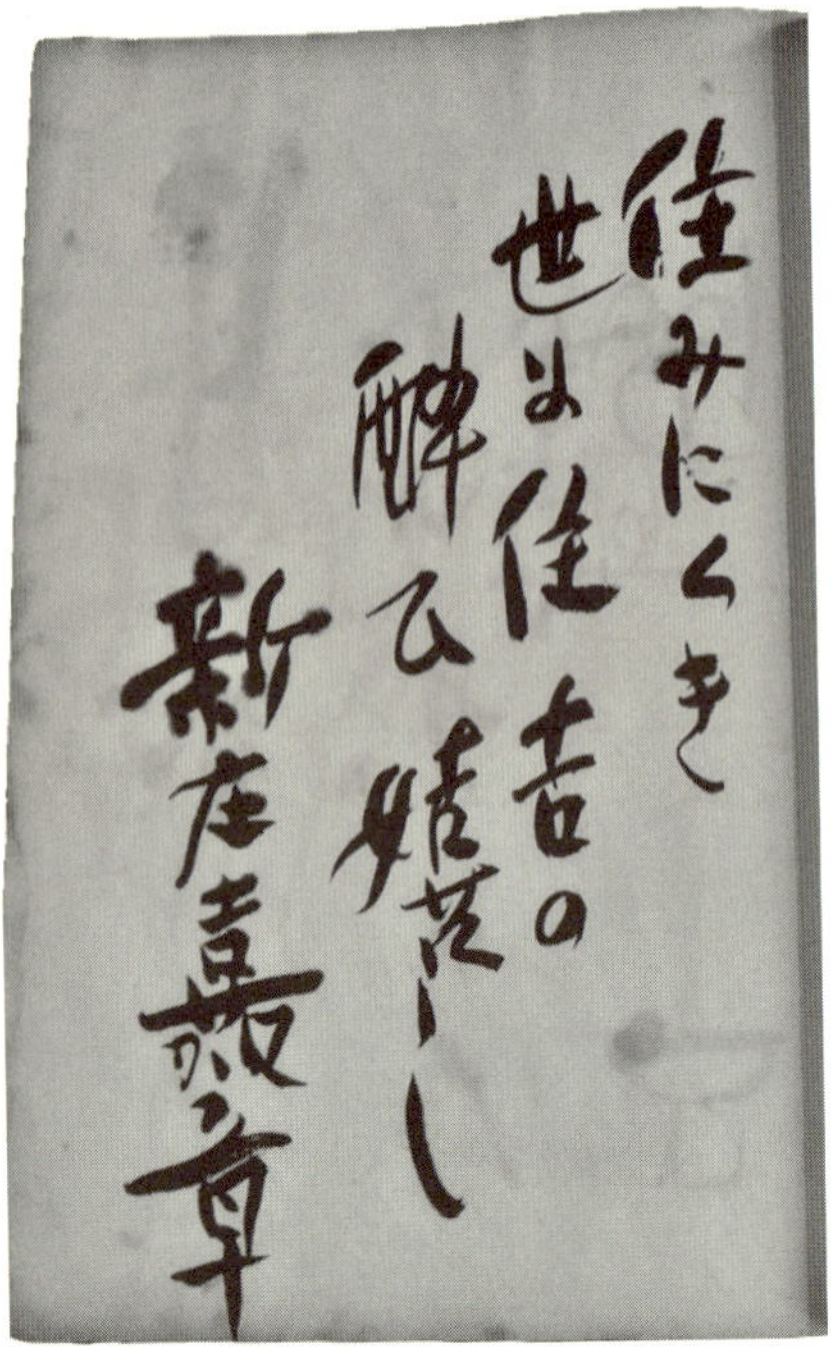

図14

図13（123頁）は「**苦しいの悲しいの淋しいの**　1953、4、6　森繁久弥」。平成21年（2009）11月に96歳で亡くなった俳優**森繁久弥**のものです。このころは**「社長」シリーズ**で大活躍の時期なのですが、寂しげなようすですね。左側のへのカッパも同じ森繁の手によるものと思われます。

図14（上図）は「**住みにくき世に住吉の酔ひ嬉し**　新庄嘉章」。**住吉**というのは同じ樽平酒造でつくっている辛口の酒。樽平派と住吉派があったそうです。**新庄嘉章**はフランス文学者で早稲田大学教授。アンドレ・ジッドの翻訳で有名です。新庄先生は新宿の酒場といえばどこにでも名前がでてきますね。

図15（125頁）は「酒客　丹痴亭主人　向井潤吉」で

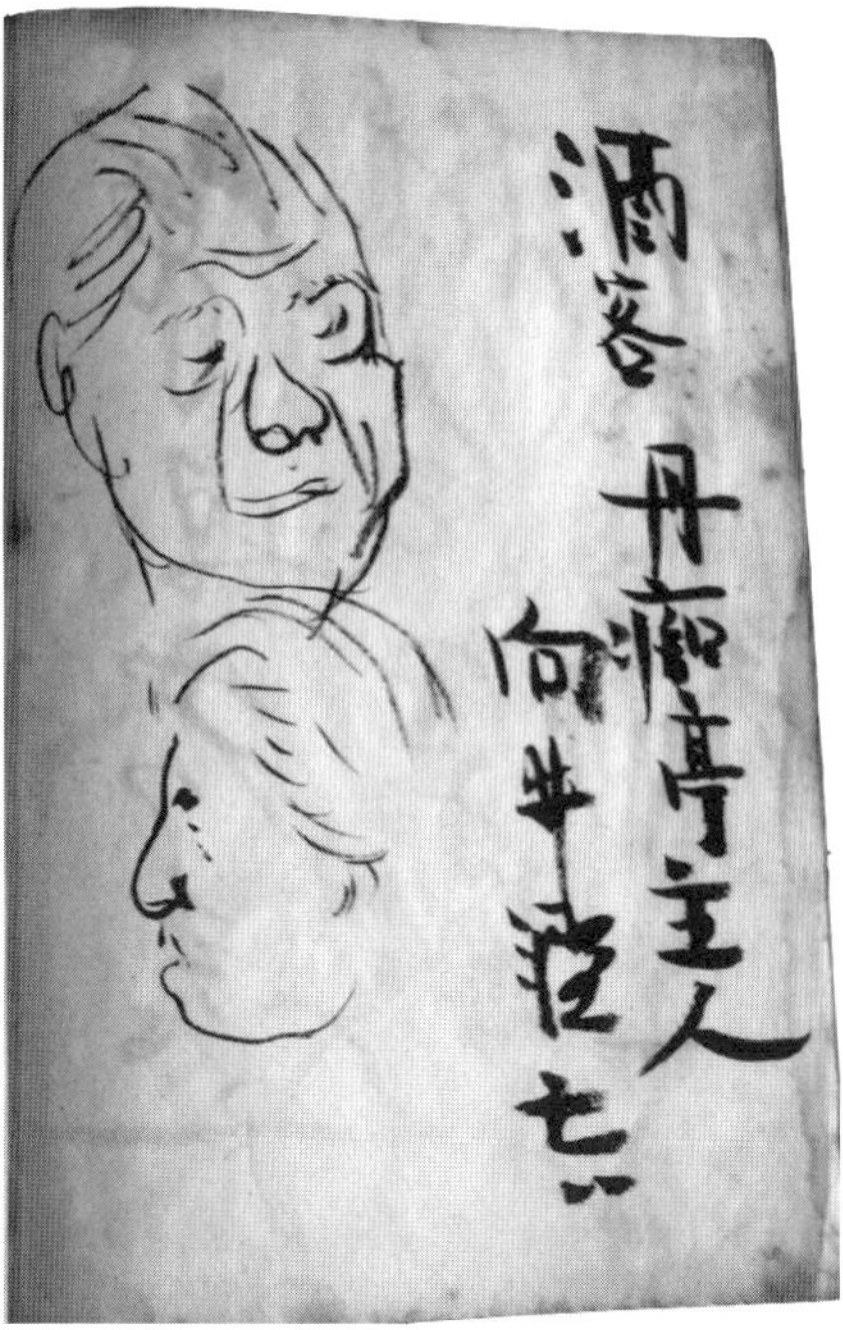

図15

す。丹痴亭主人は不明ですが、左の絵は民家を写実に徹して描いたことで名高い洋画家の**向井潤吉**のスケッチです。

さて、もう1つの寄書帳は「**十七会**」と名付けられてもので、昭和28年（1953）、立野信之、青野李吉などの文人、那須良輔、麻生豊などの画家、書籍編集者が月の17日に集まって飲んだ会の寄書帳です。

図16、図17（126、127頁）は冒頭からのページです。**立野信之**、**新田潤**、**湯浅克衛**など文人の名前が書かれています。鍋の絵を描いたのは画家の岡村夫二、その他の人の名前は編集者だとおもわれます。プロレタリア小説家出身の立野信之は、最も頻繁に「樽平」に出入りしていて、立野に会いたければ樽平に行けばいいと

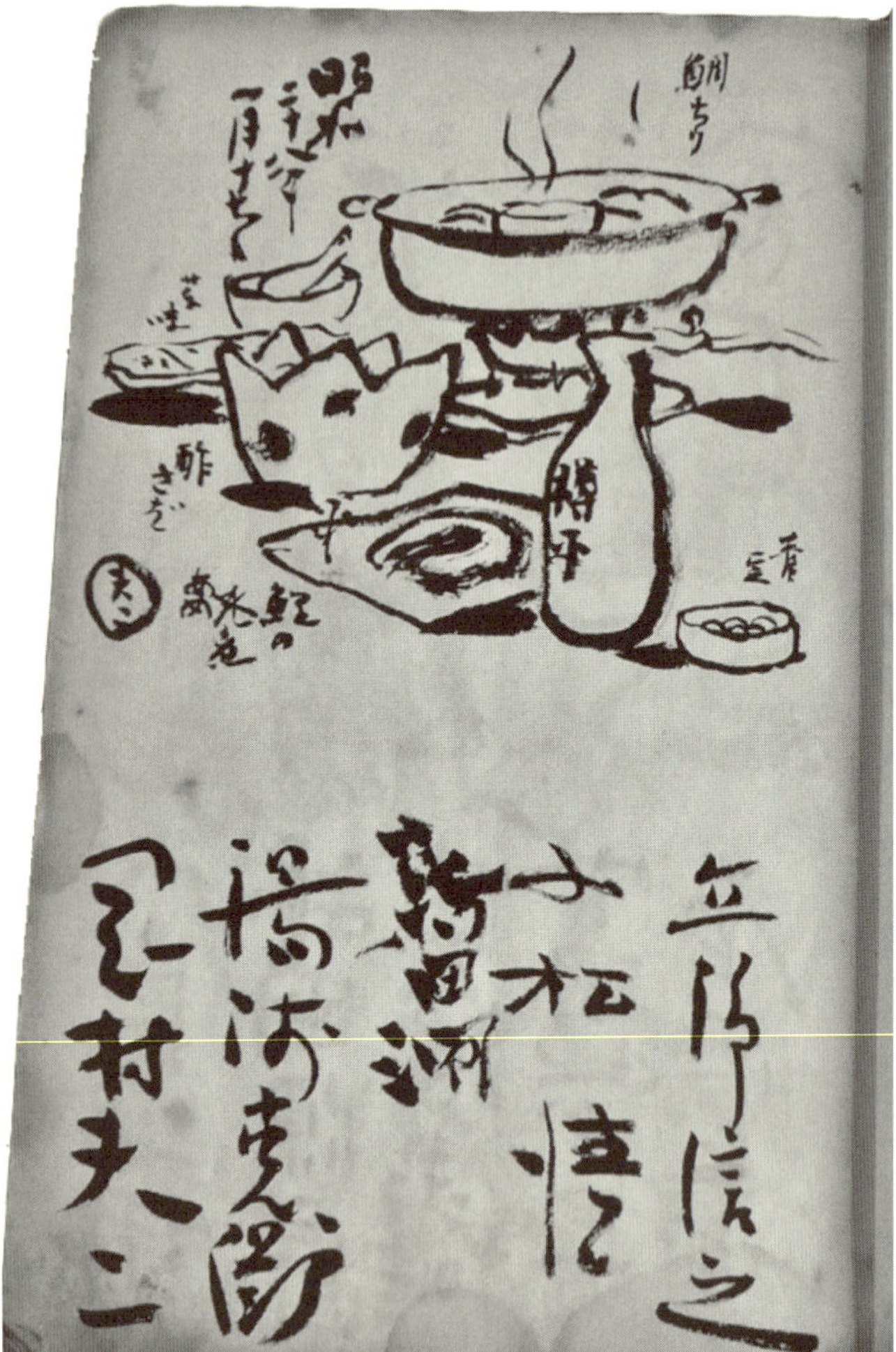

図16

図17

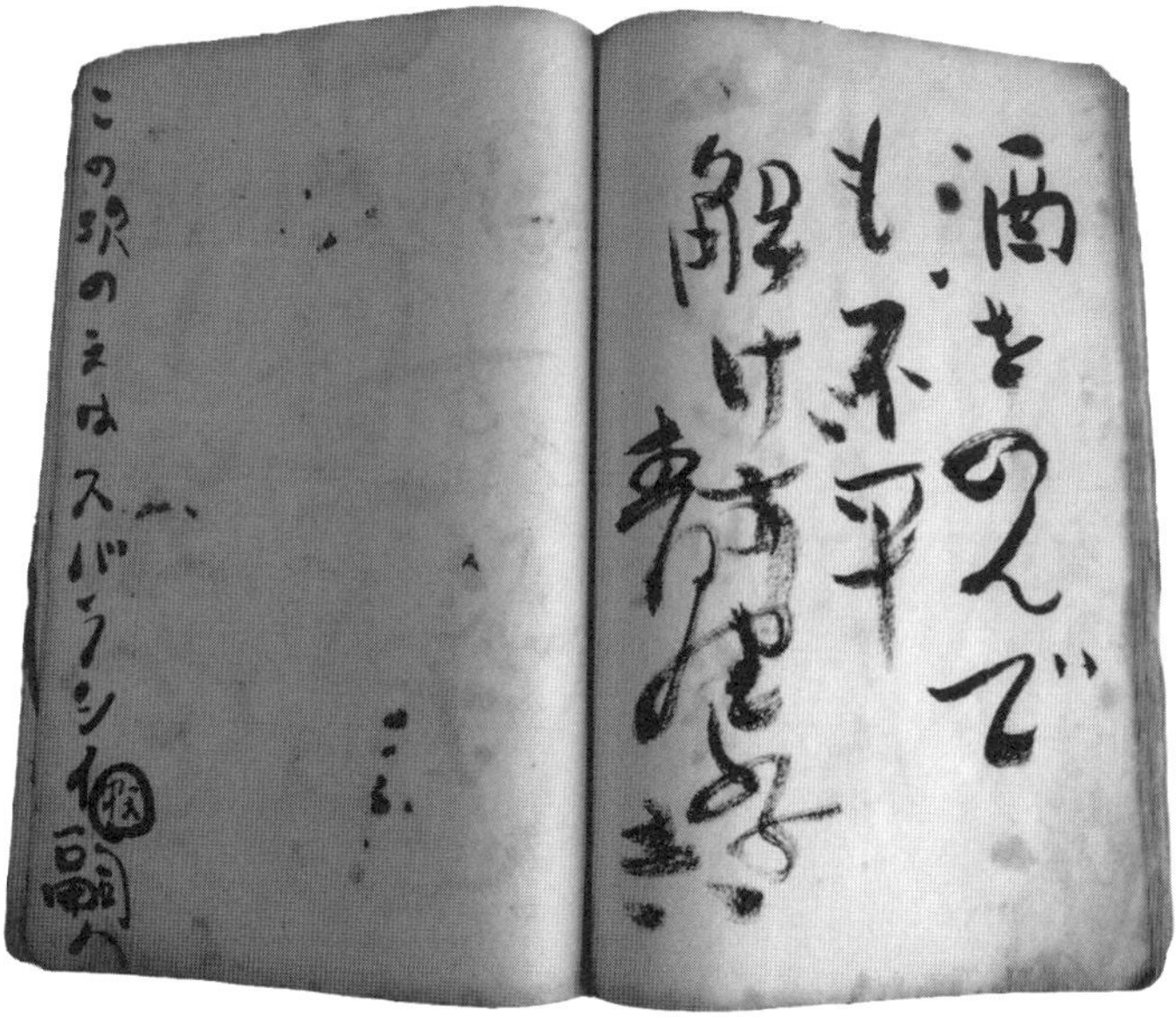

図18

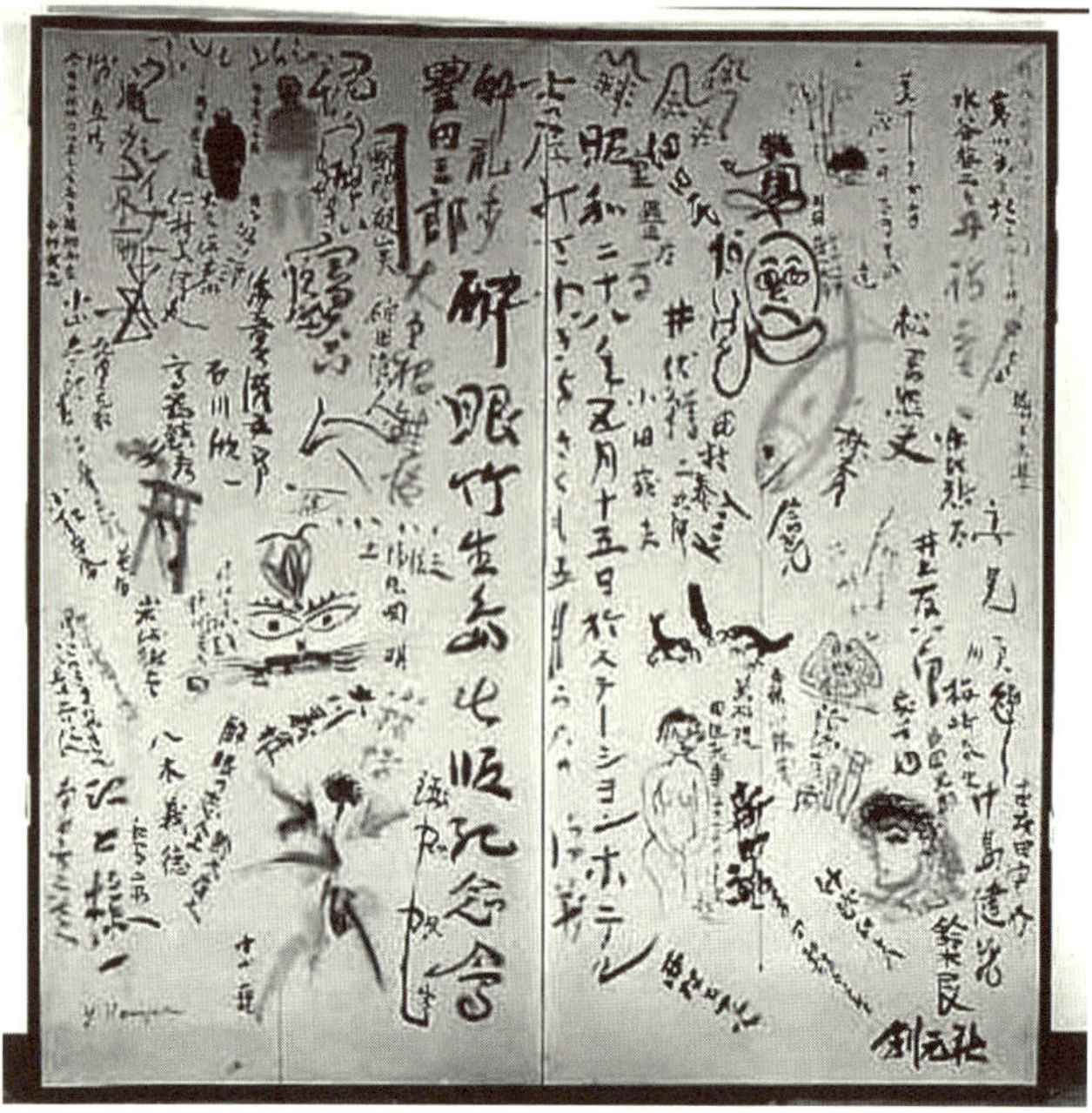

言われていたそうです。

図18（127頁）は「**酒をのんでも不平解けず**　青野李吉」。元プロレタリア作家の青野李吉です。臨場感がある筆致と文ですね。

ちなみに、新宿歴史博物館常設展示室には田辺茂一の「**『酔眼竹生島』刊行記念寄書き屏風**」（上図）というものが展示されています。これは**書店紀伊國屋を開業**した田辺茂一が、昭和28年自著の刊行記念パーティを開き、そこに集まった多くの文人、画家が寄書をしたものです。この中には「樽平」の色紙、寄書帳に登場する人が何人も出てきます。興味がある方はどうぞご来館ください。

最後に、写真を使わせてくださいました酒場「樽平」にお礼を申し上げます。

◆今回の記事をさらにお楽しみ頂くには、新宿歴史博物館の常設展示へお越し下さい。新ムーランルージュや紀伊國屋書店の貴重な写真資料はもちろん、文化住宅や東京市電の原寸を体感できます。

　そのあとは財布と体調加減を確認しまして、ほろよいの旅へと参りましょう！　たくさんのアナザーストーリーが見つかる新宿エリア。思い出残るひとときを願っております。

（編集部）

※写真はいずれも常設展示の様子。

新宿区立新宿歴史博物館

〒160-0008　東京都新宿区三栄町22番地

電話　03（3359）2131

道でばったり出くわしたのは、何のことはない古くからの友人でした。「おい。おいってんだよ、おいっ！」「なんだよ、誰だい、馴れ馴れしく？　……あれれ、どっかでその顔、見てンなあ」「当たり前だ。昨日も会ってるよ」「ニュースか？　違うな。奴ならもう捕まった」「誰と間違ってんだい」「……おいおい、まさかお前かい？」「しつこいよ。そうだよ俺だよ」「ずいぶん爺むさくなっちまったなあ」「お陰さんで昨日からとっくに爺むさいよ」――冗談言い合える友人これ一生の宝。大切にしたいもンでございます。「で、何か用？」「急だが日光に行こう」「何をしに」「酒の肴を探しに」

人似花酒如泉

小杉放菴にとっての酒と友

小杉放菴記念日光美術館学芸員
迫内祐司

はじめに

画家として知られる**小杉放菴**《ほうあん》（1881〜1964年）は、はやくから俳句、短歌に親しみ、後年は書もよくした。ぼくの勧める小杉放菴記念日光美術館に、**《人似花酒如泉《ひとはなににてさけいずみのごとし》》**（図1）という書がある。**花に水が必要なように、人には酒が必要であると説く**この書は、酒と縁の深い放菴の人物像をよく物語っているだけでなく、画家としての業績をよく知らずとも、「放菴って好きだなあ」と愛酒家の共感を呼ぶ、人気ある作品である。この書に、放菴は晩年を過ごした新潟県の邸宅「安明荘」からとった、「安明酒徒　放菴」と署名している。

そんな放菴が、お酒について答えた雑誌のインタビュー記事があるので、最初に紹介しておこう。

親も兄弟も全然飲まないので　みんな早死にしました　だから私は息子が中学を出たら飲ませたい　私自身五〇歳まではアルコール分でさえあれば何でもやたらと飲んだ。四人で一三〇ほんの徳利をあけたこともありますが二〇年来おちついてきました。ちかごろは朝・夜各二合ずつ　それも独酌をやるのがもっともウマい。絵をかいたり詩作したりのときは酒は禁物だが、書をやるときはのんだあとの方がいいですね。アタマが単純になることと、長生きできることとが酒の最大の功徳だとかんがえてます。近ごろの若い衆は酔うとセンチになりますネ。むかしは豪放になったものだが…。もっともどちらも本心をいつわるものでしょうが

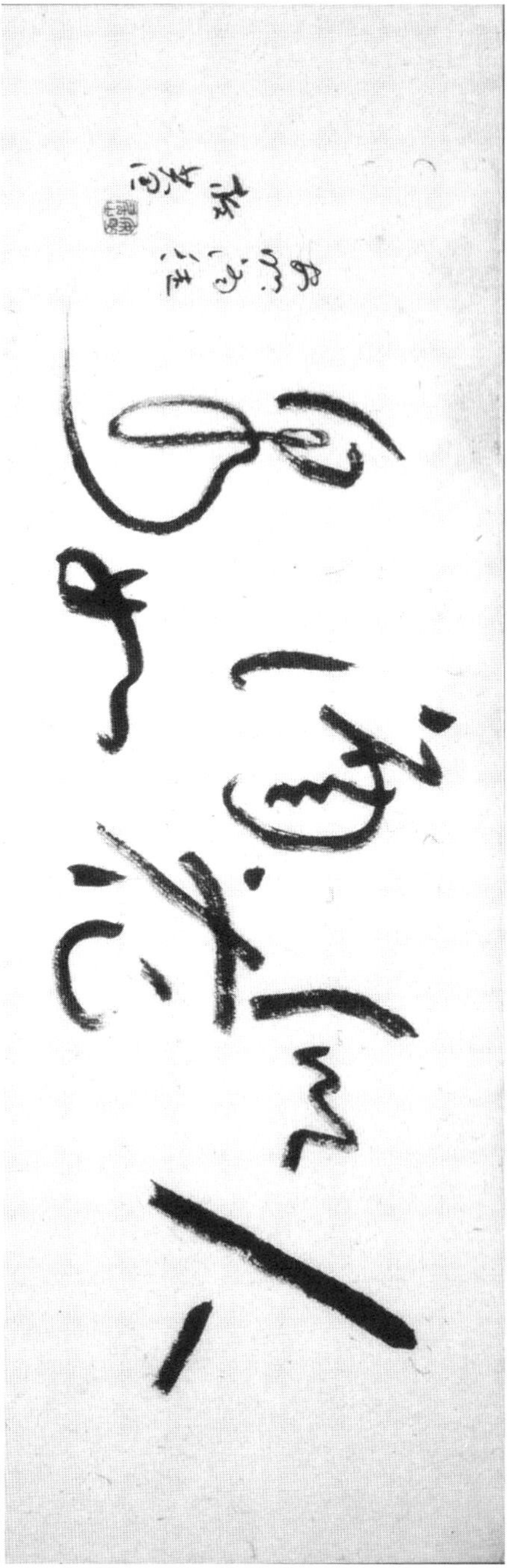

図1　小杉放菴《人似花酒如泉》 1950年代　小杉放菴記念日光美術館蔵

ネ。わたしは、もらい酒が多いので銘柄などにはこだわりません。もらったものありあわせのもので結構満足です（「酒仙告知板」『アサヒグラフ』１５８４号、１９５５年１月５日）

酒好きな画家は数多いが、放菴は酒を飲んで絵を描くタイプではなかったようだ。しかし書の場合は、ちょっと飲んだあとくらいが良いようで、軽妙な《人似花酒如泉》は、なるほど言われてみれば、飲んだあとに書されたもののようにも見えてくる。

放菴と酒の関係を伝えるものは色々と残っている。若い頃のいきつけの飲み屋、東京・湯島の**「シンスケ」**には、放菴の彫額**《酔春風》**がいまも飾られている。また晩年の１９５６（昭和31）年には、青森県上北郡の桃川酒造に招かれ、**商標「桃川」**を書した。これは現在もラベルや酒樽に使用され、放菴自身も晩年桃川を愛飲している。桃川酒造には、放菴が贈った和歌、

よき人はよき酒つくるみちのくの　桃川の酒に今日も酔いたり

の歌碑が58年に建てられている。このあたりのことは、**石川正次『いしぶみの語るらく　小杉放菴の歌碑』**（雁塔舎、２００５年）に詳しい。

もちろん、飲中八仙や、酒を愛した歌人・**大伴旅人**など、酒を主題にした絵画作品も多い。挿図にした**《酒仙像》**（図２）は、秋田の酒屋から出たものと伝わっているが、やはり大伴旅人を描いたもので、画面上部に『万葉集』にある「大宰帥大伴旅人卿讃酒歌　十三首」が書されている。小杉放菴が好んで描いた、良寛

図2　小杉放菴《酒仙像》1950～60年代　小杉放菴記念日光美術館蔵

図2（部分） 小杉放菴《酒仙像》 1950〜60年代 小杉放菴記念日光美術館蔵

や**芭蕉**、大伴旅人といった歴史上の人物は、自らの人生を重ねた、一種の自画像的な要素を含んでいた。
　また放菴は**旅行好き**でもあり、各地で歌を詠み、そのなかには酒が出てくるものも数多い。ぼくの好きな歌をひとつ。

　　あなかしこ人なればこそ酒はのめ
　　鬼とけものは酒を作らず

「厳島五首」（1933年）
『放菴歌集』竹村書房、1933年

　本稿は、ふだん画業を語られることが多い小杉放菴について、「酒」をめぐるエピソードや短歌を追っていくことで、その人生観に近づくことが出来るのではないかという試みである。

遅れてきた青春

　小杉放菴はどのように酒を嗜んでいたのか。まずは家族の証言を聞いてみよう。放菴の長男である**小杉一雄**（1908〜1998年）によると、放菴は酒の作法にたいへん厳しかったらしい。

私の家では中学生の時から、週に一度お酒デーというのがあり、私と妹に一本つくのである。少しいい気持ちになって、盃を食卓に置く音が高くならないように気を使う。何しろおやじさまの前での、酒修行なのだ。（中略）振舞酒で酔うのは男の恥、酔いたければ自前の酒で酔えという（「酒修行　その一」『小杉一

雄画文集』私家版、1985年）

目上の前で乱れるのは大禁物、ふるまい酒で酔うなどは乞食根性。酒は本来富貴なものであるから、そのような心構えでのむこと、盃をくつがえしてあわててちゅうちゃう吸うなどもってのほかの所業というわけである（「とりとめもなく」『現代の眼』127号、東京国立近代美術館、1965年6月）

放菴は、子供たちのずいぶん早い時期から酒を仕込んでいたようだ。**酒にのまれることを他人にも自分にも許さない放菴の酒観**（辞書にない言葉）は、一見堅苦しいようだが、家族での飲みはいたってなごやかな雰囲気であったという。『小杉一雄画文集』の略歴によれば、一雄は、1927（昭和2）年3月に聖学院中学校を18歳で卒業しているので、「お酒デー」の情景は、放菴が40歳を過ぎてからのことと思われるが、**「酒は本来富貴なもの」という境地**に至るまでには、ずいぶん代償も払ってきたらしい。

1921（大正10）年3月発行の美術雑誌**『中央美術』**7巻3号は、**「小杉未醒論」（放菴の旧号）**を特集していて、放菴の友人たちが酒にまつわる豊富なエピソードを提供している。ここでは洋画家の**石井柏亭**による「小杉君の乱暴」と、彫刻家**藤井浩祐**の「テニスが一番巧い」、雑誌編集者でアマチュアテニスプレーヤー**針重敬喜**「鉄砲撃のレコード」を紹介しよう。

放菴とは古くからの知人でありながら、「一休あまり好き嫌ひなしに誰れとも交はり得る私ではあるが、実の処君とは合ひ口ではなさゝうである」と告げる石井柏亭によれば、放菴の若いころの酒のふるまいは次のようなものであった。

酒を被つてする小杉君の乱暴、これが私の性質に合はぬ一つである。或ときは田端の白梅園で席上のやくざ火鉢の木の縁に手をかけたら一寸それが動いたので、君はオヤオヤオヤオヤと云ふやうなことを連呼しながら其四辺をミシ〳〵壊して了つたのを見た。また或時は大川端の都川で隣室の客の動作が癪に触つたかどうかして境する襖を叩いたり、また階上の小欄から小便するのをも見た。君は斯う云ふのを快とするのかも知れないが、私には可なりいやであつた。

これに対して、12〜13年の付きあいになるという藤井浩祐は、「君は酔ふに随つてはしやいで来ますが、僕は未だ曾つて君が飲んで乱れたことを見たことがありません」と述べている。柏亭の随筆が書かれたのは、**放菴がそろそろ息子に酒でも仕込もうかという時期**であるから（ちなみに未成年者飲酒禁止法の制定は1922年）、放菴が奔放な酔いっぷりをみせたこの情景は、10年ちかくか、もっと前、放菴の20代後半か30代前半のことではないかと思うのだが、どうだろう。

そんな放菴は、柏亭の飲みをこう評していた。「柏亭さんの酒は面白い酒で、あの人がほんとに酔つたといふ処を見た事がない。これから飲まうと誘はれた事がないが、こちらから誘つて断られた事もないやうだ。こゝらで切上げやうと、こちらで云つて、もう少し飲まうと、後をひかれた覚えもない。酒の君子だ」（「酒談」『アトリヱ』13巻1号、1936年1月）。柏亭がこういう人物では、放菴の酒に嫌悪感を抱いたのは無理もない。

放菴は、13〜14歳頃から日光の洋画家・**五百城文哉**《いおきぶんさい》

のもとで学び、**外国人への観光土産向けに水彩画**で日光を描き、10代半ばにして**飲み屋遊び**を覚えたという。これを五百城に窘められると、反抗心から「未醒《みせい》（未ダ醒メズ）」と号したほどだから、放菴と酒の関係は相当に早いものだった（「問われるままに（3）」『朝日新聞』1962年6月4日）。

柏亭は「併しながら小杉君を折々脱線せしめるやうな斯う云ふ性質は一方故人国木田独歩や田岡嶺雲や押川春浪と云ふやうな人達に共鳴者を見出したのかも見れ〔ママ〕ぬ。小杉君と意気相投じて居たらしい之等の人々が皆揃つて夭折して了つたのも不思議である。痛飲する、意気に感ずる、ちつとやそつと乱暴して他に迷惑をかける位なんだ、と之等の人達は小杉君を弁護したに違ひない」と続けているが、放菴の酒は、たしかに20代での彼らとの出会いのなかで鍛え上げられたものであったろう。柏亭が見た放菴の蛮行ぶりは、放菴が関わっていた**天狗倶楽部**の全盛期、リーダー**押川春浪**が亡くなる1914（大正3）年以前のことだったろうか。

天狗倶楽部は、冒険小説家の押川春浪を中心とした**スポーツ社交団体**で、このメンバーであった小杉放菴と針重敬喜は、彼らが住んでいた田端の文化人たちによる**ポプラ倶楽部**にも入っていたため、よく両倶楽部合同のテニス試合などを楽しんでいた。もちろん試合のあとには**酒が待っていた**ことだろう。とくに放菴は、仲間うちでもテニスに野球、鉄砲撃ちと、様々なスポーツに夢中になり、針重は**「運動をするから酒がうまく飲める、酒で身体を悪くするといけないから運動をすると云ふやうに両々相殺して居るかの如く」**であったと語る。

小杉放菴を知る誰しもが、その**スポーツ好き**について触れているが、30歳をすぎて始めたテニスに夢中になるなど、ただの運動好きでは説明しきれないものを感じなくもない。

藤井浩祐が、先に引用した文章に続いて、

> 小杉君は僕等と違つて、これまでに殆ど学生生活をしなかつた人で、随分色んな経験を持つてゐます。（中略）しかし実際の小杉君はまだ学生風の元気を失つてゐません。これはまことに尊むべきことだと思ひます。

と述べていて、この時代の小杉放菴を理解するひとつの手がかりを与えてくれているように思われる。

放菴は五百城の**内弟子**となるにあたり、栃木県尋常中学校を1年で退学してからは、正規の学校教育を受けていない。20代前半には**国木田独歩**の**近事画報社**特派員として、**日露戦争に従軍**するなど、若くして過酷な経験を積んだ放菴は、**東京美術学校**で学んだ学生たちとはまったく違う青年時代を送ったといえるだろう。それを苦としてはいなかったにせよ、**ある程度落ち着いた年齢**となり、**心を許せる友人たち**に恵まれたとき、彼は学生のようにクラブ活動を楽しみ、**酒でその友情を繋いだ**。柏亭がみた蛮行も含め、仲間たちとスポーツに、酒にあけくれたこの時代は、放菴にとっては**遅れてきた青春時代**を謳歌していたといえるのではないだろうか。

交換晩酌会から道閑会へ

1914（大正3）年から東京・田端での生活が始まった**芥川龍之介**は、先の『中央美術』の「小杉未醒論」のなかで、放菴と出会ったときの印象を、「未醒山人と名乗るよりも、寧ろ未醒蛮民と号しさうな辺方瘴煙の気を感じたものである。が、その後氏に接して見ると、——接したと云ふ程接しもしないが、兎に角まあ接して見ると、肚の底は見かけよりも、遙に細い神経のある、優しい人のやうな気がして来た」と述べている（「外貌と肚の底」）。

その後よく引用されることになる文章だが、放菴の仲間たちは、この文章から、芥川は放菴のことをよくわかっていたということが多かった。

田端では放菴や芥川龍之介ら、この町の文化人の懇親の場であった**道閑会**という集まりがあった。この会については、**近藤富枝**の『**田端文士村**』（講談社、1975年）に詳しいが、ここでは放菴による道閑会解説を引こう。「田端の古株が五六人集まつて、隔月位に夕飯を喫ふ、地名にちなんで道閑会」で、常連に芥川龍之介、**香取秀真**、**鹿島龍蔵**、**下島勲**らがおり、ときに**泉鏡花**、**森田恒友**、**木村荘八**、**山本鼎**、**脇本楽之軒**などが参加していた（「私の出入する集会」『美之国』2巻4号、1926年4月）。

じつはこの道閑会には、前身ともいえる**「交換晩酌会」**という集まりがあったのだが、関口安義ほか編『芥川龍之介事典』（増訂版、明治書院、2001年）には道閑会の項目はあっても、交換晩酌会は立項されていない。「晩酌会」というくらいだから、それは**お酒が重要な役割を果たす集まり**であったに違いない。放菴の日記によって、交換晩酌会から道閑会への変遷を辿ってみよう（両会と関係のない記述は省略した）[1]。

1918（大正7）年
2月12日（前略）夜　交換晩酌、針重山本の外に鹿しまも加はる
3月15日　無事　交換晩餐〔ママ〕会鹿嶋氏宅、山本針重に新入香取を加ふ（後略）
6月22日（前略）香取宅交換晩酌会、芥川龍之助〔ママ〕に会ふ
1919（大正8）年
9月10日（前略）夜交換晩酌会、鹿嶋　香取　中津　山本　森田　清潭和尚　針重君等、勧談夜半に及ぶ
1920（大正9）年
2月25日　夜芥川宅交換晩酌会、香取、鹿嶋山本等、雷鳥女史来るべくして来らず
1921（大正10）年
12月29日　夕方　自笑軒田端会　山本　森田　芥川　菊地　鹿嶋　香取
1922（大正11）年
2月18日　晴　仕事　夕方道閑会（交換晩酌会）を催す　香取　鹿嶋　山本　芥川　客は木村荘八君　木村君が中央公論の遊びの会の稿によりて色紙に字かきてセリ売りし　又各自の

携帯物を入札す　木村君のえりまき二円にて山本君　芥川君の色紙を一円七十銭にて鹿嶋君　鹿嶋君のネキタイを三円にて芥川君　いろ〳〵面白く十二時まで暢飲す　加工を要せざるもの各人一品づゝ下物として持寄りも面白かりし

9月24日　午前画室　午后テニス　夕方道閑会　自笑軒　鹿嶋　香取　芥川　下嶋　森田等

1924（大正13）年

6月23日　半日仕事　夜道閑会、鹿嶋　香取　下嶋　芥川、染大夫を召す

12月26日　半日日本画をかき　夕方より自笑軒　道閑会

1925（大正14）年

4月3日　（前略）午后テニス　夕方芥川宅道閑会　夜更けてかへり密行〔深夜巡回の巡査を表す隠語〕に査べらる

1927（昭和2）年

1月14日　終日絵事　夜道閑会　一人にげかへりし後にて　北原氏吐血の由

放菴の日記を追うかぎり、交換晩酌会の開催が確認できる最初の日は1918（大正7）年2月12日である。近藤富江『田端文士村』は、同年6月22日の交換晩酌会で初めて放菴と芥川龍之介が出会ったことを指摘しているが、交換晩酌会という集まり自体は、少なくともこれ以前に2回あったことになる。ちなみに、この頃芥川は、横須賀の海軍機関学校での仕事の関係

により、鎌倉で下宿生活をおくっていた。田端の文化人との交流は、19年3月に同校の仕事を辞め、田端に戻ってきてから盛んになっていった。

放菴日記に戻ると、興味深いことに、1922（大正11）年2月18日にははっきりと「道閑会（交換晩酌会）」と書かれている。この記述から、18年頃から開かれていた交換晩酌会が、22年頃には道閑会と名を変えて、年に一、二度のペースで続けられたとみられる。道閑会はこれまで19年頃から始まったと、『田端文士村』でも『芥川龍之介事典』でも記されていたから、重要な記述である。

また放菴が「地名にちなんで道閑会」と言っているのは、同会が田端の**天然自笑軒**で催されることが多かったことから、ちかくの**道灌山**（戦国時代にこの地に住んでいた関道閑に由来するとされる）からその名をとったとわかる。同会が関係者によって「道閑会」「道灌会」など表記に違いがおきるのは、このためだろう。

補足しておくと、**山崎光夫『藪の中の家　芥川自死の謎を解く』**（文藝春秋、1997年）が、芥川の主治医だった下島勲の日記を紹介していて、道閑会の記述が数ヶ所出てくる。これにより、放菴日記に記されていない1923（大正12）年には、1月13日に天然自笑軒で道閑会が開かれたが、放菴は風邪で出席できなかったことがわかる。その後年内では、関東大震災後となる11月10日に芥川が幹事をつとめた会が開かれたことが、『芥川龍之介全集』第20巻（岩波書店、1997年）に収録されている芥川の香取秀真宛書簡などから明らかで、放菴にも声がかけられてはいるが、当日の放菴日記からは出席は確認できない。

翌1924年12月26日の会は放菴日記に記録がある

が、下島の当日の日記に「雨　午後五時より自笑軒にて道灌会を開く。会するもの芥川、香取、鹿島、小杉、予の出品に係る**久保田万太郎**氏の六名。閉開（会）後、拙宅にて談話会を催し、十一時頃散会。久保田氏を会員に推薦す」と、より詳しい記述がある。友人を連れてくることを**「出品」**と称していたようだ。

道閑会が**楽しい酒の場**であったことは疑いないが、具体的にどういう催しがなされたのかはよくわからない。それだけに、各自の持ち物をセリにかけたという、放菴日記22年2月18日の記述は貴重である。

それでは道閑会はいつまで続いたのだろう。放菴日記では、最後の参加は１９２７（昭和2）年1月14日である。しかしどういうわけか同じ回の道閑会と思われる記述が、下島日記では13日と記されている。「十三日　晴　午後五時半頃より香取家で道灌会を開く（久し振りで）会する者、鹿島、小杉、久保田万太郎、芥川、北原、脇本、木村荘八、下島等であった。中に殆ど徹夜飲み明したものもあつた　殊に脇本北原の両氏は酒の勢を発揮して□（不明）るべからずであつた聞く翌十四日午後四時頃帰宅せりと。（北原脇本両氏）」。

小杉放菴記念日光美術館が所蔵する木村荘八のこの年の日記（未刊行）でも、1月13日に「道カン会出席」とあることから、放菴日記の日付は誤記で、13日が正しいと考えてよいだろう。このときの会が夜通しのものだったなら、放菴の「一人にげかへりし」の意味も通る。もしこれが最後の道閑会であったとするならば、その理由は7月におきた**芥川の自殺**にあったに違いない。

放菴日記は、その衝撃を以下のように記している。

7月24日　午前絵事　今日少し涼しくなり雨もやう也

夜築地新喜楽にて大観老の招宴松内木下と共によばる　坐中芥川君の自殺を聞きて驚く

7月25日　芥川氏の自殺に刺激されて終日物事手につかず　午后往弔す　前の家の太郎さんも任地にて死去　是にも弔問す　此程のあつさに身に病あるは身にこたへ　心になやみあるは心にこたへ　而して死ぬるもの多かるべし（後略）

7月26日　絵事手につかず　雨気ありて涼し

7月27日　午前絵事　午后沼波宅を訪ふて亡友〔沼波瓊音〕の霊前に花を捧ぐ　木村君を誘ふて谷中の斎場に芥川君の告別式に行く　文藝葬と云ふことにて弔詞など多し　道閑会よりも予をして弔詞をよましめん企ありしが予拒みて免れたり　晴れてあつし　夕方テニス

芥川の自殺にたいへんなショックを受け、仕事が手につかない様子が生々しく伝わってくる。この頃の放菴にとって芥川という存在は決して小さなものではなかったことがわかる。**芥川はあまり酒を飲めなかったというが、道閑会にとってはそれでもいてほしい大きな存在**だったのかもしれない。道閑会を代表して放菴に弔辞をよんでもらう案が出たにも関わらず、放菴がこれを拒んだのは、その動揺の大きさを物語っている。

　これ以後、放菴日記に道閑会の記述は出てこない。芥川の死によって、自然消滅してしまったのか、たんに放菴が参加しなくなったのか。放菴は、**「芥川、沼波両箇の死によつて、私の相往来する文友は殆んど尽きた」**

図3　1936年小杉放菴邸の新築披露会に集まった老荘会の人びと。前列右端から小杉放菴、山中蘭径、外狩素心庵、加山四郎、不明、公田連太郎、大山魯牛、鹿島龍蔵。後列右から宮崎井南居、藤本韶三、山本鼎、佐藤功一、中川一政、田沢田軒、木村荘八、足立源一郎、岸浪百草居、横堀角次郎、石井鶴三。
（大山魯牛旧蔵写真）

と書きのこしており（「死ぬる人々」『中央公論』42年9号、1927年9月）、芥川の死によって、少なくとも放菴のなかでは道閑会は終わったものとなったのだろう。

ちょうどこの年から、放菴の提唱によって、漢学者の**公田連太郎**を中心とする、漢籍の勉強会「老荘会」が始まっており[2]、**山口昌夫**が、「「老荘会」は、或る意味では「道閑会」の延長線上につくられたと言えよう」と指摘している（「小杉放庵のスポーツ・ネットワーク（下）」『へるめす』46号、1993年11月。のち『「敗者」の精神史（下）』岩波書店、1995年に収録）。

老荘会は、**鹿島龍蔵**、**山中蘭経**、**中川一政**、**木村荘八**、**岸浪百草居**、**佐藤功一**といった、実業家や画家、建築家など様々な文化人が参加していた集まりで、太平洋戦争によって自然消滅するまで続けられた（図3）。そのメンバーは道閑会と多少重なる部分もあるが、地域に縛られないより大きなひろがりをみせている。山口のいう「或る意味では」を、放菴にとって老荘会は、道閑会に代わる、友人たちと過ごす大切な場の延長にあったと解することも出来よう。

　戦前の放菴はつねに、煩わしい争いごとが多かった美術団体とは別の、あらゆる垣根をこえた友人の集まりを持っていた。そしてそれを失うことも多い人だった。

酒に託すもの　――寂びしくば寂びしさを肴にせよ

　小杉放菴は、**親友や先輩・後輩に先だたれてしまうことが人一倍多かったような気がする。**82歳の長命であったこともあるが、20代で国木田独歩を、30代で押川春浪や、可愛がっていた村山槐多を亡くしていることは、いま30歳を過ぎてもそういう経験のないぼくにしてみれば、やはり多いように思う。木村荘八が言う。

小杉さんはずつと友達運のいゝ人だつたが、それが又（結果から見ると）友達運に薄かつたともいへる不思議な縁をたどつたことは、押川春浪、国木田独歩、中沢臨川、今村紫紅、森田恒友、倉田白羊、（追記、山本鼎）、好友ならざるなし、しかしその一人々々と、ぼつぼつと、別れて来たのだつた。（中略）これらの盟友と次ぎ次ぎに別れて来た苦盃も、小杉さんの人間を慈味に深い、思ひやりの細かな風格としたゞらう。（『東京の風俗』毎日新聞社、１９４９年）

　さらに沼波瓊音、芥川龍之介、小川芋銭らの名を加えることができる友との別れを、荘八が**「苦盃」**と表現したのは的を得ている。放菴は友の死を、よく酒とともに歌に詠んでいた。

相つぎて友達失せぬ玉きはる
命のありて朝の酒のむ
「家居一日十二首」（１９３３年）『放菴歌集』

ある時は小腹も立ちし友だちの
あと曳き酒も来ねばさびしき
「酒の歌」『山居』中央公論社、１９４２年

さきだちし飲み友達を思ひ出でて
うしろめたくも杯を見る
「信州」『山居』

年下の木村荘八もまた、放菴より一足先にこの世に別れを告げることになる。放菴は20歳前から少しずつ短歌を詠んでいたようだが、１９２９（昭和４）年に**吉井勇の歌誌『相聞』**に掲載された自歌が好評だったことから、力を入れるようになり、発表する機会も増えていった（「巻末言」『放菴歌集』）。その歌は**酒を詠んだものが多く**、また哀しいことに友の死をおもうものも少なくなかった。

戦争末期の１９４５（昭和20）年３月、疎開を余儀なくされ、30年に新潟県赤倉（現・妙高市）に設けていた安明荘と名づけた別荘に妻と移住し、田端の家が空襲で焼けてしまったため、定住するに至る。山奥ではじまった妻と2人きりの生活は、敗戦後の米不足、酒不足で、毎晩2合の酒を1日おきの1合にしていたこともあり、寂しさが身にしみた（「酒と子と」『萠春』69号、

１９５９年７月）。
歌を詠む時間も増えた。そんなときに発表した歌に、次のようなものがある。[3]

老いびとよ盃をとれ残る世を
いくばくありと思ひはかるや
「老八首」『短歌雑誌』１巻２号、１９４７年８月

翁われ酒は涙とならねども
先立てし子には酔ひ泣きをする
（前同）

放庵は今宵酒なし刈跡の
案山子《かかし》の如く立ちて待つとも
「酒の歌」、現代日本詩歌集刊行会編『現代日本歌集』南風書房、１９４７年12月

放庵は石の佛にあらざれば
酒なき秋の夜を楽まず
（前同）

「先立てし子」は、１９３８（昭和13）年に11歳で逝った三男のことだろう。敗戦後、60代後半となり、老いを強く感じていることが伝わってくる。

小杉一雄は、**随筆「酒修行　その二」**（『小杉一雄画文集』）のなかで、**放菴が作った酒を飲むときの自戒の一文**を紹介している。いつ作られたものか、時期は不明だが、放菴の酒へのおもいがよくわかるものである。それはこのようなものであった。

酒は憂ひを掃ふといへども　大いなる憂ひ大いなる
悲しみは　酒の及ぶところに非ず　慎しんで憂ひ静

に悲しむにしかず　心憤る時に酒を用る勿れ　ややもすれば鬼となるなり寂びしくば寂びしさを肴にせよ　心楽しき時に酒あらば　すなはち浄土天国なり
　いよいよ楽しんで他念あること勿れ

田端にいたころの、道閑会や老荘会の賑やかな時代と比べれば、静かな赤倉での暮らしは、先だった友人や子供のことをおもう時間を多く与えたことだろう。それを受け入れるためには酒が必要だった。寂しさを忘れるためではない。**寂しさを肴とし、逝った友人たちと再び酒を酌み交わすためである。**

小杉放菴にとって《人似花酒如泉》とは、幾多の友人の死を受け入れてたどりついた境地であった。

【注】

(1) 小杉放菴は大正初年から晩年までにおよぶ日記を残しており、現在小杉放菴記念日光美術館が所蔵している。未刊行。

(2) 老荘会の発足については、竹山博彦編「小杉放菴略年譜」(『小杉放菴展』図録、栃木県立美術館、1978年)のなかで、1927年9月発足と記されて以来、その記述が踏襲され続けている。しかし初期からのメンバーである中川一政は、老荘会に「芥川龍之介は第一回に来たが、ばかばかしいと思ったのだろう来なくなった」と書いており(「遠くの顔」『中川一政全文集　第八巻』中央公論社、1986年)、芥川はこの年7月に自殺しているので、辻褄があわないことになる。この点については、今後調査していきたいが、放菴日記に老荘会が初めて登場するのが9月であるので、年譜はこれを出典としていたのかもしれない。

(3) 「老いびとよ〜」は、「大宰師大伴旅人卿酒を讃ふる歌に和す十三首」として、他三首は「酒の歌十五首」として、いずれも、『歌集　石』(美術出版社、1953年)におさめられている。ただし「翁われ〜」は、『歌集　石』では「翁われ酒は涙となるものかさきだてし子に酔泣きをする」と異同がある。

◉追記①

本稿脱稿後、関口安義編『芥川龍之介研究資料集成　第3巻』（日本図書センター、1993年）に収録されている、金工家の香取秀真の文章に気がついた。道閑会が交換晩酌会の改称であることなどを裏づけるものなので、左に紹介しておく。

《あの人〔芥川龍之介〕は、酒は飲まなかつた。近所に住む小杉未醒や山本鼎の諸氏が、晩酌《ママ》交換会を始めて、出品と称して会員は誰か新らしい会員をつれて来ることが原則となつてゐた。私も出品された方だつたが、私が出品しなければならなくなつた時、隣人の芥川氏を出品した。その芥川氏は泉鏡花氏を出品し、といふ工合に会員も殖えて、今は道灌会と改名してゐるが、こんな席でも芥川氏は盃を重ねるといふことはなかつた。然し未醒氏が道灌大学だと呼んでゐた位、お互ひの間に談論が盛だつたので、芥川氏も議論はよくやつた方であつた。この春、私の家で開いた折、珍らしく芥川氏が飲んでゐるので「どうしたのです」と問ふと「神経衰弱の対抗療法に飲むんです。もつと下さい。」といつて盃を差し出した。》

（「明敏無比の人（芥川氏のことゞも）」『東京日日新聞』1927年7月28日）

◉追記②

酒と文化に詳しい読者に情報提供を願いたい。草木染作家であり、出版業も行なっていた山崎斌は、著書『随筆・草木寺』（アポロン社、1960年）のなかで、草木屋の刊行本として、小杉放菴の『酒百首』（木活字、朱罫、和綴）という歌集の名を挙げている。おそらく百部単位の出版と思われるこの歌集は、いまもってその存在が確認できない、幻の歌集である。どこかで見かけた方は、ぜひご教示いただきたい。

小杉放菴とは？

小杉放菴は本名を国太郎といい、1881（明治14）年に日光で生まれました。日光在住の洋画家・五百城文哉に学んだのち、上京して小山正太郎の不同舎に入塾。未醒と号して、主に太平洋画会展で活躍し、文展でも2度にわたって最高賞を受賞します。

その間、漫画家や挿絵画家としても頭角をあらわし、美術雑誌『方寸』などの編集に参加。のちには、横山大観と親しくなったことから、再興日本美術院にも、当初から同人として加わり、洋画部を主宰しました。院展の洋画部は第7回展で解散したため、未醒らは新たに春陽会を結成しますが、それからも、親しい友人であった山本鼎の農民芸術運動に協力するなど、その芸術活動にはたいへん幅広いものがあります。また、かなり早い時期からテニスや野球を楽しんでいたスポーツマンとしても知られており、国木田独歩や芥川龍之介といった作家や、その周辺の学者、思想家、財界人たちとの親密な交友関係もありました。

大正末から昭和初頭にかけての時期に、雅号を放庵（のちに放菴）と改めて、次第に水墨と淡彩による表現への関心を深め、日本画の世界においても、独自の枯淡な境地を創造しますが、晩年は新潟県赤倉の山荘に住んで、仙人になったと評される生活を送り、1964（昭和39）年に没しました。

代表作には、東京大学・安田講堂の壁画や「水郷」「山幸彦」「奥の細道画冊」などがあり、それらの作品に現われた自然への優しく確かな眼差しは、幼い頃に過した日光の風土に対する回想が基調になっているとされています。日光市名誉市民。

〈小杉放菴記念日光美術館ホームページより転載〉

公益財団法人
小杉放菴記念日光美術館
〒321-1431
栃木県日光市山内2388-3
電話　0288（50）1200

酒は憂ひを掃ふといへども
大いなる憂ひ大いなる悲しみは
酒の及ぶところに非ず
慎しんで憂ひ静に悲しむにしかず
心憤る時に酒を用る勿れ
ややもすれば鬼となるなり寂びしくば寂びしさを肴にせよ
心楽しき時に酒あらば
すなはち浄土天国なり
いよいよ楽しんで他念あること勿れ

小杉放菴

古典落語「盃の殿様」には1日に100里（約390キロ）を行く足軽藤三郎なる評判の飛脚が出て参ります。遠く離れた遊女を慕う殿様に命じられ大盃を送り届けますと、今度は女からの返杯を殿様に届けます。飛脚が運ぶ恋心。――「わるいけど、明日の昼までにこれを送り届けておくれ」「どうぞお任せ下さい。ただしその分の手間賃は頂戴します」「どれくらい？」「これでいかがでしょう」「なんだい、ずいぶんと値が張るなあ」「時は金なりと申します」「時に値段なんてあるのかねぇ」「江戸の頃より決まってございます」……そんな会話があったかどうか。続いては飛脚とお酒のお話。

千住酒合戦の舞台「中六」とは？

広がる飛脚ネットワーク

群馬県立女子大学群馬学センターリサーチフェロー／
郵政歴史文化研究会第一分科会参加
巻島 隆

はじめに

文化12年（1815）10月21日、**武蔵国足立郡千住宿一丁目、「中六」こと中屋六右衛門隠居宅**にて「酒合戦」（図1）が賑やかに開かれた。

いわゆる**千住酒合戦**は、中屋六右衛門の60歳の還暦を祝うために開かれた一大イベントである。当代の文化人を招いたほか、商人、職人、農民、旅人などが参加した。縁起物を蒔絵にあしらったサイズの異なる6種類の**大杯**が用意され、あらかじめ

図1　千住酒合戦の図（足立区立郷土博物館蔵、松屋高田『擁書漫筆』第3巻から）

酒量を自己申告した参加者らに**下り酒**（**上方産の酒**）が振る舞われた。祝い酒で酒量を競ったのである。

奥州街道（**日光道中**）の最初の宿場である千住宿は、南北に走る街道両脇に本陣、脇本陣、問屋場、飯売旅籠、木賃宿、茶屋、菓子屋、畳屋、髪結床などが櫛比《しっぴ》した。江戸時代中期から**市**が毎朝立つようになり、五穀、野菜、川魚などが売られた。後の**ヤッチャバ**（**青果市場**）に連なる市である。その一方、宿場南には**飯売**

旅籠が集中し、そこで働く**飯盛女**が春をひさぐ**歓楽街**の顔も持っていた[1]。

　千住宿は現在の東京都足立区南部に位置し、JR北千住駅西口一帯から千住大橋を挟んで台東区南千住にかけての一帯を指した。江戸日本橋から2里ながら家並み続きであり〝**江戸の内**〟であった。**刑場**で知られる**小塚原**（ここも千住宿）を経て千住大橋を渡ると千住宿の一部の掃部宿、千住一丁目から五丁目まで両側町が続く。そのまま北に向かうと奥州街道（日光道中）、右に折れると**水戸街道**へ続く。

　さて本稿の課題は**愛酒家**にとって粋なイベントを主催した中六とは一体何者なのかを探ることである。本業と、その向こうに広がる**江戸期列島社会を覆うネットワーク**とは？

　まずは本書の趣旨に沿うべく酒合戦の様子に触れた上で、会場の主人たる「中六」の姿に迫ってみよう。

酒合戦の舞台「中六」

　千住酒合戦について記した史料は、**大田蜀山人「後水鳥記」**[2]、**須藤由兵衛「藤岡屋日記」**[3]、**松屋高田「擁書漫筆」**[4]などがある。ここでは酒合戦に協力した蜀山人の「後水鳥記」に基づき、他の史料と併せながら酒合戦の様子を記してみよう。

　来場者は会場の中六隠居宅の門口に掲げられた蜀山人筆の**聯**をまず見ることになる。**「不許悪客　下戸　理屈　入菴門」**とあり、中に足を踏み入れると、入り口に5人の受付の者がいて来客に**飲酒量**を尋ねた上で切手を渡す。一旦、休所に案内され、そこから〝戦場〟に案内される。

白木の台に載せられた大杯が運ばれる。盃は異なるサイズが用意された。

江島杯（5合）、**鎌倉杯**（7合）、**宮島杯**（1升）、**萬壽無量杯**（1升5合）、**緑毛亀杯**（2升5合）、**丹頂鶴杯**（3升）の6種類である。いずれの杯も**蒔絵**が施されている。

酔客たちは**あきれるほどの飲みっぷり**を披露している。玄慶（「藤岡屋日記」「擁書漫筆」は伊勢屋言慶《げんけい》と表記、新吉原仲の町在住、62歳）は酒3升5合を飲みほし、帰途に「秋葉の堂」で一睡して帰宅したという。

大長（大坂屋長兵衛、馬喰町、40歳）という者は4升余りを飲み、そのままゴロリと寝てしまい、一夜明かして1升5合を飲んで酔いを醒まし（?）、昨日の人々に一礼して帰った。

掃部宿（千住宿の一部）の農夫市兵衛は萬壽無量の杯で3杯を平らげた。

松勘（千住宿在住）は江島から始め、鎌倉、宮島、萬壽無量の杯まで飲み干して、なお**酔態**を見せなかったが、大長と一騎打ちとなり、勝負は「来年葉月の再会まで」とお預けに。

小山宿から参戦した佐兵衛は緑毛亀杯で3杯を飲んだ。大熊老人は、会場に備えの杯が足りなくなってしまったため、萬壽無量杯でぐっと傾けた。この大熊老人はその夜に小塚原で傀儡（遊女、ここでは飯盛女か）を揚げて遊んだという。

ユーモラスなのは浅草御蔵町在住の左官正太。酒合戦に参加するべく途中、森田屋で酒1升5合を飲み、雷神門前まで来たが、追いかけてきた妻が夫を止めた。もみあいとなったが、近くの侠客「長」という者が仲裁し、一旦帰らせた。だが、あきらめきれない正太は翌日に千住へ出かけ「昨日の残りが多かったと聞いたが」と粘り、3升を飲み干したという。

石市（石屋市兵衛、千住掃部宿在住）は萬壽無量杯を空け、博労町の茂三《もさ》（馬喰町在住、31歳）は緑毛亀杯を、掃部宿の鮒與（鮒屋与兵衛、34歳か35歳）も緑毛亀杯を飲み尽した。

変わり種は大門《おおもんの》長次《ちょうじ》（「藤岡屋日記」には大門長次郎と表記）。**酒、酢、しょうゆ、水をそれぞれ1升ずつ三味線の音に合わせて飲んで「腹を三杯漬けにした」とうそぶいた。**天五（天満屋五郎左衛門、掃部宿に住む）も5人で酒合戦の上、他の4人が倒れる中、1人飲み続けた。天満屋は番付には鮒屋与兵衛と共に「差添」と記される。番付に「千住川魚仲間」とあることから川魚を扱う業者であり、酒合戦に一肌脱いだスタッフ的な立場だったのであろう。天満屋は夫婦参戦だから、「勧進元」の中六とも昵懇だったと思われる。

さて**女性陣**も負けていない。「酌取の女也」（『擁書漫筆』）というお文《ぶん》は江島と鎌倉の杯を空けた。天満屋五郎左衛門の妻美代は萬壽無量杯を干したが、酔った風を見せなかったという。ちなみに菊屋おすみ（千住の人）は緑毛亀杯で、またおつた（同）は鎌倉杯で飲んだが、酔いつぶれてその辺で寝てしまった。

会場には招待された**賓客席**が設けられた。紅氈《こうせん》が敷かれ、青竹で囲われ、当時を代表する錚々たる文化人が座った。折しも〝宴たけなわ〟の化政文化。画家の**谷文晁**《たにぶんちょう》（1763〜1841）、上州出身の儒学者**亀田鵬斎**《ぼうさい》（1752〜1826）、狂歌詠みの**二世平秩東作**《へづつとうさく》など当代一、二の文化人の姿が見える。彼らも小盃を重ねて数知らずという。

この日、**酒肴の調理**を担当した太助は、朝から酒を飲んで最後に丹頂鶴杯を傾けた。周囲の目を見張らせたのが、会津の旅人「河内何がし」である。酒合戦を耳にして宿の主人を伴って参戦したが、まず江島、鎌倉、宮島、萬壽無量、緑毛亀杯まで進んだが、丹頂鶴杯は口にしなかった。河内は「どうしても所用があって明日は発たねばなりません。用事がなければ、今一献尽さんものを」と一礼して立ち去ったという。

掃部宿の下戸、八兵衛は**一分饅頭**を99食べた。これは「藤岡屋日記」「擁書漫筆」による。

以上、様々な酒のドラマを生んだ酒合戦。

翌文化13年には**番付**（図2　164頁）までつくられて語り草となった。酒合戦の参加者は「一百人余人」（亀田鵬斎の「後水鳥記」序）とされる。番付序列（大関、関脇、小結、前頭）の記載は計53人であり、「其外壱升已下東西《そのほかいっしょういかとうざい》ともに畧之也《これをりゃくすなり》」とある。53人のうち千住在住が35人と半数以上を占めるが、全体の割合も比率から察して千住宿の者が過半だったのではないだろうか。

さて舞台となった中六について「江戸北郊千住のほとり中六といへるものの隠家」と蜀山人は記す。「中六」こと中屋六右衛門とは一体何者であろうか。

中六とは何者か

中六とは一体何者なのだろうか。その謎を解く鍵が**足立区立郷土博物館**所蔵の史料の中にある。**明治維新**期に作成された**千住宿軒別図**（同館所蔵、織畑家文書、図3　165頁）により中六の営業場所と職業を確認することができた。

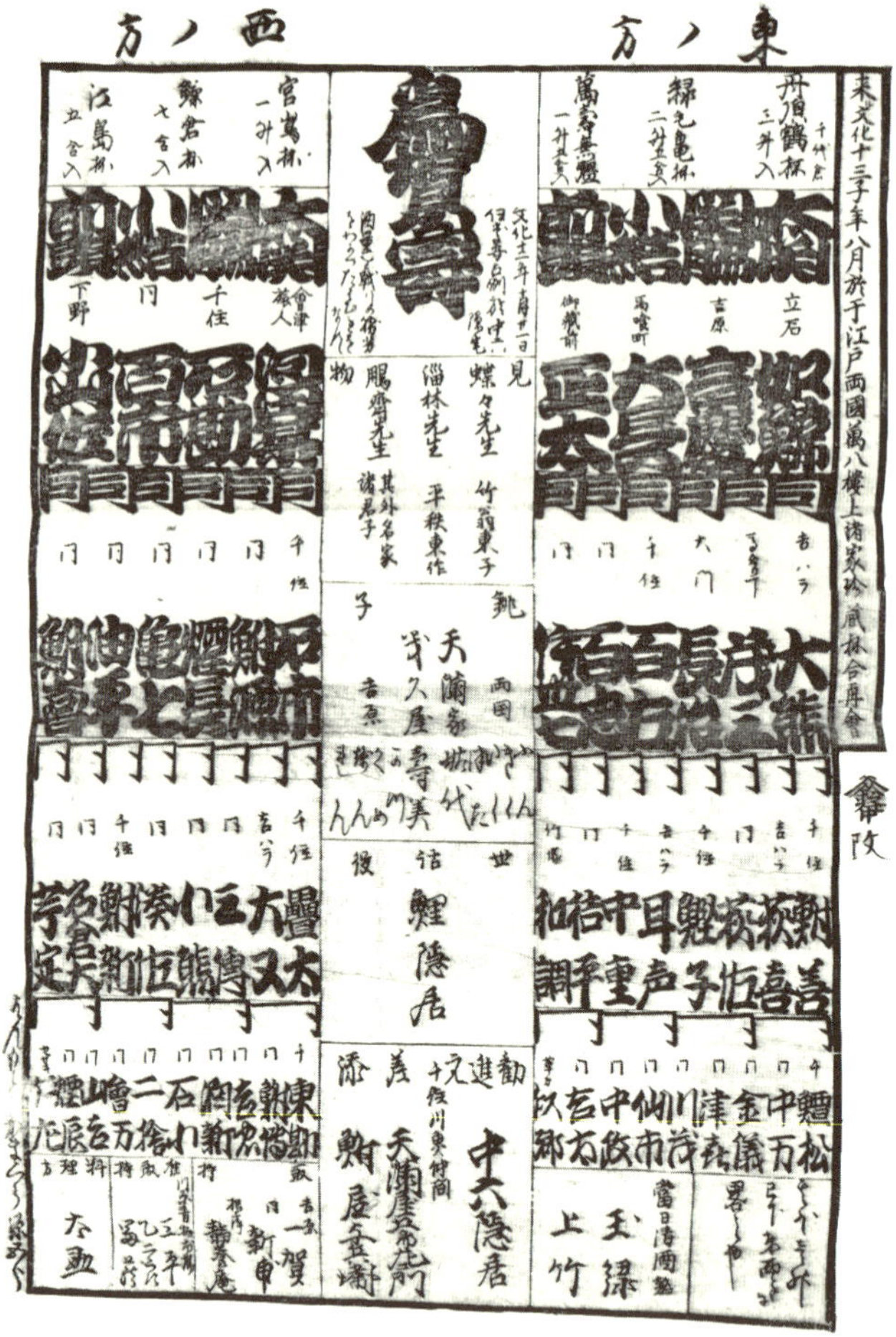

図2　千住酒合戦番付（足立区立郷土博物館蔵）

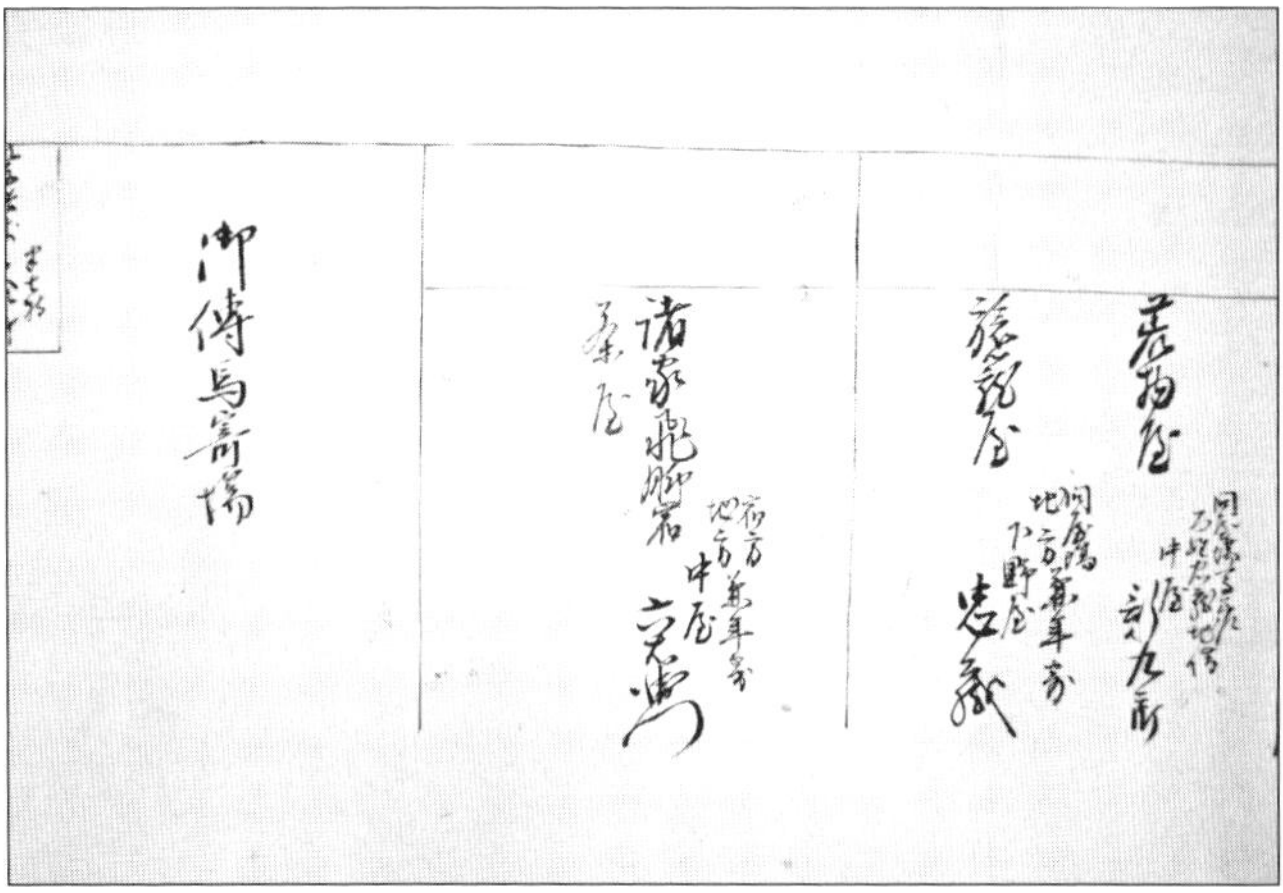

図３　「諸家飛脚宿／茶屋／宿方　地方兼年寄／中屋六右衛門」とある（足立区立郷土博物館蔵、千住宿軒別図）

「諸家飛脚宿／茶屋／宿方　地方兼年寄／中屋六右衛門」

右のように読むことができる。すなわち**諸家飛脚宿**と**茶屋**を兼営したことがわかる。

飛脚宿とは、飛脚屋から指定された宿のこと。諸家飛脚宿なので、色々な飛脚屋の飛脚が宿泊したのであろう。一般の旅人も泊まることができる。わざわざ「飛脚宿」と積極的にPRしたようであるが、これは飛脚宿が一種のブランドだったからである。「旅行須知」の中でも宿泊に飛脚宿を勧めている。理由は宿が**清潔**であり、**風呂**も24時間いつでも入れたからである。旅籠の中には不潔な所もあり、饐えた臭いの布団が蚤虱だらけで一睡もできなかったなどという話がよくある。「飛脚宿」と言えば、安心して宿泊できたの

である。(5)

また宿方・地方の**年寄**を兼ねていたようである。恐らく、宿方は中屋の店舗前が問屋場であることから、問屋場の役人たる年寄、そして地方は「じかた」つまり行政上の役人を兼ねていたということであろうか。こうした役職は、それなりの財力と地域社会からの信頼がないと担当できない。中屋はそうした条件に適っていたということができよう。

中六の跡地は現在、千住一丁目24―9 広瀬ビルとなっている。この北斜め向かいに**問屋場**と**貫目改所**があった。いわば**物流の中心地**だったと言えよう。中屋の本業は旅籠（飛脚指定宿）・茶屋、且つ宿場行政の顔でもあったわけであるが、それ以外にも中屋は**重要な業務**を請け負っていた。

江戸《えど》**定飛脚問屋**《じょうびきゃくどんや》「**京屋弥兵衛**」が業務上用いた手引帳に当たる「京屋大細見」（逓信総合博物館所蔵、但し同館は2013年8月31日に閉館、14年3月1日リニューアルオープン）で「中屋六右衛門」（図4 167頁）の名前が確認できる。大細見は各宿場の取次所、輸送先の在方名などが記されていることから、中屋が京屋弥兵衛の取次所でもあったことがわかる。

中六跡地の向かいには「千住宿問屋場・貫目改所跡」の案内板がある（2013年6月）。

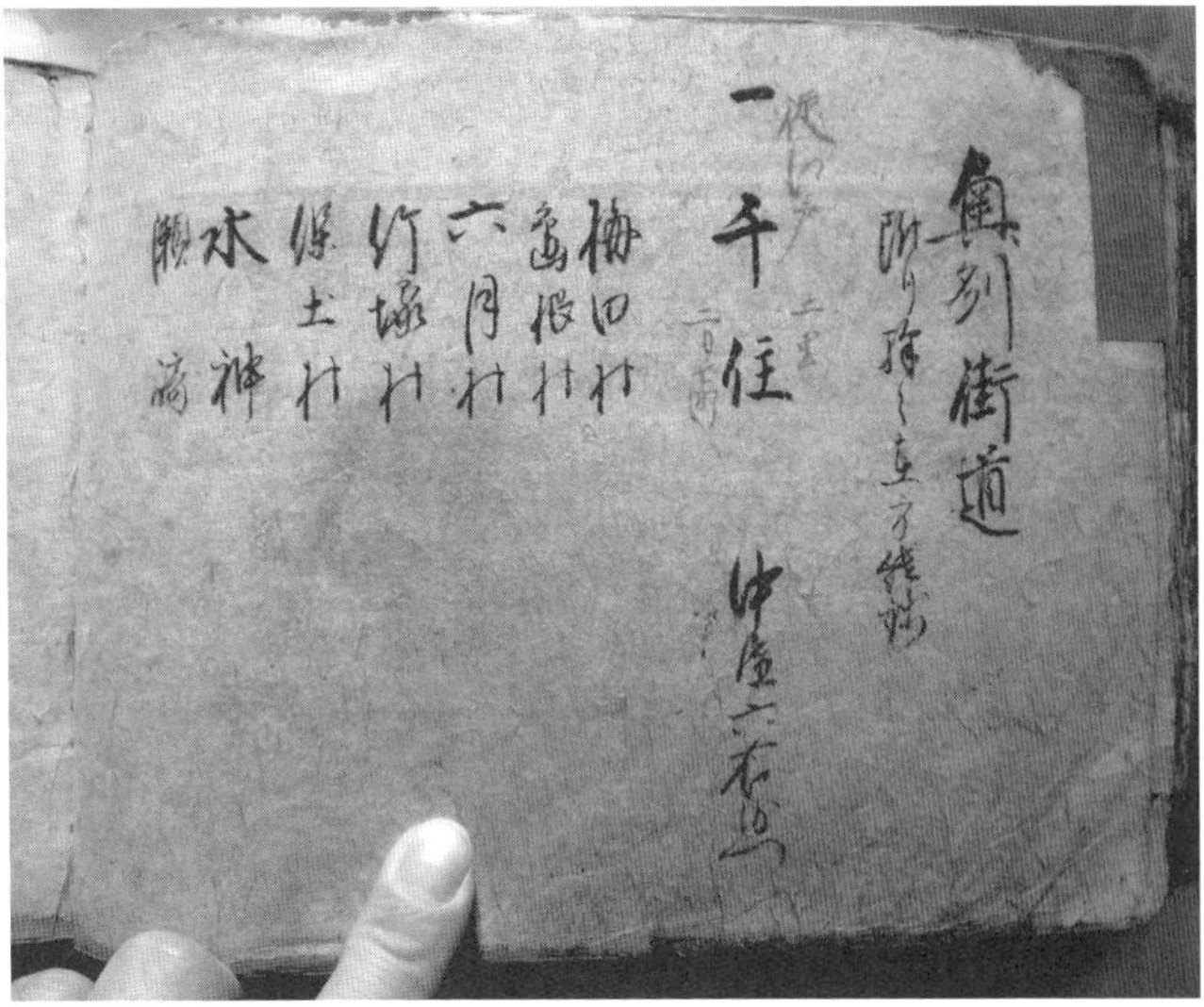

図4　「一　千住　中屋六右衛門」とある（逓信総合博物館蔵「京屋大細見」から）

取次所とは、京屋弥兵衛などの飛脚問屋と相仕（業務提携）の契約を交わし、飛脚の取次業務を代行した業者である。その業務内容は、宿場町及び周辺の村から手紙や荷物（金銀、その他）を賃銭と共に預かり、荷主に受取書を発行し、荷物は街道を往来する宰領飛脚に渡した。[6]

実際に手紙や荷物を輸送した飛脚には「宰領飛脚」と「走り飛脚」[7]の2種類があった。

宰領飛脚とは馬に荷物を付け、自身も騎乗して宿場ごとに馬と馬方を交換しながら、街道を往来した荷物輸送監督者のことである。並便・早便は、このスタイルである。宰領飛脚は、中屋からの荷物を受け取るのと逆に千住宿または周辺の在方（村）へ宛てられた荷物を中屋に託して出発した。

走り飛脚は佐川急便のトラック荷箱に描かれていた

飛脚（現在は青色のギャラクシーに変更）を思い出していただきたい。走り飛脚は**自分の脚**（**膝栗毛**）を運搬手段とした。一般にイメージされるのが、この走り飛脚であり、東海道ではよくみかけられたはずである。

ここで注意したいのが**走り飛脚がどのような場合に走ったか**ということである。臨時に「急ぎで書状・荷物を届けてほしい」と依頼された際、特別にその荷物のためだけに差し立てた飛脚、つまり**仕立飛脚**が走り飛脚である。仕立はやや値段も高くなる。そのほかに**抜状**（宰領が輸送途中で急ぎ物を荷物から抜いて走り飛脚に持たせる）があった。これは東海道の早便に限られた。奥州街道は走り飛脚より宰領飛脚による輸送が主だったのではないだろうか。

さて中六は宰領に荷物を渡し、逆に宰領から受け取る荷物もあった。これを中屋は宛て先別に分けて宿場内、また在方へ届けた。「京屋大細見」によると千住宿の中屋の担当輸送区域は「梅田村、島根村、六月村、竹塚村、保土村、水神、瀬崎」とわかる。梅田、島根、六月、竹塚、保間木の諸村は今も町名として残る。ところが、保土、水神は『東京都地名辞典』（平凡社）に記載されていない。足立区立郷土博物館の**多田文夫**学芸員の御教示により保土村が京屋の誤記で正確には「保間木村」であること、瀬崎村と保間木村の間に「村組の単位として水神がある」ことが判明した。

さて取次所から在方への**飛脚賃**は**仕立料金**となる。**千住と在方との間に定期便があるわけではない**ので、例えば梅田村に届け物があれば、そのためだけに飛脚を発する「仕立」となる。在方へは**取次所の奉公人**が届けたものと思われる。このことは**東海道三島宿の事例**

からはっきりわかる。これはどの宿場でも同じことであり、**飛脚の輸送網とは街道から枝葉のように伸びる形で在方をカバーした。**

以上のように中六は地域の飛脚屋とも言える存在であった。ところで千住宿には「飛脚宿」が3カ所ある。1カ所は中屋、2カ所目は同じ並びの北側13軒目に「仙台飛脚宿」を称する「仙台屋清右衛門」。中屋同様に宿方・地方の年寄役を務めた。3カ所目が仙台屋より北側へ10軒目に「玉川屋藤兵衛」という「飛脚宿」があり、茶屋を兼業した。玉川屋は北隣で砂糖屋を営業し、宿役人として**問屋場帳付**もこなした。玉川屋は「百姓」身分である。

誤解しないでほしいのは、**百姓**とは検地によって**石高**（作物の見込み収量）を割り出した土地を所有し、**年貢上納**（作物または金納）の義務を負った納税者のことである。**網野善彦**氏も指摘したように**百姓=農民ではなく、百姓は多様な身分を含む言葉**だった。中屋と仙台屋と違い、玉川屋藤兵衛は年貢（作物か代永で納付）を納めたのである。

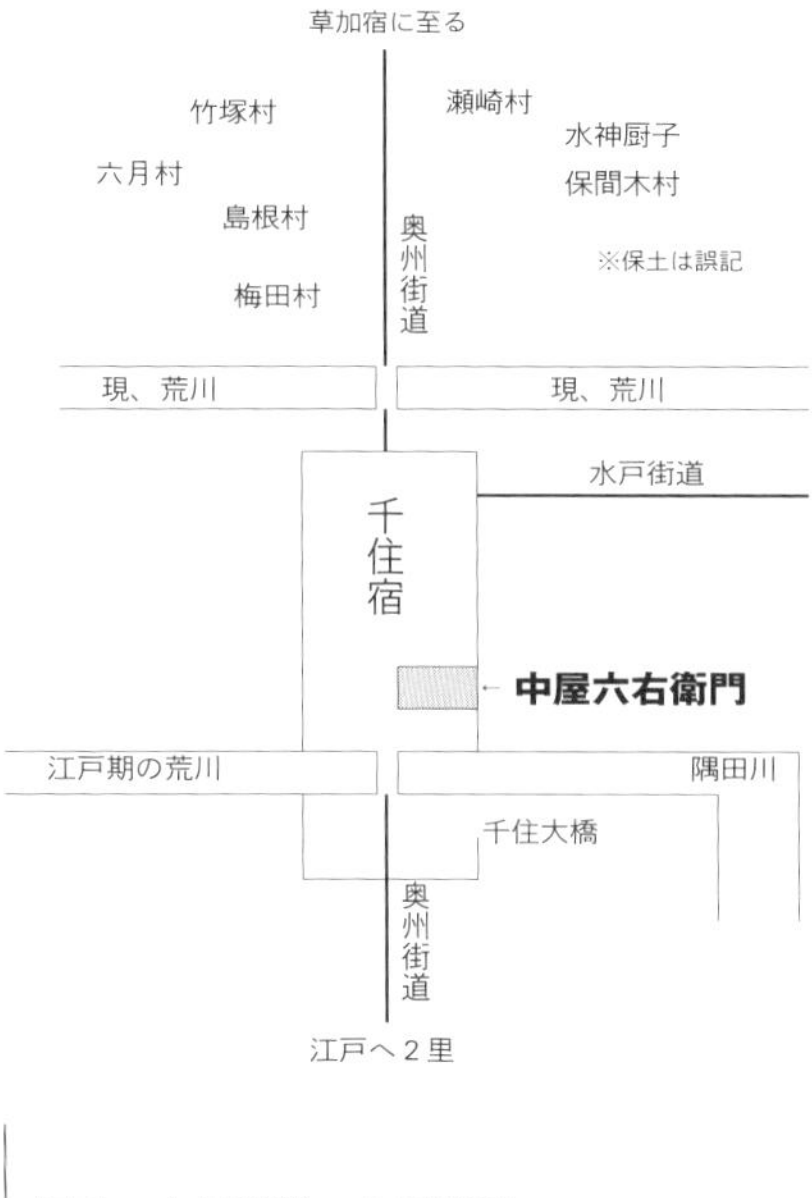

図５　中屋輸送エリア略図

中六の相仕、京屋弥兵衛とは?

中屋は諸家飛脚宿であり、江戸定飛脚の京屋弥兵衛と契約した飛脚取次所でもあったわけであるが、仮に中屋が単独で飛脚屋を営業したとしよう。その輸送範囲はきっと限られたものであったはずである。

しかし、京屋江戸店を経由すれば、京都・大坂、大坂の相仕を経て山陽道経由で九州小倉、長崎まで荷物を届けることができた。北は京屋仙台店まで可能であった。**中屋は京屋のネットワークの一部に組み込まれることで、中屋自身の輸送網を列島規模に広げることができた。**

江戸定飛脚問屋の京屋弥兵衛とはどのような業者であろうか。

まず**定飛脚問屋**とは、天明2年（1782）に江戸幕府道中奉行から東海道宿場の問屋場での**人馬継立**（馬と人足の交換）**の優先**を公認してもらった江戸の飛脚問屋九軒仲間である。店借ながらも常設店舗を構えた定飛脚問屋は店先に**「定飛脚」の懸看板**を掲げた。馬荷に「定飛脚」と墨書した**絵符**（または会府、荷札様のもの）を挿し込み、**一目でわかる**ようにした。さらに「定飛脚」の文字が刻印された**焼印札**を携帯し、問屋場側のものと照合した上で、**御定賃銭**で馬を提供してもらった。[8]

九軒仲間とは十七屋孫兵衛、山城屋宗左衛門、木津屋六左衛門、大坂屋茂兵衛、伏見屋五兵衛、嶋屋佐右衛門、京屋弥兵衛、山田屋八左衛門、和泉屋甚兵衛のことである。中には江戸時代初期から営業を続けるとみられる業者もあるが、大方が江戸中期から業勢を拡

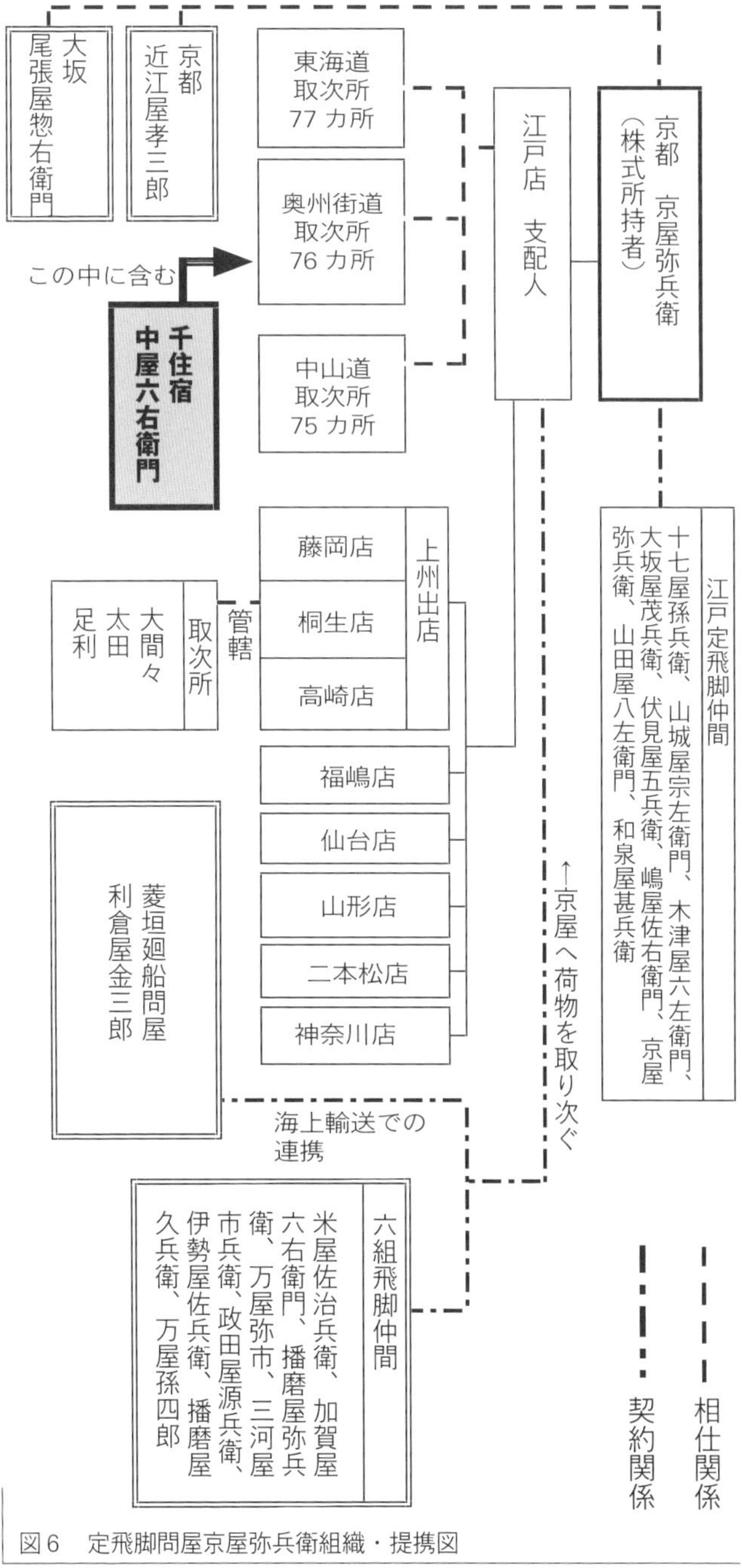
京都　京屋弥兵衛
（株式所持者）
江戸店　支配人
東海道
取次所
77カ所
奥州街道
取次所
76カ所
中山道
取次所
75カ所
京都
近江屋孝三郎
大坂
尾張屋惣右衛門
この中に含む
千住宿
中屋六右衛門
上州出店
藤岡店
桐生店
高崎店
管轄
取次所
大間々
太田
足利
福嶋店
仙台店
山形店
二本松店
神奈川店
菱垣廻船問屋
利倉屋金三郎
海上輸送での
連携
↑京屋へ荷物を取り次ぐ
江戸定飛脚仲間
十七屋孫兵衛、山城屋宗左衛門、木津屋六左衛門、大坂屋茂兵衛、伏見屋五兵衛、嶋屋佐右衛門、京屋弥兵衛、山田屋八左衛門、和泉屋甚兵衛
六組飛脚仲間
米屋佐治兵衛、加賀屋六右衛門、播磨屋弥兵衛、万屋弥市、三河屋市兵衛、政田屋源兵衛、伊勢屋佐兵衛、播磨屋久兵衛、万屋孫四郎
相仕関係
契約関係

図6　定飛脚問屋京屋弥兵衛組織・提携図

大・発展させた。[9]

仲間とは言え、当初は競合する場面もあったが、次第に共通利害に対しては一致行動を取るようになり、飛脚を特徴付ける**「早便」**（東海道を3～8日の到達規定日数で届ける。三日限、四日限などといった）のシステムも個々に出すのではなく、個々に受注した荷物を一旦、仲間の年行事のもとに集めて、そこから自前で雇用している**抱え宰領**、また**早飛脚専業者**の宰領に**外部委託**して荷物を差し立てたのである。[10] 九軒仲間は天明2年以降、「江戸定飛脚仲間」と称し、**幕府認可の特権を護符に輸送規定日数の送達を目指した**わけである。

ところが、9軒いた仲間も時代の趨勢と共に数を減らした。まず川柳で**「十七屋／日本の内は／あひといい」**と詠まれ、江戸の子供でも業者名を知っていたというほど著名だった十七屋は、天明7年に幕府公金の不正使用に関与したとして**闕所**（営業廃止処分）となった。これに連座して山城屋も処分された。[11] 文化文政の頃には6軒が営業し、明治維新のとき5軒となっている。

仲間の中でも京屋弥兵衛は、嶋屋佐右衛門と共に東国に出店を展開した。双方とも中屋六右衛門のような取次所を主要街道に設置し、**取次所に宿場周辺の在方をカバーさせる輸送ネットワークを築き上げた。**

京屋弥兵衛は主人に当たる株主（複数の持ち合いの場合もある）が京都に在住し、支配人のいる江戸店を拠点とし、陸奥国には仙台と福島、出羽国には山形、上野国には桐生新町、高崎、藤岡、甲斐国には甲府、さらに幕末の開港によって神奈川にも出店《でだな》を設置した。各出店はそれぞれ**支配人**が差配し、**奉公人**が働き、街道では宰領飛脚と走り飛脚（東海道が主）が輸送に当たった。京屋は江戸店と出店、また主要街道の取次所で東国をカバーし、西国に輸送網を持った大坂の相仕を経由することで山陽道筋を経て、九州長崎に至るまで荷物を輸送することができた。[12]

文化活動に携わる飛脚

中六に戻るが、**なぜ彼の還暦祝いに蜀山人をはじめとする学者・文化人が集まったのであろうか**。江戸期の千住宿を巡る文化背景について吟味してみたい。

実は**飛脚屋の支配人クラス**では学問・文芸に関心を持つ者も現れた。

例えば、京屋藤岡店の支配人を務めた**冨田永世**（1777〜1855）は幕末に地誌『**上野名跡志**』を著したことで知られる。[13] 同じ京屋で化政期に桐生店支配人を務めた**伊八**も妙音寺（桐生市西久方町）の墓地にある歴代当主の供養墓「文虎亭墓誌」の**撰文**に携わり、教養のあったことが窺われる。[14]

京屋と同じ定飛脚仲間の**嶋屋佐右衛門**と文化の関係にも触れよう。嶋屋とは、嶋屋佐右衛門株を持つ者の仲間による嶋屋佐右衛門組によって運営されるが、その株主の1人である大和屋善右衛門は**安井大江丸**（1722〜1805、大伴旧国）といって著名な**俳諧師**として知られている。[15] また幕末における嶋屋組の1人、**多胡思楽**も俳諧師である。[16] 文化・文政期には嶋屋桐生店の**橋本彦八**は**狂歌詠み**として活動した。[17] 彦八の息子亀松は若い頃、京屋に奉公し、狂歌をたしなんだ。後に郷里境野村（桐生市境野町）を離れ、学問に励んで**国学者**として大成し、**万葉集研究**に携わり、**橋本直香**（1807〜1889）として名前を知られている。[18]

以上のように飛脚関係者に学問・文芸を嗜む者を輩出したことは決して偶然ではない。その背景には江戸時代も中後期になると、富農・富商から中農・中規模商人まで学問・文芸への関心を高めた事情があった。

千住宿にも**阿武隈峨岨雄**、**四耕園茂躬**（木屋新兵衛）などの狂歌詠みがおり、彼ら列島各地の同好たちは**飛脚の通信網を駆使して連絡を取り合ったことが史料からわかる**。[19]

千住宿の中屋六右衛門も同じ時代の空気を吸ったのである。蜀山人や亀田鵬斎、谷文晁らを招き、**酒合戦をプロデュース**する才能はやはり常人ではないと思う。文化業績を裏付ける史料こそ発掘されていないが、酒合戦は中六が培ったネットワークが土台にあったものと思われる。**関忠夫**氏も千住宿における盛んな文化的環境で「中六は職業柄からも江戸の文人たちとの交際があったと思われる」[20]と指摘している。

酒造業者と酒問屋の飛脚利用

ところで酒合戦で**振る舞われた酒**であるが、何の酒だったのだろうか。

番付に「当日清酒銘」として「玉緑」「上竹」とある。これは**伊丹**地方の下り酒である。江戸時代の酒と言えば、**「下りもの」が珍重され**、中でも伊丹・灘地方の酒は一等有名である。

下りものは生産地から船に積まれ、江戸へ海路輸送された。船は**樽廻船**である。飛脚も荷物を運んだが、量ではとても水運にかなわない。**年貢米**とて大量輸送は断然船が使われた。

しかし、**通信となると飛脚が利用された**ようである。

享保・元文以後、江戸からの定飛脚便が灘地方へ直接届けられるようになった。[21] その一例を紹介しよう。上方の酒造業者は下り酒を扱う江戸の酒問屋から**酒相場（相庭）の情報**を知らせてもらっている。天保5年（1834）の史料をそのまま引用する。

> 五日限仕立早ヲ以一筆啓上候…中略…酒相庭建方何等ヲ以相建候義哉御尋ニ付、元来酒相庭ハ活物一時ニ買人之以為ニ寄気配進退儀以商内取組候義ニ御座候趣御答申上候処、酒造元方諸掛何程相掛り候者哉且近来新酒初入延引致候。春入込ニ相成候訳并ビ昨年入込酒者辰年之米ニ而仕込候ハハ差而高直ニ無之筈之処俄ニ高直ニ相成候…中略…酒相庭之儀先書十九日出ニ銘々共ゟ巨細ニ奉申上候得者…以下略

右の史料は紙数の関係で大分端折っているが、上方の酒造方に宛てて江戸の酒問屋仲間が送った書状である。この来状の前提となっているのが、酒造方からの酒相場が高値となっていることへの憂慮、相場をどう立てているのかなどといった質問に対する回答状である。[22]

飛脚の関連で冒頭に注目してほしいが、「五日限仕立早」というのは飛脚便を使っていることを示している。江戸の酒問屋仲間の**行事**（代表）が飛脚問屋に依頼して**五日限**（到達規定日数の1つ）の仕立便で飛脚を差し立てたのである。天保5年7月26日に手紙を出し、8月2日に到着した。差立日・到着日を含めると7日間で宛て先に着いたことになる。

もう一例示そう。嘉永4年（1851）12月24日、天保の改革で解散となっていた株仲間が再興することとなったが、酒相場の市況にも触れつつ、そのことを報せる書

状が江戸の下り酒問屋から上方の酒造方へ届いた。そこにも冒頭に「五日限一筆啓上仕候」とある。(23)

酒相場に関する情報が飛脚を使って上方に送られているようであるが、上方から江戸へも相場を問い合わる際に飛脚を使った。文化3年（1806）の飛脚仕法帳が酒造業者に残されている。逓送の日限、荷重量、賃銭（運送料金）などが定められていた（表1 177頁）。

表1には五日限が見当たらないが、**四日限**、**六日限**、**十日限**があった。賃銭は四日限仕立が4両2分。1両を10万円に換算すると50万円となる。しかし、これは滅多に利用されることがなかった。(24)最も使われたのは六日限である。前も触れたが、仕立はわざわざ特定の荷物のためだけに便を仕立てた。**幸便**は本来、宛て先と同方向の旅人についでに届けてもらうことを幸便というが、これは飛脚荷物の主が武家荷物であり、町人荷物はあくまで〝ついでの幸便〟という意味合いがある。武家荷物を扱っているから定飛脚の特権も幕府から認可された。

さて表1だけでは「飛脚は料金が高い」という印象を抱いてしまうが、書状1通が最も安い並便だと0・2匁、文に換算するとたった20文（60匁＝1両＝6000文で計算）である。享和元年（1801）刊『難波丸綱目』（早稲田大学図書館所蔵）には大坂—江戸の並便御状1通銀6分＝60文とある。江戸の四文屋（惣菜屋）は1品4文だったが、せいぜい5〜15倍。感覚的にはハガキ50円のところ250〜750円、封筒1通80円のところを400〜1200円で出すような感覚に近いであろうか。荷物1貫目でも並便ならば約652文である。

つまり〝**時は金なり**〟である。**急ぐと高く**、**急がなけ**

飛脚便	荷物		賃銭
	種類	重量	
四日限仕立	書状1通	300匁（1125g）まで	金4両2分
六日限幸便	書状1通	10匁（37.5g）まで	銀1匁
十日限幸便	書状1通	10匁（37.5g）まで	銀0.4匁
並幸便	書状1通	10匁（37.5g）まで	銀0.2匁
六日限幸便	金100両		銀55匁
十日限幸便	金100両		銀15匁
並幸便	金100両		銀11匁
六日限幸便	荷物1貫目	3.75kg	銀45匁
十日限幸便	荷物1貫目	3.75kg	銀15匁
並幸便	荷物1貫目	3.75kg	銀6.5匁

表1　江戸─大坂の飛脚賃銭（文化3年〈1806〉）『新修神戸市史歴史編Ⅲ近世』掲載の表103を加工作成

れば、決して高額というわけではなかった。「飛脚は高い」という歪んだイメージは、郵便の父である**前島密**（1835〜1919）の**「郵便創業談」の影響**によるものであろうと筆者は見ている。

現金輸送の料金が高いのは途中紛失しても補償されたからである。保険料込みと考えていい。

『新修神戸市史』では飛脚便を利用した酒造業者として神戸村の松屋を事例として取り上げている。江戸から届いた松屋宛ての書状には「早序」「正六日限」の印が押されたものや「四日限」の赤い押紙が貼付されたものがある。手紙を届けた飛脚屋は、大坂の飛脚問屋である尾張屋吉兵衛、車屋源右衛門。大坂を起点に飛脚輸送網は山陽道を西へ、遠くは長崎まで通じていた。その間の各宿場には飛脚屋が営業し、大坂の飛脚問屋と契約して取次所としても機能していた。

酒に飲まれた宰領

最後に**飛脚が酒でしくじった話**を紹介しよう。酒合戦の2年後の文化14年10月、桐生新町三丁目（群馬県桐生市）の宰領八兵衛は、桐生と京都・大坂、桐生と江戸を往復する京・大坂上下、江戸往返の宰領であり、親・妻子を養っていた。ところが、勤務中の飲酒が発覚し、京屋から出入りを差し止められた。八兵衛は詫び一札を入れて謝罪した。「処罰に一言の申し訳もなく、恐れ入るばかり」とし、さらに「親の代からの宰領渡世を今さら召し上げられては老母を養うことができず」と泣きを入れている。もし許されれば**「今後はきっと禁酒」**と誓っている。(25)

この八兵衛であるが、文化14年の桐生新町宗門人別改帳（桐生市立図書館蔵）を調べたが、奉公人に名前が記されていない。以下は1つの考え方であるが、八兵衛は通常の奉公人と違い、八兵衛は抱えの奉公人ではなく、京屋から宰領仕事を委託される立場だったのではあるまいか。実は宰領研究も進んでいないため、全容を捉えきれない部分もあるが、**宰領**とは京屋抱えの宰領、早飛脚専門の業者派遣の宰領（上方では近江屋喜平次、柳屋嘉兵衛）のほか、八兵衛の事例からは下請け的な出入り宰領の3タイプがいたものと推察される。

その後の八兵衛であるが、きちんと禁酒し、職務に精励できたのかわからない。確認できる史料はないものの、そこは悲しい**呑んべえ**のさが、筆者は八兵衛が禁酒の誓いを破ったのではないかと思うのだが。

おわりに

千住宿の中屋六右衛門を〝酒の肴〟に酒と飛脚との親密な関係をみてきた。

その作業を通して、酒合戦をプロデュースした中六が諸家飛脚宿、茶屋を営む一方、江戸定飛脚の京屋の取次所を兼営したことがわかった。

飛脚屋は武家・商人を得意客とし、その荷物には金荷物・手形・書状・特産物が含まれていた。移動する飛脚は藩も幕領も越境し、自然・社会的にかなり制約された**近世的交通環境**（河川増水による足止め、問屋場における馬不足、盗賊との遭遇など）を職場とした。

遠方に赴くからこそ飛脚自体に価値が備わっている。本稿で見たように上方の酒造業者にとっては江戸の酒相場は死活問題であった。大坂堂島米市場で**先物取引**を行う西国商人たちには**米相場**を報せる米飛脚の存在が欠かせなかった。[26] 幕末の**横浜開港**により上野国や甲斐国の生糸相場は**横浜交易商人**にとって重要情報であった。[27] 相場を伝達した飛脚は**情報の坩堝**にあった。中屋六右衛門も当然ながら人より何らかの情報に詳しいはずであり、彼と会話をすることで有意義な情報を得ることができたはずである。

酒合戦はそのこと自体だけをなぞると単なる愛酒家たちの茶目で無茶な滑稽譚にも映るが（それはそれでいいが）、じっくりと酒盃の底を窺うと、酒合戦の舞台となった中六の隠居宅こそが化政文化の、延いては近世列島社会のメルクマールではないかと思えるのである。

酒合戦には**身分・立場を超えて**様々な人々が参加

し、**酔うことによって世俗の束縛が消滅**した。酒は人間関係の潤滑油という月並みなことを言いたいのではなく、そこにはパワフル且つ**今と異なる価値観を持った〈江戸〉**という異文化空間を〝醸成〟した、**たくましく、したたかで滑稽な人々の姿**が確かに実在したのではないかと思う。

注目したいのは還暦を迎えた中六の**プロデュース力**である。もちろん鯉隠居をはじめ、天満屋五郎左衛門らネットワークの助力があったからこそのイベントであることは間違いない。実を言えば、彼自身の本業である飛脚業務というマージナル（境界）な世界を背景とした江戸自体の持つ多様なパワーが酒合戦という祝祭を顕在化させたのではないだろうか。

無論、本人たちはそんな興ざめなことは露も考えてはいまいだろうが……。

注

（1）佐々木勝・佐々木美智子『日光街道　千住宿民俗誌』（名著出版、１９８５年）

（2）太田蜀山人「後水鳥記」（足立区立郷土博物館蔵）
（3）鈴木棠三・小池章太郎編『近世庶民生活史料　藤岡屋日記』第1巻、三一書房、１９８７年）。「藤岡屋日記」は上野国緑野群藤岡町出身の須藤由兵衛の著。
（4）松屋高田「擁書漫筆」第3巻（全5巻、足立区立郷土博物館蔵）
（5）近藤篤「旅行須知」（樋畑雪湖・三井高陽監修『日本交通史料集成』第3輯、国際交通文化協会、１９３９年、１９８５年に聚海書林から復刻版）
（6）巻島隆「近世後期における主要街道の飛脚取次所―定飛脚問屋『京屋弥兵衛』のネットワーク―」（和泉清司編『近世・近代における地域社会の展開』岩田書院、２０１０年）
（7）「走り飛脚」「宰領飛脚」の語は「早飛脚仕立問屋株願」（児玉幸多校訂『近世交通史料集七　飛脚関係史料』、吉川弘文館、１９７４年）に見える。本稿では江戸期の用語を用いる。
（8）「定飛脚問屋願済一件」（右同）
（9）「定飛脚発端旧記」（右同）
（10）「定飛脚発端旧記」（右同）
（11）藤村潤一郎「天明七年御買上米一件と飛脚問屋」（『創価大学人文論集』4号、１９９２年）
（12）『京屋大細見』においても長崎までの輸送を確認できる。それを可能にしたのが京屋と大坂の長崎飛脚との提携である。藤村潤一郎「幕末豊前小倉飛脚問屋中原屋について」（『西南地域史研究』第5輯、１９８３年）に詳しい。
（13）巻島隆「冨田永世と飛脚問屋京屋藤岡店―地域金融と在村文化―」（群馬県立女子大学『第一期群馬学センターリサーチフェロー研究報告集』２０１２年）
（14）文虎亭墓誌（桐生市西久方町、妙音寺墓地）
（15）上田高嶺『遺稿と生涯　大江丸旧国』（私家版、１９９４年）
（16）喜多村香城「五月雨草紙」（岩本活東子『新燕石十種』第3巻（中央公論社、１９８１年）
（17）巻島隆「狂歌師、涼窓亭裏風について」（桐生文化史談会『桐生史苑』第46号、２００７年）
（18）長島織吉「橋本直香大人の事蹟に就て」（上毛郷土史研究会『上毛及上毛人』3月号、１９２２年）
（19）「狂歌人銘録」（国立国会図書館所蔵）
（20）関忠夫「高陽闘飲図巻・雑考」（『足立区立郷土博物館紀要』第3号、１９８７年）
（21）『新修神戸市史　歴史編Ⅲ近世』（１９９２年）
（22）『灘酒経済史料集成』下巻（創元社、１９５１年）
（23）右同
（24）「飛脚ノ話」（『大阪商業史料』第15巻）
（25）粟田豊三郎家文書（群馬県立文書館複製資料）
（26）高槻泰郎「近世日本における相場情報の伝達―米飛脚・旗振り通信―」（『郵政資料館研究紀要』第3号、２０１１年）
（27）石井寛治『情報の通信と社会史』（有斐閣、１９９４年）

白河の酒

私どもの旅は関東から東北へと参りました。みちのくの玄関口・白河でちょっと一休みでございます。

福島県の最南端に位置し、栃木県那須町と境を接する白河市は、奈良～平安時代に**白河関**《しらかわのせき》が置かれ、江戸時代にも江戸の防衛ラインのひとつとして小峰城（白河城）が築かれていた。

「白河」の地名は、古代からみられ、その由来は、現在も市内を流れる**阿武隈川**の源流である清流に由来するとされる。水が良い土地は酒も美味という。白河も、現在においても酒造が盛んである。これから、白河の酒造の歴史を少し紐解いてみたい。

◆江戸時代の白河の酒

今のところ、白河で酒造りが分かる資料は江戸時代の1600年代末からで、それは当時の藩の記録類である。その中の古い酒造関係の記録が元禄10年（1692）のものであり、それによれば白河の在方（村方）では134軒、領内の町で酒屋が47軒あったと記録されている（『白河市史』六、一四四号文書）。これは酒造業と販売をあわせた数であろうが、当然ながらこれよりも以前から、白河では酒造りが行われていたと考えてよいであろう。

また江戸時代後期、文政3年（1820）の各地方の街道沿いの店や旅館を絵入りで紹介した「**諸国道中商人鑑**《しょこくどうちゅうあきんどかがみ》」（『福島県史』2所収）の白河の店を紹介した部分に、白河の酒「**喜久川（菊川）**」の広告がある。「**山吹に色こそまかへこの菊のかほりは何の花か及ばん**」と、この酒の香りはどんな花も及ばない、という歌を載せるこの酒は、「大坂屋」という、白河の中心部の本町にあった酒蔵で、元禄9年（1691）から作られていた。

これより少し前、白河の酒造を発展させたと言われるのが、江戸幕府の老中を務め、白河藩主として藩政改革を行い、今も地元で名君と慕われる**松平定信**（藩主在職1784～1809）である。

定信は、寛政8年（1796）に**会津**から杜氏を招いて**上方流の酒**を造らせ、白河の酒の品質向上に努めたという。その結果、白河の酒を他国に売り出すほどになったという（「仁政録」『東北産業経済史』所収）。その際作られた酒は「**白錦**」「**算川**」という名称であった。

◆明治以降の白河の酒

明治以降の白河の酒は、白河を案内する本の広告に多くみることができる。明治44年（1911）の『西白河郡誌』や『改訂増補白河案内』から拾ってみると、白陽・谷の越・白錦・白正宗、吉泉・白鶴・玉川・白梅・白富士・日出鶴・稲妻・金時など、実に多様な名前の酒がある。なかでも**白陽**・**谷の越**は時代の中で生き残り、現在も作られている。

また、江戸時代から作られていた酒もある。残念ながら、先に記した「菊川」は明治になってどうなったか不明だが（大坂屋が近代に入り、味噌醤油醸造に商売を替えてしまった）、定信による酒の品質改良の際に誕生した「白錦」が続いていることが分かる。

さらに、注目したいのは、白河における**地ビール**の醸造である。

明治22年（1889）末、白河町の大槻佐右衛門は横浜からキリンビールの技師を招いてビールを製造し、「**フコクビール**」と名付けて翌年4月から販売した。価格は大瓶1箱4ダース6円20銭で、1本では17銭であった。大麦・ホップ・イーストなど、原材料の量も記されている（『白河市史』八、二八一号文書）。

ここ白河の地でビール会社から人を招き、独自にビールが醸造していたことは非常に興味深い。当時の日本酒の味ももちろんだが、このビールはどのような味だったのだろうか。興味は尽きない。

非常に駆け足で、白河の酒について江戸時代から明治まで紹介してみた。どのくらい白河の酒についてお伝えできたか心配ではあるが、一度白河の酒を飲んで頂くのが一番よいと思う。現在も市内の酒蔵は良い酒を作るため、努力している。福島県内にいらしたときには、ぜひ白河の酒も思い出し、味わって頂きたい。

寄稿・内野豊大
（白河市建設部都市政策室文化財課学芸員）

千住の大橋を男が渡って参ります。東北の旅から恋い焦がれる遊女に逢いに行くその男。この先で待つ悲運を知らずに……近代文学の一幕にございます。さて、私どもは男とは逆に秋田へ向かいます。長い旅路となります。何か腹に入れておきましょう。うん、このお店いかがでしょう……ちょいとご免下さい。繁盛している所のようで。はいはい、相席でいいよ。お隣の席を失礼いたします。おや、お宅様ずいぶんご立派なカメラをお持ちで。秋田へ撮影に行かれる。何の撮影です？　ほう、秋田美人！

酒はうまいか、ねえちゃんはきれいか

酔っぱらい天国　秋田の虚実

秋田魁新報社編集委員
相馬　高道

「米の秋田は酒の国」（酒造業界の宣伝文句）といい、**「美人を育てる秋田米」**（農協の宣伝文句）という。成人1人当たりの**清酒の消費量**は常に東北1位。戦前から戦後の昭和40年代までは、**どぶろく**（濁酒）**密造の摘発件数**でも堂々の全国一というのが、秋田美人の里・秋田県である。宣伝文句に偽りはない。だが、**酔いを覚ますと見えてくる景色**は違ってくる。

秋田県内で1年間に公立学校の先生5人が**飲酒運転**で相次いで摘発され、懲戒免職になったことがある。1つ1つを調べ直してみると、「学校で指導的立場にある40、50代」「マイカー通勤」「週末の午後7時ごろに飲み始め、帰宅途中の翌日午前1時前後に取り締まりの警察官に摘発された」という点で共通することが分かった。

教員仲間は「学年主任や部活動を受け持ち、平日は残業続き。せめて週末ぐらいと、つい深酒したのではないか」と同情した。

秋田県の県庁や教育庁は、飲酒運転で摘発されれば免職——を基本としてきただけに、**簡便なアルコール検知器**は公務員や教職員の**必需品**である。飲酒した翌朝は出勤前に、この装置にフーッと息を吹きかけることは秋田県民たる者の基本動作なのだ。

とはいえ、郡部に行けば、いまだ飲酒運転が半ば公然と行われているのではないか。

筆者も支局に勤務していた当時に体験した。

役場職員の自宅に招かれ、近所の男たちも集まって**宴会**となった。さて2次会は車で20分ほどのスナックへ。タクシーを呼ぶのかと思ったら、彼は軽ワゴン車の運転席に乗り込み、「さあ、行くど」。

こんなとき、**「酔っぱらい運転はいけないよ」**とは言えないものだ。当の本人はこちらの不安を察知したか、「大丈夫。この集落で取り締まりはない。そんなことしたら駐在（おまわりさん）はここではやっていけなくなる」。「そうではなくて……」の言葉をのみ込み、事故だけは起こすなよ、と祈って車に乗った。

2次会もいい頃合いだ。ママさんにタクシーを頼むと、彼は「いいから、いいから。俺が送っていくから」。さすがにお断りした。その後、彼はめでたく定年退職した。

いったい**規範意識**というものがあるのか。先のクビになった教員たちもそうだが、まず**飲む時間が長すぎる**。酔いが回れば**節度**という**タガ**も外れるのだろう。

だが、それ以前に、酒を飲んで車を運転して悪いのか、という**根源的な問い掛け**が、どこかから透けて見える、とは言いすぎだろうか。田舎の選挙において、あたかも公職選挙法の適用除外のごとく票の売買が行われていたことと、どこか通じ合うのである。もちろん、それを**許す者**がいてこその買収であり、酔っぱらい王国である。

酒飲みに対する甘さを物語るような文書は、早くも江戸時代中期の正徳6（1716）年に見いだせる。

この時代、秋田藩の酒造量は既に他領に比べて多かったという。しかし幕府にとって、大量の米が酒づくりに振り向けられることは**食料確保**の面で見過ごすことはできなかった。それを察知した秋田藩は、次のような口上書を幕府に提出して**酒づくりへの理解**を求めた。

「領内は雪国のため秋から翌年三月まで寒い。ところが山林は荒廃して薪炭が不自由で、山で働く人々や漁師はもちろん、諸々の職人たちは酒で暖を取って寒さをしのいでいる」（筆者が現代語に直した）

下手な弁明にも聞こえるが、これによって幕府のお墨付きをもらったのだという。もちろん、藩は酒造業者に**酒役**（税金）を課しているから、藩財政にとってもプラスであった。

酒にまつわる**非合法活動**といえば**「どぶろく」**だ。かつては東北地方全体で摘発数が1万件を超える年（1950年）もあった。地域活性化の**「特区」**として一部の地域では自家醸造が認められるようになったが、どぶろく密造はいまも酒税法違反である。1989（平成元）年以降20年間の摘発数は、東北6県で年平均2・6件（仙台国税局による）。

とはいえ、いま、どぶろくを話題にすれば、出てくるのは**懐かしむ声**と**笑える失敗談**が多い。

秋田県内陸南部、羽後町の山あいの集落で聞いた農家（1937年生まれ）の話は、こうだ。

「土《つち》仕事を終えて帰れば、どぶろくで晩酌するのが一番の楽しみだった。どの家でもつくっていたから罪の意識なんてない。そもそも『あかい酒』（市販の清酒をそう呼んだ）を買う金なんてないんだからな。税務署の調べもあったが、麓の集落から『鬼（税務署員のこと）が上がっていったど』と小学校に電話が入る。先生が『もうすぐ○○峠を越えて来るから、道草せずに家の人に教えなさい』と子どもたちを帰す。まあ、そんなもんだ」

この農家はいつも、かやぶき屋根の2階にどぶろくの**甕**を隠していた。税務署員が不意に訪れ、「2階を見せてもらうよ」と上がったときには罰金を覚悟した。その2階の壁には、父親が趣味で描いた「梅にウグイス」の水彩画が掛かっていた。税務署員はその絵に目を奪われたようで、「きょうはいいものを見せてもらった」と言って帰っていったという。

のんびりした話である。

しかし時代をさかのぼれば、そうそう甘いものではなかったようだ。

秋田市生まれの作家、**伊藤永之介**に**「梟」**という小説がある。どぶろくをめぐる、ある農村集落の出来事を描いている。

題名のフクロウとは、**「夜陰にまぎれてどぶろくを売り歩く者」**の**隠語**だ。転じて、どぶろくそのものを**フクロ**とも呼んだ。1936（昭和11）年9月に同人誌「小説」に掲載され、後に作品集や文学全集などにも収録された。

「鬼こ」と恐れられた**「酒調べ」**（税務署員のこと）が、さる後家さんの小屋に踏み込んだところ、敷きっぱなしの布団から、同じ集落に暮らす所帯持ちの男がはい出してきた。これをきっかけに

集落内の人間関係があらわになり、悲劇も次々に生まれていく。

この後家をめぐって嫉妬に狂った男が、どぶろくにトリカブトの毒を入れて相手の男を殺そうとしたが、別人が誤って飲んで死んでしまう。

ある一家では、濁酒密造の罪で夫が労役場送りとなり、残された妻が生活に窮して米泥棒に手を染めて発覚、幼子を残して首をくくる。

別の一家では、夫の身代わりで妻が労役場に入っている間に、アルコール漬けで狂った夫が2人の子を道連れに無理心中する。

このような陰惨な場面が続いて気が滅入るが、救いもある。労役場で産気づいた女が病院に移され、好いた男の子を産む場面だ。男が病院に駆け付け、「丈夫な子だが、どれ」と赤ん坊をのぞき込む。2人の充足した一瞬を描いて小説は終わる。これも希望というものなのだろうか。農民作家と呼ばれた永之介の、農民に寄せる共感がこもっている。

永之介は「梟」を書くために、濁酒摘発の新聞記事を参考にしたほか、親しい農民に取材している。**あきた文学資料館**（秋田市）には、**「どぶろくをつくる心理、罰金がこはくてもどうしてやめないのか」と農民に尋ねる手紙**が残っている。小説とはいえ、描かれた情景は昭和前期の秋田のどぶろく事情を反映している。

米と水があれば酒はつくれる。農村では自分で飲む酒は自分でつくるのが当たり前だった。一方で、明治に入ってから**醸造業**を対象とした**酒税制度**が徐々に整備されていった。近代国家づくりを急ぐ**明治政府**が、**税源**として酒造に目を付けたのだ。

1880（明治13）年には自家用酒の量を1年1石（100升つまり180リットル）までと制限し、その2年後には自家用酒にも年80銭を課税するとともに、売買することを禁じた。

1894（明治27）年に**日清戦争**が起こると**戦費調達**のため**酒税の増税**が行われる。さらに5年後の1899（明治32）年、**「税金逃れの元凶」**として**自家用酒の醸造が全面禁止と**なった。

当時、税収のうちの最も多くを占めるのが酒税で、大正初めには国費6億円のうち1億円が酒税収入だったという。それだけに国としては密造を厳しく取り締まる必要があった。**酒類密造矯正会**のような官民挙げての啓発活動も盛んだった。

当時の**新聞の社説**は「農村では、酒もそばも豆腐も自分の家でつくるのが当たり前となっており、とりわけ濁酒は生命剤ともなっている。それだけに税吏を疫病神のように嫌い、時に暴力におよぶ者もいて、それを義民として称賛する者もいる。だがいまや密造は詐欺窃盗と変わらぬ犯罪である。詐欺師や泥棒がいるのは郷土の不面目である」（１９００年７月３日付秋田魁新報、現代語訳）。

農村の実情をよく分かっていながらも、やや飛躍した理屈で**密造を戒めて**いる。

暴力行為が**大事件に発展**したこともある。

１９１６（大正５）年６月、秋田県内陸部の山村に濁酒取り締まりの税務署員８人が入った。集落の家々を調べたがどこからも見つからない。税務署員たちはさらに奥の集落も調べた後、引き揚げようと先の集落に差し掛かったところ、鎌や鉈を手にした男たち数十人に襲われ、４人が重軽傷を負った。裁判は大審院まで争われたが、10人に懲役刑、15人に罰金刑という判決が確定した。

事件から60年後。秋田県在住の作家**野添憲治**は有罪判決を受けた男の妻に直接取材している。事件は当局が認定した共同謀議ではなく、偶発的ないざこざであること、一部はえん罪の疑いがある、と指摘している。（※202頁からの野添憲治「猫の沢事件」を参照）

だが当時の新聞はこの事件を大々的に報道。密造者の非道ぶりを書きたて、結果として濁酒密造を警告することに一役買った。

そして、**取り締まりの成果**が最も現れたのが秋田県だった。**摘発数**は常に東北6県で最も多く、1912（明治45）年は2329人（東北全体の44％）、1916（大正5）年には3161人（同59％）に達している。

戦後も1970（昭和45）年まで2000人前後で推移し、特に昭和30年代半ば以降は東北全体のほぼ半数を占めるという「どぶろく王国」ぶりであった。

大昔から自由につくっていた酒である。いきなり犯罪だと言われても、おいそれと「はい」とは言えないだろう。加えて酒税の引き上げで**市販の酒は値段がますます高く、現金収入の乏しい農家ではそうそう買うことができない**。その事情は分かるが、明治時代に禁じられた濁酒密造である。世代が代わっても、どぶろくづくりの**魂**だけは受け継がれたと考えるべきなのだろうか。

先にも書いた通り、米と水があれば酒はつくれる。**秋田県は現在も農業産出額の半分以上を米が占めている**。その割合は東北一である。同じ北東北では青森が15％、岩手が20％だから、秋田県がいかに米ばかりつくってきたかが分かる。米以外の商品作物は江戸時代から貧弱だったが、それも秋田藩が政策として、米こそが生きる道だと選択した結果でもある。米の秋田は酒の国であり、酒飲みの国であり続けるのだ。

農民作家の伊藤永之介が農村の悲劇を描くより25年前、**谷崎潤一郎**が「**三田文学**」1911（明治44）年10月号に小説『**飈風**《ひょうふう》』を発表した。若くて純情な絵師が東北各地を半年にわたって旅する物語だ。その中に秋田市の**歓楽街**「**川反**」**界隈**が描かれている。

「煙草を売る店先の娘や、宿屋の帳場に坐って居る内儀や、かう云う素人の女までが、凡て美人國の名に負《そむ》**かぬあでやかさとなつかしさを以て眼に映った」**

「窓の障子の擦硝子には、なまめかしい潰し島田や、銀杏返しの姿が漂って、若い女の懐から発散するお白粉の匂は戸外へも洩れて来た」

しかし絵師は、むらむらと湧き起こる欲求を抑え、目をつぶり、耳をふさいでこの場を離れるのである。

なぜかって、彼には吉原にほれた女がいたからだ。彼が初めて知った女である。どうにかして征服したいと思って挑んでも、彼女の手管にかかってあえなく昇天という繰り返しであった。これではいけない。どんな誘惑や刺激にも負けない強い心身をつくるために出た旅であった。
半年後、節を曲げずに旅を終え、夜の10時に**千住の大橋を渡る**と恋しい郭の明かりが見えてきた。再会した彼女は以前にも増して美しい。その手管はさらに磨きがかかっていた。我慢を重ねてきた彼には刺激が強烈すぎた。血が逆流して血管が持ちこたえられず、全身を硬直させて死んでしまうのである。

この小説を発表したとき谷崎は25歳。前年に『**刺青**』を発表している。『颱風』は、谷崎の才能を認めた**永井荷風の後押し**で「三田文学」に載ったのだが、**風紀を乱す小説だとして、この号は発禁**となる。

だが「**中央公論**」編集者の**滝田樗陰**《ちょいん》は、この小説に注目して執筆を依頼する。樗陰は秋田市の生まれだから、川反の場面に反応したのかもしれない。その後、谷崎は同誌に作品を発表することで作家としての地歩を固めていくのだから、世の中は分からない。

『颱風』は、その内容からして現代ではとても一般受けしない小説だが、川反と秋田美人を売り込みたい秋田の人たちにとっては大切な小説である。**「あの文豪も描いた歴史と情緒にあふれる歓楽街」**というわけだ。**たいていは、右に引用した部分のみが流布**して文学散歩地図の類に紹介される。全編を読めば、紹介をためらうかもしれないが。
地元秋田の**ジャーナリスト安藤和風**は、谷崎の『颸風』と同じ年に書いた『秋田県案内』で川反をこう紹介している。

「芸妓の風俗は東京を模し衣服持物東北第一なり容貌も甚だ醜きものなく先づ美人揃ひなるも土地の方言は東京人に色消しなるべし」
「芸妓舞妓は當地の出生も多しと雖も東京、名古屋、酒田、能代等より出稼又は移住せしものあり」

旅行者・谷崎の通り一遍とも思える描写に対して、和風の観察眼は冷静だ。川反の女が必ずしも秋田の女ばかりでなかったことも分かる。濁酒密造の罰金を払えず、娘を身売りして金をつくることもあった時代である。川反芸者たちの身の上が気になる。
川反とは、秋田市の中心部を南北に貫く旭川の右岸に発達した飲食街だ。江戸時代は年貢米を荷揚げする**船着き場**で、川沿いには米蔵が立ち並んでいた。それが１８８６（明治19）年の**「俵屋火事」**と呼ばれる大火で元からあった花柳街が焼き尽くされ、待合や料亭がこの川沿いに移転したのであった。

いまも旭川と並行する一本道の両側には、500メートルにわたって料亭やスナック、居酒屋が軒を連ね、秋田を代表する歓楽街である。

そして明治時代の川反こそが、秋田美人の発信地であった。


「秋田美人」という呼び名が普及したのは、鉄道網が全国に広がって、人の行き来が増えた100年ほど前からとされる。川反で楽しんだ都会の紳士たちが、その美しさに感心し、帰京して宣伝したのだという。

1905（明治38）年に**奥羽本線が全線開通**して東京上野と秋田が直接結ばれた。その6年後に書かれた谷崎の『飈風』を見れば、秋田美人は既に全国区の知名度を得ていたことが分かる。

1932（昭和7）年春、**上野駅の新築落成**を記念して、**上野松坂屋**で北日本・北海道の名所展覧会が開かれ、**余興として各地の踊りを披露する**ことになった。秋田市からは川反の芸者たちが出演。**「秋田美人の名に恥じず美しいものであると都の紳士たちを驚かせた」**（同年4月2日付秋田魁新報）と報じられている。

日中戦争が始まると、芸者連が「秋田美人」慰問団をつくって満州を回っており、その様子が同行記者によって紹介されている。

戦後、**秋田美人像の普及**に決定的な影響を与えたのは、1953（昭和28）年に写真家**木村伊兵衛**が撮影した**「秋田おばこ」**だろう。絣の着物を着て、菅笠をかぶった若い女性が、斜め右を向いた写真である。

モデルは、前年秋に秋田県仙北郡大曲町（現大仙市）で開かれた「第1回全県おばこコンクール」で入賞した高校生だ。農村女性らしさを競うコンクールだったが、彼女は3位までには入れなかった。確かに「秋田おばこ」のイメージからは懸け離れた、現代風でバタ臭い美人である。コンクール終了後、会場となった小学校の校庭で、地元のアマチュアカメラマン**大野源二郎**が彼女を撮影した。出場者をモデルにした即席の撮影会の輪がいくつかでき、その1つに加わったのだという。

このときに撮った写真を全国コンテストに応募したところ入選。雑誌に紹介された作品を見た木村が、同じモデルを自分も撮りたいと思い、翌年に秋田へやってきた。そして誕生したのが

「秋田おばこ」である。

後に木村は「本物の百姓でないから不自然になり、モデルも俳優でないために農民を肉体で表現することが出来ず」と書いている。そこで、構図や構成、演出によって現実に近い農民を作りあげたのであった。

しかし写真「秋田おばこ」はその後、秋田美人の代表として繰り返しメディアに登場。とりわけ**２０１２（平成24）年には秋田県の公式ポスターの図柄に採用**され、首都圏の駅や繁華街に張られて注目されるようになった。

60年以上前に撮影された**「つくられた秋田美人」**が、現在の秋田美人の規範になったのである。

（文中敬称略）

参考文献　長山幹丸『どぶろく物語』（１９７７年　秋田文化出版社）／野添憲治・真壁仁／編著『どぶろくと抵抗』（１９７６年　たいまつ社）／無明舎出版編『どぶろく王国』（２００６年　無明舎出版）／木村伊兵衛『木村伊兵衛の秋田』（２０１１年　朝日新聞出版）／新野直吉『秋田美人の謎』（２００６年　中公文庫）／『秋田市史』近世通史編（２００３年　秋田市）／『秋田県酒造史』（１９８８年　秋田県酒造組合）／『東北六県酒類密造矯正沿革誌』（１９２０年　仙台税務監督局編、『日本庶民生活史料集成21』所収　三一書房）／秋田魁新報

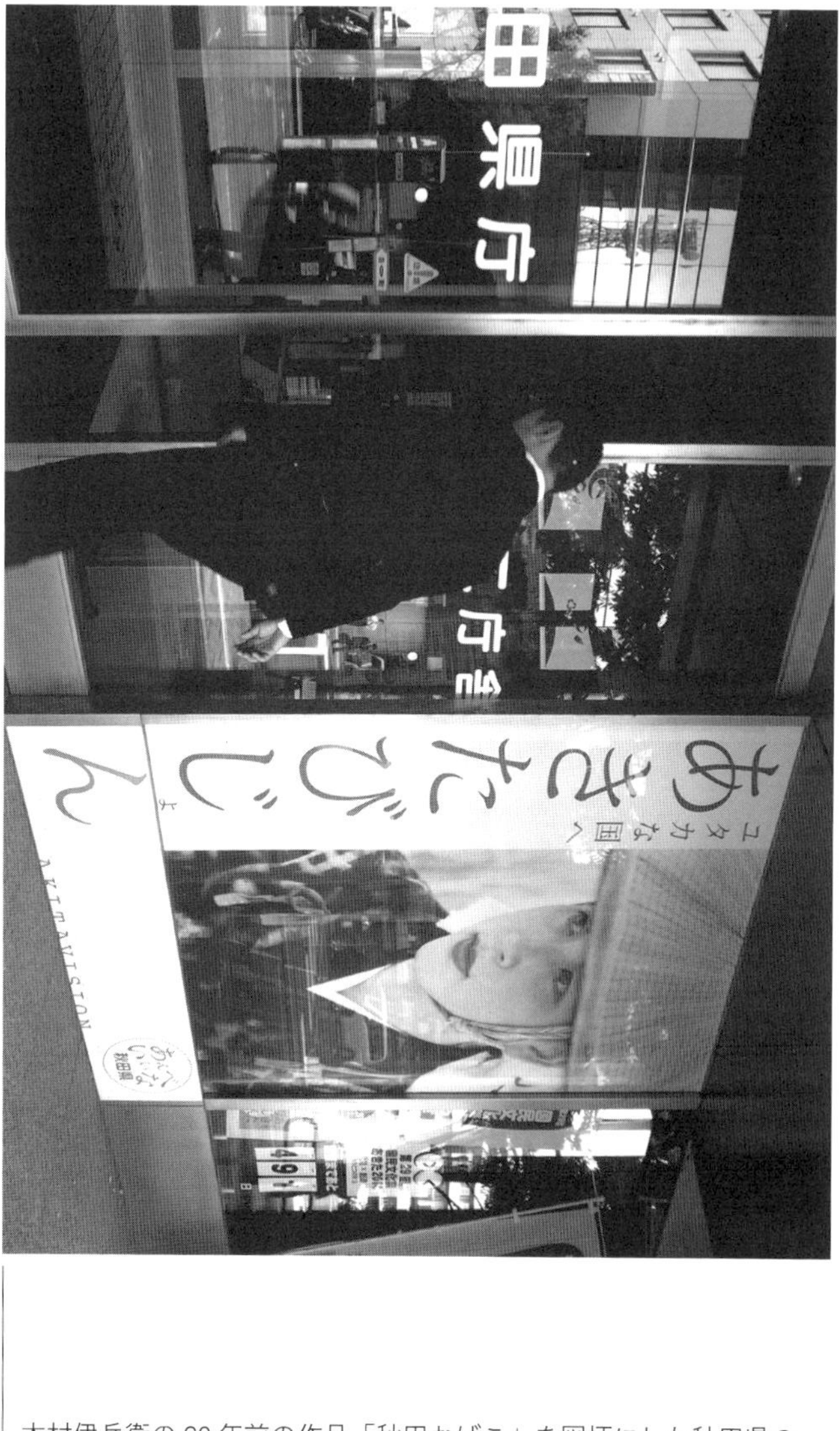

木村伊兵衛の60年前の作品「秋田おばこ」を図柄にした秋田県の大ポスター（秋田県庁第二庁舎玄関、2013年5月撮影）

さァてさてさて。秋田のお話はこれより第2幕でございます。時は大正時代。政府が自家用酒造を全面的に禁じました酒造税法改正から15年余りが過ぎました。自家用酒造は「犯罪」。その時代背景の中で某集落で事件が起きます。その名は「猫の沢事件」。この顚末の概要からはじめて後半は当事者からの聞き書きをご覧頂きます。ここでお断りでございます。紙幅の都合により本文3段、文字も小さくなってございます。ぜひ明るい場所でお目通し頂きますよう併せてお願いを申し上げます。

猫の沢事件

密造酒取締の虚像と現実

野添 憲治
著述業

「猫の沢事件」とは、1916年に現在の秋田県大仙市協和町で起きた密造酒の摘発に行った秋田税務署9人のうち4人が重軽傷を負った事件である。大審院までいきながら猫の沢集落の25人が犯罪者になった。のちに当時を知るたった1人の生存者である五十嵐セキは聞き書きで、免罪だったことを立証した。しかし、役場に保存されている「犯罪人名簿」には、無実なのに犯人にされた人たちの名前が記載され、書き改める作業はとられていない。

一罰百戒の見本に

それまでは**自家用酒醸造**の**免許鑑札**をもらうと**1石以内のどぶろく**はつくることが出来たのに、**1899年**以降は自家醸造はすべて**密造**となり、**犯則**となった。だが、それまでは免許鑑札の制度をとっていたとはいえ、農民たちはかなり自由にどぶろくをつくってきたのに、それが急に禁止となったのだからその驚きは大きかった。それは、**自分でつくった米で自分の飲む酒を自分でつくってなぜ悪いのだという考え**と同時に、**農民には高い清酒を現金を出して買える余裕のある人は、ごく少数である**ことも意味していた。これまでほぼ自由に認められてきたどぶろくが法律によって禁止になっても、現金で清酒を買えない農民たちは、追いつめられた形で非合法の谷底に沈んでいった。どぶろくは密造酒であり、発見されると罰金を課せられると知りながらも、どぶろくづくりをつづけたのであった。

自家用酒醸造が禁止になった翌年の1900年の秋田県の地元の新聞はその社説の中でどぶろく問題を取り上げ、「酒はそばと同様自家で作るべきものとの慣習は村落民に一つの観念を作り容易に抜けず、自家用酒制限されるや、彼等の不平高まり、税吏をみること疫病神のごとし、時に税吏に対し蛮行を振う愚民もあり、しかも村民一般の感情がかかる蛮行者をみること義民のごとく、犯則者に対し同情を与えつつあり、実に笑止千万なり」（秋田魁新報・7月3日）と書いている。当時の新聞は濁酒（どぶろく）矯正の運動に積極的に協力し、大規模な税務署の密造酒の摘発には新聞記者も同行して記事を書いているほか、摘発記事などもかなり大きく報じている。

この社説などもその一貫として書かれたものだが、皮肉なことに現在から見ると、**どぶろくづくりをする農民たちの行動**を詳しく伝える役目をはたしている。自家用酒醸造が禁止になっても農民たちはどぶろくをつくりつづけたし、また税吏にどぶろくを押収された家は、**「ヤマイの神（悪い神）につかれた」**として、むしろ同情の眼で見られていた。

　明治末期はもっともどぶろくが多くつくられた時期であったが、それだけに**税務署の取り締り**も厳重をきわめ、摘発にやっきとなった。だが、摘発は現品を押え、しかも醸造人が明らかでなければ罰金は科せられなかった。そこで農民たちは、あらゆる知恵をしぼってどぶろくをつくっている場所を隠すのに工夫し、税吏が摘発に来た時はいち早くその通報を広めるのに頭を使った。また税務署でも、酒を没収しても醸造人をあげなければ罰金を取れないため、摘発の行動には知恵をしぼり、**農民と税吏とのどぶろくをめぐる防政戦**が各地で繰りひろげられた。どぶろくを押収されて罰金を請求されても、期限までに現金で納めない場合は、下獄して青い獄衣（囚人服）を着ることもたびたびだった。この場合には、年寄りや女房が夫に代って労役につくことが多かった。

　大正時代に入っても、どぶろくづくりはいっこうに衰えを見せなかった。とくに**秋田県の場合は、密造酒による検挙人数はいつも全国一**であった。「大正四年間の濁酒犯検挙人員は三千一六一人、密造査定石数二九八石、罰金額八万五千二七五円で密造全国一」（『秋田県史（大正・昭和編）』）であった。だが、もともと現金を持っている農家が少ないのだから、罰金を納付できない人が多く、罰金納付ができない場合は、「一日約五〇銭に換算し、労役場に留置するという換刑処分が行なわれた。密造犯にはいかに罰金納入不履行者が多かったかは、大正五年間、罰金不納で留置された者三二四人、延日数一万二千二三九日となっている。また違反者の大部分を占める農民は、一家の働き手の代りに年寄を密造犯に仕立て労役場に送り込むことによりいわゆる『口減し』とした例が多い」（『秋田県警察史・上』）のであった。

　このようにどぶろくづくりの多いのをなんとかして撲滅しようと、矯正組合への加入勧誘をおこなったり、講演会を開いたり、ビラの配布などを次々とおこなった。1915年に密造酒取り締りのために、南秋田郡役所・秋田警察署・土崎警察署・船川警察署・五城目警察分署・秋田税務署などが連名で出した「注意書」には、「何故に国では勝手に酒を造ることを禁止したかと言ふに、我国では度々戦争に勝ってから世界中でも豪《つよ》い国の仲間入りをしたのである。従てそれ相応に兵隊や軍艦も造らねばならぬ。鉄道も敷かねばならぬといふので毎年六億円といふ巨額の金が費るのである。此の費用は皆色々な税金から出さねばならぬ。其内一億円は酒の税金で、一石二十円掛っておる。故に酒を密造するといふことは国に納むべき税金をのがれるのであるから、恰も国の金庫から金を横領すると同じことになる……」と書かれているが、最後は、しかし「密造の弊が止まぬに於ては、税務署は止むを得ず、国の為めに厳重なる取締を為して之を検挙し、多額の罰金を科する積り」とおどしで結んでいる。こうしたビラは機会あるごとに多く配布されたが、依然としてどぶろくづくりは減らなかった。

　そのため仙台税務監督局では、「東北の一大弊風ともいうべき酒類の密造を撲滅すべく、各地方官衙（役所）ほか公共機関と連絡をとり、矯正組合への加入勧誘や、講演やビラの配布など取締と防止に努めてきたが、一九一六年一月～六月までの管区内検挙件数一千五七四件、罰金額四万八千五〇五円で、やはり全国一の汚名は返上できなかった」。これまでのさまざまな運動にもかかわらず、東北がどぶろくづくりが全国一なのは、東北農村の根底にある罪悪感の欠如によるものだという見解のもとに、「取締当局としては一罰百戒の見地から厳重な取締による大量検挙以外効果はない」（『秋田県警察史・上』）ということになった。そして**1916年6月22日に仙台市で開催された東北六県税務署会議**に出席して帰庁した千葉秋田税務署長は、23日に濁酒取り締りについて大友税関課長以下の署員を集めて協議したが、この時に検挙の対象となって一罰百戒の見本にされたのが、秋田県河辺郡船岡村猫ノ沢（現大仙市協和町船岡字猫ノ沢）であった。**日本の密造酒取締史の上でも、稀な出来事といわれる猫ノ沢事件の発端**は、こうした中で起きたものであった。

次に、これまで一般に伝えられている猫ノ沢事件の全貌を、これまですでに刊行されている『東北六県酒密造矯正沿革誌』『秋田県警察史・上』を中心に、この事件を報道した新聞記事などをその中にはさみながら辿ってみたい。しかし、これらは**税務署側など取り締りにあたった当局の資料に基づいて書かれたもの**であり、のちに猫ノ沢事件にふれて書いた人も多いが、実際に猫ノ沢に足を運ばずに孫引きの形でこれらの記述を引用している。

猫ノ沢へ摘発隊

『協和村郷土誌』によると、猫ノ沢集落はいつごろに出来たものかはっきりしないという。伝説によると、猫ノ沢とさらに300メートルほど奥にある庄内は昔は男潟と呼ばれる湖で、峠を越した岩見三内村鵜養の湖が女潟と呼ばれていた。旭又沢の奥に船頭峯という峯があるが、これは中川村山谷川崎に出て角館、桧本内に通ずる道路で、その昔、中川村方面から来る船頭たちの通路であったために、この名が付いたといわれている。

いつの時代か不明だが、この男潟の潟尻が破れた時に、大船が猫ノ沢集落の後方の台地で動かなくなったので、ここを「巨船ケ台」と呼ぶようになったと伝わっている。猫ノ沢という地名は、坂上田村麻呂が東夷征伐の時に同地に滞在したが、この地を出立する時に1匹の飼猫を放したのが小猫沢で、その以後はこの地を猫ノ沢と呼ぶようになったというが、猫ノ沢に田村姓が多いのも、田村麻呂にちなんだものといわれている。

このように伝承的には古いところだが、現在とは違って交通は非常に不便なところであった。1914年以前に猫ノ沢に入るには、左側の旧道であるニゼの山坂を登り、鈴ケ森を越えて行かなければならなかった。鈴ケ森はその昔、ニゼ豊後守が居城した城跡であるとも伝わっている。

では、猫ノ沢事件が発生したころの船岡村猫ノ沢は、どのように見られていた地域だったろうか。「秋田毎日新聞」によると、「**由来船岡村ハ人気ノ陰険ナルトコロニシテ密造酒ノ如キ盛ンニ醸造シ四季絶エストノ風評専ナルモ如何セン交通不便ノトコロニテ常ニ臨険スルコト能ハス殊ニ冬季ノ如キハ困難ヲ感ジツツア**

リシ村ナリ」（一九一六年六月二六日）と書かれている。

また、『秋田県警察史・上』では、「当時の猫ノ沢部落は本村より約九キロ隔った山間の避地で、戸数約一〇戸、人の気質は荒く交通不便のため司直の手が延びないことを幸いに、山林の盗伐や賭博など村風も極めて悪かった。濁酒密造も盛んで前年に引続き、部落で共同して、麹《こうじ》室《むろ》という大箱四つを設置し、毎月持廻り製麹《せいきく》していた」と書かれている。

また、事件発生後に猫ノ沢に行った千葉税務署長の談として、「猫の沢部落民にありては其の大胆さ加減は驚くべく後同部落民に其の惨事を問ふに『そんな事がありましたか』と一向知らざるものの如く装う中には税務署の人と喧嘩し村の若者も一人殺されたなどと空とぼけ居る有様は実に憎らしき次第なり」（秋田魁新報・1916年6月27日）という記事が載っている。こうした記述を見ても判るように、船岡村も含めた猫ノ沢というところは、「村風も極めて悪い」とか、「人気ノ陰険ナルトコロ」とか、「其の大胆さ加減は驚くべく」と書かれているように、事件が起こる以前から一種特別な地域であるように見られていたし、そうした先入感が強く持たれていたところであった。

ところで1916年6月23日に、前日に仙台の東北六県税務署長会議に出席して帰った千葉秋田税務署長は大友税関課長以下の署員を集めて協議した結果、一罰百戒の見本として船岡村猫ノ沢を検挙の対象とした。猫ノ沢では共同の麹室という大箱4つを設備していて、毎日持ち廻りで製麹しているという報告も受けていたため、大量の密造酒があるのは間違いないと考えてのことだった。検挙に向かう一行は大友課長、切田、木村、庄司、斉藤、平田、高橋の各属《さかん》に雇員2名を加えた9人であった。一行に対して千葉秋田税務署長は、「村民結束し、犯跡を晦《くら》ますので、検挙は困難であり、また密造者のなかには全く罪悪感がなく、むしろ税務署に反感をもつものが大多数であるから一挙一動に留意するように」と訓示しているし、ちょうどその日に来署中の鈴木鷹巣署長から苦心談などを聞き、その日の秋田駅発午後11時40分の上り列車に乗り、翌24日午前2時ころに奥羽本線境駅に下車した。ところがその夜は豪雨だったので、予定よりかなり遅れて猫ノ沢に着くと、午前5時ころから1戸ごとに立会人をつけて調査した。ところが猫ノ沢では、摘発隊が来るという情報を前日にすでにつかんでいて、現品をきれいに処分していた。「各戸ニ臨検シ捜索セルモ濁酒ヲ盛レル桶ノ怪シキ節ナキニアラサレト綺麗ニ洗ヒ去ラレ」ていて、なんの証拠にもならなかった。一行はひとまず猫ノ沢を引きあげ、300メートルほど奥にある庄内に向かった。

一行は川ぶつ（川縁）の細道を庄内に向かって進み、小学校のあるところまで行きかかった時に、五十嵐鉄之助（当時36歳・今後の年齢はすべて当時）が後の方から急ぎ足で一行を追い抜いた。**酒調べ**が来たのを庄内に知らせに行くのではないかと気づいた税吏は、「こら、どこさ行く?」と聞いたところ、さきほど税吏に土足で家の中を調べられた鉄之助は腹糞が悪かったので、「てめえらに用はねエ、このバカヤロウ!」と言い捨て、庄内方面に行ってしまった。

ところがそれから間もなく、庄内の方から鉄之助の妻のヨツコが蓑笠姿でやって来た。ヨツコはなんとなく挙動不審なので、これはてっきりどぶろくを隠しに行った帰りだと疑った税吏は、「どこに行ってきた」と聞くと、「あんまり雨降るんで、田さ水除けに行って来たのス」と答えた。しかし税吏はそれを疑って、それでは念のためにその田へ案内させようとしているところへ、さきほど追い越して行った鉄之助がもどってきた。妻のヨツコが税吏にいじめられていると見た鉄之助は、「なして女を引っ張り回すのだ」と叫びながら、一行のうちの木村属に組みついて倒したが、人数の多い摘発隊は逆に鉄之助を組み伏せて殴りつけて、庄内へ去って行った。

摘発隊に殴られて口惜しさに腹が煮えかえっていた鉄之助とヨツコは猫ノ沢に帰る途中に、通りかかった松太郎（46歳）と会ったので、「いま税務署の役人にやりこめられて、もう少しで殺されるところだった。皆を集めてくれ」と頼んだ。松太郎はすぐ猫ノ沢に引き返すと、大声ですぐ集まってくれと叫び歩いた。部落惣代の五十嵐七蔵（49歳）をはじめ、十数人がすぐに集まった。

一同は小学校のところで鉄之助から話を聞き、税吏に対する反感は一度に爆発した。日ごろから税務署に対して憎しみをもやしていた人たちだったので、鉄之助に対する暴行の復讐と、この際に彼らを徹底的にこらしめて二度と濁酒検挙のために来られないようにしようと、たちまち復讐の謀議が成立した。相談がまとまるといったん家に帰り、摘発隊の一行が庄内から猫ノ沢に帰ってきたら盤木を打って合図をするので、それぞれ武装して出てくることになった。偵察には七蔵の息子の角之助（27歳）があたることになった。

傷害事件起こる

猫ノ沢から庄内に向かった一行は、庄内でも1軒のこらず捜索をしたが、ここでも何も出てこなかった。かならず大量のどぶろくが押収できると思ってきたのに、戦果を1つも挙れなかった摘発隊の一行は、昨夜から眠っていない疲れも加わって、重い足どりで庄内から猫ノ沢に向かった。

若者を1人連れた角之助は、物陰にひそんで摘発隊の一行が帰ってくるのを待っていた。一行は途中でどぶろくを隠してありそうに見えた白山神社も調べたが、ここでも一件も見つけることが出来なかった。摘発隊の一行が白山神社あたりから来たのを見つけた角之助は、連絡の若者を松太郎の家に走らせた。松太郎の合図で斉藤善蔵は、石田長吉の軒下に吊していた盤木を乱打した。これを聞いて、約30人ばかりの農民たちが蓑笠に身をかため、それぞれ鎌や鉈、棒などを手に持って集まってきた。農民たちは10人ぐらいの編隊になって、白山神社から猫ノ沢に向かって来る摘発隊のところに進んで行った。

それとは知らぬ摘発隊は、降りつづく雨でどろんこになった農道を歩いてきた。ふと道路の前方に、蓑笠姿の農民の一団が来るのが見えた。不審に思った大友課長は、「一本道だから避けられないが、擦れちがいざまに衝突が起こってはいけない。こちらは身を低くして通るに限る」と一同に言い聞かせて進んだ。ところが眼の前に現われた農民たちは、手に手に武器を持っているし、先頭の男は番傘を差しているので顔が見えなかった。

いよいよ危険を感じた大友課長は、擦れ違う時に帽子をとって会釈をしたところを、ガンと後頭部を一撃された。摘発隊の一行は無防備だったから、田植を終わったばかりの田んぼや畔は、たちまち修羅場となった。大友課長が田んぼに倒れたので、その後にいる庄司属が頭から斬りつけられた。さらに逃げかけている切出属も、背後から斬りつけられ、木村署員も高橋署員も追いつかれて殴る、突く、刺すなどを受けた。この結果、大友課長、切出属はひん死の重傷を負って人事不省となってその場に倒れたが、その他の摘発隊は散り散りに逃走し、さきほどまでどぶろくを捜索していた庄内に救いを求めて走った。傷害を負ったのは4人だったが、他の2人はゴムの雨合羽をまとい、頭も帽子の上に雨覆いを被っていたこともあって、たいした深手も負わずに済んでいる。

こうして惨事がようやくおさまった時に、猫ノ沢から老爺が現場にやって来ると、2人の税吏が人事不省になって倒れているのを見た。老爺は急いで家に引き返すと、布切れを持って現場にもどり、馴れない手つきで仮死状態になっている2人の傷口を、その布切れで繃帯したり、血止めをおこなったりした。

税務署員に対する気持は庄内の人たちとて同じだったが、しかし目の前に血を流した摘発隊があらわれると、事態はまったく異なってくる。庄内の青年会や消防団員が緊急に集められると、猫ノ沢近くに倒れている重傷者を担架にのせて救出し、内野まで運んだ。さらに内野でも青年団と消防団員が非常召集され、その人たちの手で境駅に運ばれ、秋田病院に入院したのだった。

また、庄内に難をのがれた署員は、庄内の人を使って船岡村駐在の巡査に事件の終始を知らせてもらった。驚いた鎌田巡査が現場に向かっている途中に、荒川鉱山発電所の電話修理工夫と会った。鎌田巡査は荒川鉱山病院の医者に出張を頼むとともに、事件の大要を説明して荒川巡査部長派出所を通じて、秋田警察署に電話してくれるように頼んだ。

連絡を受けた秋田警察署ではすぐに現場に急行し、負傷者の救助にあたった。とくに高橋属は、いつまでたっても姿をあらわさないので、一時は殺されて死体がどこかに投げられているのではないかというので、大騒ぎになった。現場になった田んぼはもちろんのこと、白山神社やその裏山などを大勢の人が探しまわったが、それでも見つからなかった。ところがその人は、逃げる時に一行とはべつの行動をとり、1人で山を越して宇津野集落に出て元気でいることがわかり、大騒ぎもようやくおさまるという一幕もあった。

　負傷者の救助が一段落すると、こんどは犯人の検挙がおこなわれた。猫ノ沢の男たちはもちろんのこと、女や子どもまでも取り調べを受けた。その結果、拘引者となったのは七歳以下8人で、きびしい取り調べののちに未決の鉄窓につながれた。7月26日に七歳以下26人に対する予審が終結し、秋田地方裁判所の公判に付されたのだった。

　この**猫ノ沢事件に対する各新聞の記事の取扱い**は、非常にきびしいものだった。**酒調べに来た税吏に対する抵抗は各地で繰り返されている**が、人身が傷を受けるというのは山梨県下の某税務署員が惨殺され、その屍体が山野に埋没されていた事件に次ぐものだけに、世間の注目も大きかったし、捜査当局の態度もきびしいものだった。これまでどぶろくの禁止に同一歩調をとってきた新聞が、きびしい書き方をするのはその意味でむしろ当然のことでもあった。

　頭部に3ヵ所の傷を受けた大友課長の談として、

「暴民ノ敵愾心ハ如何ニ強烈ナリシモノカ危害ヲ加フルニ当リテ『口惜シカツタラ告訴スロ』ト連呼セルコトナリシカ密造矯正ノ為メ我々ノ遭難カ若干ノ刺戟ヲ社会ニ与フルモノナリトセバ職ヲ奉スル身ノ露些サカ身命ヲ惜シムドコロニアラサルモ和衷協同ヨク親睦シ前夜ノ如キ不眠行動ヲ共ニシ呉レタル同僚ノ欺ク数人ヲシテ危害ニ遭ハシメタルコトハ実ニ痛心ノ到リナリ」（秋田毎日新聞・1916年6月26日）

　また、千葉秋田税務署長の談として、

「彼れ等は始めより一行を殺害の意志に出てたるや又は群集心裡の作用にて偶発せるものなるや不明なれど欺かる惨事の発生せるは遺憾とする所、負傷署員が如何に惨めな目に遇へしかは一同の被服外套上着果てはシャツ書類入れ風呂布握り飯迄鮮血附着し一見実に悲惨を極め戦慄すべきものありき」（秋田魁新報・1916年6月27日）

と報じている。

　この事件が起きたあとの猫ノ沢では、多数の検挙者を出したのは郷村の不面目であるとして、小学校に子どもまで全員が集められた。そして山下秋田署長、平田税務署属、船岡村長、小学校長などから、**どぶろくがいかに弊害の多いものであるかという講話**を聞き、猫ノ沢の人たちは一致して**密造皆無を誓った、と新聞は報じ**ている。

大審院でも棄却

猫ノ沢事件に対する公判は秋田地方裁判所でおこなわれ、１９１６年10月19日に結審をみた。ところがその結果は、無防備の税吏に対して農民多数が共謀して凶器を振い、暴虐の限りを尽したのは全国にその例を見ないとして騒擾罪が適用された。また、公務執行妨害罪と傷害罪とも併せられたため、罪名は騒擾公務執行妨害傷害被告事件と呼ばれ、次のようなきびしい判決を受けた。新聞などでは、騒擾事件と書いているのもある。

懲役六年　五十嵐七蔵　五十嵐鉄之助
懲役五年　五十嵐角之助　斉藤留吉　五十嵐鶴吉
懲役一年　田村金蔵　五十嵐松太郎　斉藤辰蔵　石田長蔵　田村兼蔵
罰金三〇円　鈴木久米治　斉藤文治　豊嶋金四郎
罰金二〇円　斉藤直治　石田兼蔵　石田兼治　田村丹蔵　五十嵐長之助　田村金松　五十嵐専之助　石田長四郎　斉藤久治　田村留五郎　田村喜代治　田村甚五郎
無罪　斉藤友吉　斉藤金助

だが、あまりにもきつい判決な上に、「事実誤認が多くあって、判決には納得ができない」として、七蔵たち15人は弁護士を通じて宮城控訴院に控訴した。だが、翌１９１７年６月22日に宮城控訴院から出された判決は、控訴棄却であった。第一審の判決を、そのまま全部を認める判決であった。

しかし、この判決を承服することが出来なかった七蔵たちは、こんどは思いきって大審院に上告したのだった。上告の手続きと弁護にあたったのは、その当時の日本の法曹界でその名を広く知られていた法学博士・花井卓蔵と、鶴田忞であった。花井ら弁護士は、第一審は擬律錯誤や理由不備の不法があるとして、いくつかの実例をあげながら駁論した。

しかし、大審院は１９１７年11月３日に上告をしりぞけ、次のような棄却の判決を言い渡した。

大正六年（れ）二二六号

判決書

秋田県河辺郡船岡村船岡字猫沢道ノ下
　百五番地　平民農
五十嵐七蔵
　明治元年十一月十三日生
前同所　平民農
五十嵐鉄之助
　明治十四年十二月二十五日生
前同所　平民農
五十嵐角之助
　明治二十三年十二月十日生
前同字三十九番地　平民農
斉藤留吉
　明治十一年四月七日生
前同村船岡乙百六十九番地　平民農
五十嵐鶴吉
　明治五年十二月二十六日生
前同村船岡字猫沢道ノ下十二番地　平
民農
田村金蔵
　明治十九年三月十日生
前同村船岡百七十六番地　平民農
五十嵐松太郎
　明治四年六月十七日生
前同村船岡字猫沢道ノ下百四十四番地
　平民農
斉藤辰蔵
　明治二十八年一月五日生
前同字百十三番地　平民農
石田長蔵
　明治三十三年四月二十一日生
前同字百十八番地　平民農
田村丹蔵
　明治十五年一月二十六日生
前同所　平民農兼松事
田村金松
　明治二十四年二月十日生
前同字百六十四番地　平民農
田村兼蔵
　明治十五年八月三日生
前同字百四十五番地　平民農
斉藤久治
　明治二十七年五月二十五日生
前同字百十八番地ノ一　平民農富五郎
事
田村留五郎
　明治十六年二月二十一日生
前同字百十七番地　平民農
喜代松事
田村喜代治
　明治七年四月二十日生
右騒擾公務執行妨害傷害被告事件ニ
付大正六年六月二十二日宮城控訴院ニ
於テ言渡シタル判決ニ対シ各被告ハ上
告ヲ為シタリ因テ判決スル左ノ如シ

本件上告ハ之ヲ棄却ス

理　由

弁護人法学博士花井卓蔵鶴田忞上告趣意書第一点原判決ハ被告七蔵ヲ騒擾罪ノ首魁トシテ処断セリ然ルニ同人ニ関シ原判決ノ認定シタル事実ハ松之助カ自ラ嘯集シタル群集ニ対シテ誇大ノ吹聴ヲナシ税務属等一行ニ復讐ノ決意ヲ表示シタルニ対シ七蔵カ「群集ニ対シテ鉄之助ノ為メ相協力シテ税務属等ヲ膺懲シ遣ラント提言シ追テ税務属帰来ノ際ハ盤木ヲ打チテ合図ヲ為スニ付キ多衆結束シテ出動スヘキ旨ヲ申聞ケ」テ群集ヲ煽動シタリト言フニ在リテ卒先助勢ノ行為ヲ認定シタルナリ然ルニ原判決カ之ニ対シ刑法第百六条第一号ヲ適用処断シタルハ擬律錯誤又ハ理由不備ノ不法アルモノト信スト謂フニ在レトモ原判示ニ依レハ被告七蔵ハ所論摘記ノ如ク群集ヲ煽動シタルモノニシテ由テ群集ノ騒擾ヲ惹起シ其騒擾中自ラ群集ノ行動ヲ監視シタル者ナレハ之ヲ以テ首魁ト為シ所論判示ノ法文ニ依リ処断スヘキハ勿論ニシテ原判決ニハ毫モ所論ノ如キ不法アルモノニアラス論旨理由ナシ

第二点原判決ノ認定シタル被告角之助兼蔵ノ行為ハ両人カ税務属ニ暴行ヲ為シタルコト松太郎ノ行為ハ合図ノ盤木ヲ乱打シテ多衆ノ出動ヲ促シタルコトニシテ何レモ単純ナル暴行又ハ群集出動ノ合図ヲ為シタルニ過キサルモノナリ之ヲ以テ群集ノ気勢ヲ昂メ騒擾ノ度ヲ助長シタルモノト謂フコト能ハス然ルニ原判決カ之ニ対シ刑法第百六条第二号ヲ適用処断シタルハ擬律錯誤又ハ理由不備ノ不法アルモノト信スト謂フニ在レトモ原判示ニ依レハ被告角之助ハ人ヲシテ旨ヲ被告松太郎ニ伝ヘシメ松太郎ハ其意ヲ受ケ人ヲシテ群衆出動ノ合図ヲ為サシメ以テ其勢力ヲ助ケ又被告角之助及兼蔵ハ判示税務属等ノ逃クルヲ追跡シテ暴行ヲ為シ以テ卒先助勢ノ行動ヲ為シタル者ナルヲ以テ各被告等ノ行為ハ刑法第百六条第二号ニ該当スルコト勿論ニシテ原判決ニハ所論ノ如キ不法アルモノニアラス論旨理由ナシ

第三点原判決ノ認ムル所ニ依レハ本件騒擾ノ群集ハ鉄之助ノ為メ税務属等一行ノ帰途ヲ要シ復讐ヲ為サント欲シタルモノニシテ毫モ税務属等一行ノ職務執行ヲ妨害スルノ意識アリタルモノニアラス却テ其ノ職務執行ヲ終リテ帰途

ニ就ケルヲ襲撃シタルモノナルコト明カナリ然ルニ原判決カ之ニ対シ刑法第九十五条第一項ヲ適用処断シタルハ擬律錯誤又ハ理由不備ノ不法アルモノト信スト謂フニ在レトモ原判示ニ依レハ税務属ハ判示白山神社附近ノ田圃堰端等密造酒隠蔽ノ疑アル場所ヲ取調ヘ再ヒ猫沢部落ニ向ハント欲シ同神社前ニ来リタルモノニシテ捜索継続ノ途中ニアリタルモノト認ムヘク而シテ原判決ノ全趣旨ニ徴スレハ被告等カ税務属等一行ノ職務執行ヲ妨害スル意思アリタル事実ヲ認定シタルモノト解スルヲ得ヘク該判示事実ハ判定列記ノ証拠ヲ綜合判断シテ之ヲ認ムルヲ得ルカ故ニ論旨理由ナシ

第四点本件第一審判決ハ「上略被告鉄之助ハ之ト別レ部落ニ立帰リタル上部落民ニ対シ税務属一行ヨリ不当ノ暴行ヲ受ケ将ニ殺害スラルル所ナリシト虚偽ノ報告ヲ為シタルヨリ言々」ト判示セルニ対シ原審判決ハ「上略部落民多衆ノ助力ヲ得テ報復スル所アラント欲シ『ヨッコ』ハ其場ヲ通行セル被告松太郎ニ対シ鉄之助カ税務属等ノ為メ暴行ヲ受ケ、将ニ殺サレントセシヲ以テ人ヲ集メ呉レト頼ミ松太郎ハ之ニ応シ救ヲ呼ヒッツ居村部落小学校附近ニ至ルヤ云々」ト判示シ原判決ノ認定事実ヲ是正シタルニ拘ハラス被告等ノ控訴ヲ棄却シタルハ法則ニ背反スル不法アルモノト信スト謂フニ在ノトモ原判決及第一審判決ノ認定スル事実カ何レモ同一ノ犯罪ヲ構成スル以上ハ其以外ノ枝葉ノ事実ニ多少ノ相違アリトスルモ両判決ハ事実ノ認定ニ於テ互ニ一致スルモノト認ムルヲ正当トス而シテ原判決ハ第一審判決ト等シク本件公訴ニ付キ騒擾ノ罪ト為ルヘキ事実ヲ認定シタル点ニ於テ一致シ所論ノ差異ハ此事実ニ影響ヲ及ホスモノニアラサルカ故ニ原審ニ於テ処論ノ点ニ関シ第一審判決ヲ取消ササリシハ正当ナリ論旨理由ナシ

第五点原判決ハ其証拠説明ノ部ニ於テ「大友喜四郎第二回予審調書ニ具供述トシテ云々切田属ト思ハルル者ヲ追ヒ掛ケシ（男被告鶴吉ナリト認ム）ハ直ニ引返シ云々ト説示セリ」然ルニ記録ニ就キ之ヲ閲スルニ同人ノ右調書ニ於テハ原判決説示ノ如ク切田属ト思ハルル者ヲ追ヒ掛ケシ男ハ被告鶴吉ナリト認メタル趣旨ノ供述記載ハ絶対ニ存在セス仍テ此点ニ於テ原判決ハ虚無ノ

証拠ヲ断罪ノ資料ニ供シタル不法アルモノト信スト謂ヒ第六点判決ハ其証拠説明ノ部ニ於テ「医師中安進鑑定書ニ云々（一）云々（被告鉄之助ノ所為ト認ム）云々（二）乃至（四）ハ被告鶴吉ノ所為ト認ム）云々トノ記載アル旨説示セリ然ルニ同人ノ右鑑定書中ニハ原判決ノ摘示スルカ如キ「被告鉄之助ノ所為ト認ム」「以上（二）乃至（四）ハ被告鶴吉ノ所為ト認ム」ト言フカ如キ記載ハ絶対ニ存在セス仍テ此点ニ於テ原判決ハ虚無ノ証拠ヲ断罪ノ用ニ供シタル不法アルモノト信スト謂フニ在レトモ所謂原判決ノ証拠摘示中括弧ヲ施シタル部分ハ原審ノ判断ヲ挿示シタルモノニシテ前顕予審調書又ハ鑑定書ニ其記載アリトシテ之ヲ引用シタルモノニアラスト認ムヘキモノナルカ故ニ論告理由ナシ

第七点本件第一審判決ハ被告松太郎ノ下調ヲ為サスシテ公判手続ヲ遂行シタルコト洵ニ原判決ノ判示スル所ノ如シ故ニ第一審公判ハ重要ナル訴訟手続ニ違反シタル不法アルモノニシテ従テ其公判始末書モ亦当然其不法性ヲ受継シ法律上当然無効ナルヘキ筋合ナリ然ルニ原判決カ第一審公判始末書ヲ本件断罪ノ資料ニ供用シタルハ法則ニ背反シ事実ヲ不当ニ認定シタルモノト信スト謂フニ在レトモ記録ヲ査閲スルニ被告松太郎ニ対スル公判下調調書ノ存スルコト明カニシテ該調書ノ作成日附ニハ明治四拾ト言フ不動活字ノ傍ニ特ニ大正五ノ三字ヲ記載シアリ此記載ハ独立ノモノニシテ挿入ト認ムヘキモノニアラス而シテ此下調カ大正五年八月二十二日ニ行ハレタルコトハ同調書冒頭ノ記載ニ依リ明白ニシテ作成ノ日附ノ部ニ於ケル前不動活字ハ誤テ衍字ヲ存スルニ過キサルコト寔ニ明瞭ナルヲ以テ右調書ヲ無効ト為スヘキモノニアラス従テ第一審公判ノ手続ニ不法ノ点アルコトナク該始末書ヲ証拠ニ引用シタル原判決モ不法ニアラス論旨理由ナシ

右ノ理由ナルヲ以テ刑事訴訟法第二百八十五条ニ依リ主文ノ如ク判決ス

検事矢追秀作干与

大正六年十一月三日

大審院第三刑事部

裁判長判事　棚橋　愛七
判事　遠藤　忠次
判事　堀田　馬三
判事　中西　用徳

判事法学博士　泉二　新態
裁判所書記　高橋宗次郎

これによって猫ノ沢の農民たちは、約1年にわたる法廷闘争に敗れて、第一審どおりの罪に問われることになった。最高が懲役6年の七蔵と鉄之助の2人、5年が角之助・留吉・鶴吉の3人、1年が金蔵・辰蔵・長蔵・兼蔵・松太郎の5人で、10人が獄に下った。また、罰金刑を受けた15人は、それぞれ罰金を払ったのであった。

欠落する民衆側の真実

これまでたどってきたのが、取り締りにあたった税務署と警察署、それに新聞などに基いて描いた猫ノ沢事件の全貌である。しかも、これまでは取り締られ、検挙された側からの報告や発言などは公表されることがなかったし、冒頭でも触れているように、猫ノ沢事件を書いた人たちも自ら猫ノ沢に足を運び、事件を知っている生存者などに直接に確かめるということもなく、いわば公的な資料を孫引きしながら書いてきたため、猫ノ沢事件とはこういう事件なのだというのが一般的な見方になっていた。大審院からも棄却されるほどの極悪な事件であり、事件の詳しい経過を知らない人たちにとっては、「いくら酒調べでも、みんなで寄ってたかって半殺しにするのは、よくねエことだ」と言う周辺の農民も多かった。

また、**取り締りにあたる当局側もこの事件の内蔵しているどぶろくをつくる農民側の悪さを徹底的に世間に暴露**した。いわば一罰百戒の見本として、さらし首にしたのであった。次の資料などは、そのあたりの事情をよく語っている。

「事件ノ調査ハ微ニ入リ細ヲ穿チ当時ノ情況ハ次第ニ世人ノ前ニ赤裸々ニ説明セラルルニ及ヒ始メテ税務当局ノ措置穏健ニシテ毫末モ批難スヘキ余地ナキコトヲ明カニセラレ被告人二十有五名ハ重キハ懲役六年ヨリ軽キハ罰金二十円ニ夫々有罪トナリタルヲ以テ従来税務当局ニ悪感ヲ懐キタル民心モ為ニ一変シテ密造犯者ニスル同情カ漸次薄ラキ来リ秋田県ニ於ケル密造矯正気分ノ緊張ハ本件ノ発生ヲ以テ一大革新ノ端ヲ促進シタルノ観アリ

斯クシテ従来税務官吏ノ臨検ヲ以テ蛇蝎視シ地方ニヨリテハ地方ノ旅舎ヲ

シテ税務官吏ヲ宿泊セシメサル時代サヘアリタルニ今ヤ地方有力者カ税務官吏ノ巡回ノ序立寄ラサルヲ遺憾トシ惑ハ密造矯正ヲ口にスルヲ栄誉トスルノ傾向ヲ呈スルニ至レリ」（『東北六県酒類密造矯正沿革誌』）

だが、過去に日本で起きた多くの事件がそうであるように、**この猫ノ沢事件もまた、民衆側の真実が埋もれたまま**になっているために、事件の姿がかなりいびつになって伝わり、語られてきている。しかも、秋田地方裁判所、宮城控訴院、大審院でおこなわれた裁判そのものが、事実とはかなり違う部分が多いままに判決が下されているのである。

筆者はこの事件を調べるために何度も猫ノ沢に足を運んだが、１９１６年発生というこの事件は、土地の人たちにとってはまだ生々しいものであり、聞いても語りたがらない人が多かった。また、これとは反対に、事件が起きてから過ぎた60年という歳月は、直接にこの事件に関係した多くの人たちはすでにこの世から去っていることであった。

そうした中で、当時は青年団長で、この事件に荷担したとして懲役5年の刑を受けた五十嵐角之助の妻・セキさん（84歳）が生存していることであった。この事件のあった時にセキさんは24歳で、その時に腹の中にいたという長男がいま家を継いでいるが、まだ記憶も鮮明なセキさんの話をたどりながら、これまではまったく知らされていない猫ノ沢事件の**もう一つの側面**を見ていきたい。

五十嵐セキさんの証言

セキさんは１８９２年11月29日に、この事件の起きた船岡村猫ノ沢の農家・斉藤健蔵の５人兄弟の２番目に生まれた。

現在、猫ノ沢には59世帯あるが、そのころの猫ノ沢にはセキさんの記憶によると、20軒をわずかに越したばかりの家よりない小さな集落であった。その当時は交通も非常に不便で、坂道を歩き、森を越さなければ本村には行けなかった。

セキさんが物心ついた時には学校があったが、かならずしも入学しなくともよかったし、入れなくともよいという時代であった。また、学校に対する周囲の認識も、「百姓にさせるのだったば、小さい時から死ぬだけ稼がせればいいし、先生とか役場さ勤めさせるのだったば、頭がらがりっと学校さ入れればいい」というのであった。農業を継ぐ子どもや、農家へ嫁に行く子どもに勉強はいらない、子どもの時から働かせることだというのが、この猫ノ沢にかぎらず農村の全般的な風潮であった。

　それでもセキさんは、小学校には入学した。だが、今日は子守りをしろ、今日は畑の草取りに行け、今日は田仕事に一緒に行こうと、毎日のように親から言いつけられた。「1年の時だば、何日も学校さは行がねがったなア。そうだな、10日くらいも行ったべがア」ということだったが、そのころは特別に裕福な家の子どもでないかぎり、ほとんどの子どもがこうした生活をしていた。セキさんも学校に行けないことを少しも疑問に思わず、親の言いつけどおりに働きに歩いた。

　4年で小学校を終わると、もう一人前の働き手であり、嫁入り支度として針仕事なども習った。だが、そのころは専門に針仕事を教える人はいなかったので、冬季間などに針仕事の上手な人のところに行ってつくるのを見たり、母から聞いたりして覚えたものだった。そのころの着物は女たちが自分の手で縫ったので、針仕事の上手下手は、嫁入り前の女性にとっては非常に大切なことであった。

　セキさんは、16歳の時に嫁入りをした。

「そのころだば、17とか18になれば、嫁になったもんだア。20前に、みんな嫁になったものだでばア。おれが16の時、この家さ嫁に来たのだども、親父は角之助で人で、青年会長やっていた。その時におれの爺さま、舅だしな、爺さまが部落総代やってで、七蔵という名前であったものね」

　セキさんは同じ猫ノ沢の、五十嵐角之助に嫁いだのだった。角之助の家の先祖は、猫ノ沢にはじめに来てこのあたりを拓いたと伝わっている古い家柄で、猫ノ沢の総本家のような立場にあった。猫ノ沢の神社になっている白山神社も、五十嵐家の氏神であった。そのため七蔵は部落総代を、息子の角之助は青年会長をやっている。猫ノ沢でもカマドの大きな家であった。セキさんが嫁入りした時に、田んぼが二ヘクタール余、畑が20アールほどのほかに、山林はあまり持っていなかった。もともと猫ノ沢は共有林は多く持っていたが、個人の山持ちはあまりいないところだった。

　その当時の嫁入りの情景を、

「あのころだば、嫁取りたってな、たいした料理もしたわげでねたって、酒はよぐ飲んだね。はじめの日は客たちだスべ。次の日はこんだ、式さ呼ばらなかった友だちだの、青年会の人だちよばって飲んで、3日目にこんだ、手伝いに来てけた人だちにご馳走したから、まず3日は飲んだものであった」

　と言っているように、**酒・酒・酒の3日間**であった。もちろん、全部どぶろくだった。

「おらが嫁に来たころだば、ほんとによく飲んだものだったたな。家でも猫ノ沢でも、なにか集まりがあれば酒がつきものでな。男も女も、よく飲んだスね。おらの家でも大きな桶さつくってな、おれの家の味コ見でけれ、いやおれの家の酒コの味も見でけれといってな、酒コを飲み合ったものだス。おれも娘の時から、酒造りの手伝いさせられたから、嫁に来た時はちゃんとつぐれであったスよ」

　とセキさんは言う。

　酒役人も、よく調べに来たという。山奥の村では、巡査よりも役場の村長よりも、酒役人を恐がった。酒役人にどぶろくが見つかると、どぶろくが桶やカメごと持っていかれるうえに、重い罰金がきたからだった。酒役人にどぶろくが見つかると、

「なんしてそんなざましてる」

　と、怒られたものだったという。どぶろくを酒役人に見つかる家は、よほど間抜けていると見られたのであった。酒役人が来るのはだいたい判ったので、その前に山とか田んぼに隠したり、捨ててしまったり、飲んでしまったりして処理をした。それでも見つかるのだから、間抜けていると言われても仕方がなかったのである。

　ところがその猫ノ沢で、セキさんが嫁になって2年ばかりの間に、どぶろくをつくれないようになってきた。というのは、猫ノ沢にも清酒や焼酎を売る**酒屋**が出来たからだった。どぶろくを多くつくられると、清酒や焼酎が売れなくなるので、酒屋ではその対策の1つとして、**どぶろくをつくっている家を税務署に密告した**。狭い村でのことなので、どこの家ではどこの場所に、どれくらいのどぶろくをつくっているかは、だいたい見通しがつくことが多かった。

　酒役人が来た時に、密告によるものか

どうかは、すぐにわかったという。

「酒役人が来ると、その家に真っすぐに行って、しかもな、どぶろく置いであるところに、ぼっつり行くものな。はじめて来る家で、しかもどぶろくのあるどこさ行くものだから、これだば密告だなと、すぐに判るものな。神様だたて、そんだこと出来るものでねエものな」

とセキさんも言うように、密告を受けて来た場合はすぐに判った。しかも、目ざして来た1軒か2軒でどぶろくを見つけると、あとの家は探したりせずに、すぐに帰ってしまった。

こうした事情もあって、猫ノ沢事件が起こった1916年ころになると、どぶろくづくりはかなりなくなっていた。それでももちろんつくってはいたが、その前とは比べものにならないほどつくらなくなっていた。どぶろくから次第に、カネを出して買う清酒とか焼酎を飲むようにと、猫ノ沢あたりでも変わりかけてきた時であった。

セキさんは18歳の時に子どもを生んだがすぐに亡くなり、19歳になる時に産んだ長女が、同じ猫ノ沢に稼ぎ、現在も元気でいる。その後は角之助が兵隊にとられたので子どもが生まれるのもとぎれて、1915年に帰ってきて翌年に妊娠したのが、いま家を継いでいる長男の寛一さんである。しかし、猫ノ沢事件が起きた時は、寛一さんはまだセキさんの腹の中にいた。

土足で家を探す

猫ノ沢事件が起きたのは、1916年6月24日の朝であった。その当時の農民たちは、まだ夜が明けるか明けないうちに起きて朝草刈りに出たり、田んぼの水を見に行ったり、畑に行ったりしたものだったが、ちょうど前日の6月23日の夕方までかかって、猫ノ沢の全部の家で田植が終わったばかりであった。そのため24日の朝は、ちょうど雨も降っていたし、田植の疲れもあったので、いつもだと酒役人が猫ノ沢に入ったころはとっくに田畑に出ていたのに、まだ家の戸を閉めたまま寝ている家が大半だった。

「やっと田植も終わった次の朝だし、どれゆっくり寝でいるべと思ってな、どこの家でも寝であったわげスな」

とセキさん。

酒役人が猫ノ沢に入った朝の4時といえば、わずかばかりに夜が明けてきて、いつもだと田畑に出かけているのに、その朝は田植疲れで寝込んでいる時に入ったのだから、酒調べをする側からすると、もっともタイミングのいい日と時刻を選んだことになる。

　最初に調べられたのは、猫ノ沢のいちばんはずれにある藤兵衛という家であった。藤兵衛の家でもまだ寝ていたが、わずかに入口の戸が空いていたものだから、戸を押しあけて入った。藤兵衛はその時、ちょうど便所に起きてきた。農民の習性で、いくらゆっくり寝ていようと思っていても、毎日起きている時間になると、まず一度は目が覚めるのだった。便所に行きかけた藤兵衛は、ビカビカと光る電灯を持った人が、1人は流し場《みんじゃ》を、1人は戸棚の中を探しているのが見えた。そのころ、電灯を持っている家は村にも何人もおらず、まして猫ノ沢には1軒もなかったという。あまりにも突然のことに、びっくりした藤兵衛は、

「何者だア！」

と大声で叫んだ。

「税務署だ！」

という声がかえってきた。

　藤兵衛は「税務署だば仕方ねエな」と思って、そのまま便所に行ってもどって見ると、流し場にも戸棚にもどぶろくはなかったものだから、こんどは家の中に上がって探したが、どこからも出てこなかった。そのうちに家中の人が起き出して、黙って酒役人の調べるのを見ていたというが、こうして調べるのが酒役人だと覚えているものだから、文句のつけようもなかった。だが、どこからもどぶろくは出てこなかった。酒役人は挨拶もしないで、家を出て行った。

　こうして猫ノ沢の家は、次から次と寝込みを襲われ調べられたが、そのうちにだんだんと人も起き出してきた。戸にカギをつけている家は、玄関で待っていて、戸があくと同時に入って調べたが、戸にカギのかかっていない家は、藤兵衛の家のように調べられたのだった。もちろん、セキさんの家にも酒役人はやって来た。

「9人も揃って、来てあったものな。よぐもまああんたに、酒調べども来たもんであったなア。それまでだば、多く来ても5人くらいであったどもな。こんだおれの家さも入って来てな、家の中じゅう探したども、とくに流し場と戸棚の中を探してあったね。それでもねエもんだから、こんだ座敷さ上がったものな。なん

と他人《ふと》の家さ、靴ものがねで、土足のまま上がって、家の中かますもんだけものな。ゴザだの、台所の板の上さだの、泥のついた靴の跡残ってな。ごしやけで（怒りたくて）ごしやげでどうもならねたって、相手が酒役人だばどうすることも出来ねから、わしだば飯炊く支度しながら黙って見てたもの」

他人の家の居間や座敷に、いくらなんでも土足のまま上がるとはひどいと思うだろうが、当時はこれが酒役人の普通の行動だったという。それだけにどぶろくを見つけられない家では、流し場から戸棚、神棚から押入れまで好き勝手にさんざん荒されたまま、ひと言も言わないで出て行くものだから、酒役人に対する憎しみも大きかった。酒役人に踏み込まれると、女の人が2、3時間は後片付にかかったといわれるが、しかもゴザの上などについた足跡は、いくら拭いても取れないことがあったという。

ところがこうして猫ノ沢を1軒1軒探したが、どこの家からもどぶろくは出てこなかった。猫ノ沢に行けば必ずどぶろくは見つけられると思い込んで来た酒役人の一行はガッカリすると同時に、これはどうもおかしいと思ったらしい。酒役人が来るのが事前に判っていて、どこの家でも処分したのではないか、と考えたらしかった。こうした酒役人の疑問が、数時間後に起こる事件につながっていくのである。

確かにいま考えても、酒役人がこれほどまで詳しく調べても、1件も出てこなかったというのはおかしい面もある。しかも、前日までは忙しい田植がつづいており、終わった晩にはたいていの家で1杯やったはずである。ところが流し場や戸棚の中にある桶やカメは、みんなきれいに洗われていて、粕もついていなかったという。これはどぶろくをつくった容器だなとにらんでも、どぶろくが入っていなければ証拠にもなんにもならないのである。

この点を当時のただ1人の現存者であるセキさんに聞いてみたが、「さア、そんなことはなかったような気がするどもな」と、はっきりしなかった。ただ、べつの人から聞いたのでは、その人も爺さんから聞いた話だと前置きしながら、

「名前は出さえねども、猫ノ沢のある人がだしな、境駅から朝の一番の汽車に乗るどで、真夜中に家を出て境さ向がって

歩いていたど。したば向こうから、電灯をつけた人たちが来たがら、なんの人だべと思って隠れでこっそり見てだば、どうも酒役人らしいわけだしな。しばらく後ついでみたば、船岡の村役場の前でひと休みしたど、これだは酒役人に間違いねどて、走って猫ノ沢さもどって、酒役人来るどって知らせだど。庄内さも知らせたという話だったどもな」

と語っていた。

考えられないことではない。朝方に酒役人に襲われても、猫ノ沢の農民たちがわりと落着いていたのは、証拠になる現品をきれいに処分していたからだったかもしれない。だが、確かにそう思われる点もあるし、この人が爺さんから聞いたという話もかなり信じられる面もあるが、セキさんが知らないというのでは、ほかに確かめることは出来なかった。

ただはっきりしていることは、9人の酒役人たちは1件のどぶろくも摘発することが出来ずに、空しく猫ノ沢を引きあげたのである。こんどは猫ノ沢の次にある庄内の農家を探そうと、普通の道路を通らないで川ぶつ（川縁）の草の茂ったあぜ道を急いだのだった。その途中で猫ノ沢事件の発端となる小さな事件が起こるのだが、これがもし酒役人たちが、道路を通って猫ノ沢から庄内に向かっていたら、この小さな事件も起こらなかったであろう。

大事件の前の小事件

この小さな事件を書く前に、当時のセキさんの家の事情を、セキさんの口から語ってもらうことにしよう。

「おれが嫁に来た家は、継母の入った家であったものな。舅の七蔵は本妻の子であったども、鶴吉と鉄之助は継母の子であったものな。鶴吉が兄で、鉄之助が弟であってね。鶴吉は早く家を建てで、ちゃんと財産もつけで分家《べっけ》になってあったもの。鉄之助はそれより遅れだども、これもちゃんと家を建てで、財産も分けでやって、妻も子どももえであったものな。だども、まだ分家届けを出さねであったものだから、戸籍の上ではまだおれの家の人になってあったものな」

この事件でもっとも重い罪を受ける七蔵と、鉄之助と鶴吉とは腹違いの兄弟であり、セキさんの夫である角之助さんは七蔵の長男であり、鉄之助と鶴吉とは甥の間柄であった。その点を頭に入れて、猫ノ沢事件の発端となった小さな事件をたどってみることにする。

　税務署側や裁判記録によると、猫ノ沢で1件のどぶろくも発見することが出来なかった摘発隊の一行は、川ぶつのあぜ道を庄内に向かって急いだ。その時、鉄之助が急ぎ足で追い抜いたので、庄内に知らせに行くのではないかと思ってどこに行くと聞いて、バカヤロウ！と叫ばれている。それから間もなくして、こんどは鉄之助の妻のヨツコが庄内の方から来た。摘発隊の目からはヨツコの態度に落着きがないので、きっとどぶろくを隠してきた帰りに違いないと見て、ヨツコを詰問した。ところがヨツコは、雨が降るので田の水除けに行ってきたというので、それではその田んぼに案内しろとヨツコを問いつめているところに、鉄之助が帰ってきた。よく見ると、自分の妻が摘発隊にいじめられている様子なので、女を引っ張りまわすとは何事だと摘発隊に組みついたが、他の摘発隊も協力して鉄之助を取押さえ、説得して庄内に向かったとなっている。

　ところが、ちょうどそこに通りかかった松太郎にヨツコが、「いま、鉄之助が酒役人に殺されるどころであった。早く皆を集めてけれ」と頼み、松太郎はこれに応じて七蔵たち十数人を小学校附近に集めた。そこに鉄之助が来て一部始終を話したところ、摘発隊の一行が帰るのを待ち受けて、徹底的に復讐するという謀議が成立した。宮城控訴院の判決ではこの部分を、次のように記している。

「（略）同部落ノ惣代ヲ為シ居ル被告七蔵ハ群衆ニ対シ鉄之助ノ為相協力シテ税務属等ヲ膺懲シ遣ラント提言シテ追テ税務属等帰来ノ際ハ盤木ヲ打チテ合図ヲ為スニ付キ多衆結束シテ出動スヘキ旨ヲ申聞ケ鉄之助モ共ニ群集ヲ煽動使嗾シタルヨリ予テ税務官史ニ対シ悪感ヲ懐キ居レル右群衆ハ直ニ之ニ賛同シ一旦帰宅ノ上具合図ヲ待受け居タリ（略）」

　庄内を捜索したが、そこでも戦果をあげられなかった摘発隊の一行は、庄内から猫ノ沢に向かったが、途中でどぶろくを隠してありそうに見えた白山神社境内を探したが、ここでも何も見つからなかった。摘発隊の一行が見えたので、物蔭にひそんでいた角之助は連れの若者を走らせて盤木を乱打させた。これを聞いた猫ノ沢の約30人の農民は、蓑笠に身をかため、鎌や鉈などを持って摘発隊の一行に走り寄って襲撃を加えたのであった。

以上が税務署や裁判記録による、猫ノ沢事件の概略である。

だが、セキさんの話は、公式に発表されているこの猫ノ沢事件の概略とは、重要な点でかなりの部分が違うのである。

セキさんの話によると、

「酒役人も家の中を探して帰ったので、辰之助の妻《かがあ》がこんだ、猫ノ沢の上の方さ、鎌たないで草刈りに行ったど。そのすぐ後さ、鉄之助まだ庄内にも田んぼあったものだから、鍬たないで田んぼ見に行ったわげだ。ところがしやな、辰之助の妻と鉄之助は、鉄之助が嫁もらう前から仲よくてな、鉄之助が嫁もらってからも、辰之助の妻と鉄之助の仲はたいしたええどと、猫ノ沢では噂になってえだものな。ほんとに仲えがったのが、そんでねえのが知らねども、そんな話だばおらも聞いでいた」

というのである。

辰之助の妻が庄内の方に行った後を追うようにして、鉄之助も庄内の方に行ったのを見た妻のヨツコは、2人の仲がいいというのを前々から聞いていたものだから、これはきっと鉄之助が辰之助の妻の後を追って行ったのだと考えた。2人の現場をつきとめてやろうと思ったヨツコは、蓑笠に身をつつんで2人の後を追っかけて行き、ヤブの中にからだをひそめて鉄之助が行くのを見ていた。

「鉄の妻のヨツコが悋気《りんき》して、まだおれの親父、あのおなごの後ついで行ったなど思ってな、道のねえヤブの中さ隠れで、鉄が行くの見であったど。したば酒役人たちが、普通の道歩がねで、川ぶつのヤブの中歩いて庄内さ行ごうとして、ヤブの中にいる鉄のヨツコどこ見つけだのだと。したば酒調べどア、雨の降る時にヤブの中に隠れているのは、これはおがしな、きっとどぶろく隠すに持ってきて、隠れでいるのだなと思ったわけだスな。酒役人が来ても、猫ノ沢でだっきやなんも酒が見つからなかったし、あのヨツコさえ悋気起さねで、黙って家の中にいれば、なんもあんた事件は起らねがったズな」

と、セキさんはいまでも残念そうに語っている。

酒役人たちはヨツコを見つけると、

「こらッ、酒かぐすに来たのだべエ。そ

の酒を出せ」

　と言った。ヨツコは、

「んでねエ、田さ水かげに行くところだア」

　と言っても、

「そんだごとねエべしや。酒かぐすに来たのだべエ。早くかぐした酒を出せ」

　と言ってきかなかった。酒役人の立場からすると、ヤブの中に隠れているヨツコを見つけたのだから、田に水をかけに行くのだと言われても、本気にできないのは当然であった。酒を出せと言われても、ヨツコは田に水をかけに行くところだと言い張るものだから、酒役人たちはますます疑いを深めた。

「それだったら、その田んぼまで案内しろ」

　ということになったが、ヨツコは嘘を言っているものだから、そう言われてももぞもぞしていた。酒役人たちはヨツコをつかまえると、

「早ぐその田んぼに案内しろ」

　と言って引っ張った。

　ちょうどそこに、庄内の田んぼを見終わった夫の鉄之助が帰って来たのである。

「鉄の家にはしやな、その川ぶつの近くにも田あって、川ぶつまで下って来たば、自分の妻が酒役人に引《ぶっ》ぱり廻されるのを見だわげだ。さっきまでおれの家の中かまして、こんどまだ妻まで引ぱることは何事だと、ムラムラとなった鉄ア、『俺の妻《ふと》どこ目にあひで、なんにするのだア』と、とびかがって行ったわだア。

　したたて相手は9人もいるスベェ。9人もかがって鉄ア殴られで、ひでエめにあわされでしまったど。ちょうどそごさ、同じ所さ草刈りに行ってた松太郎で人ア来て、鉄ア叩がれるどこを見でえだわげだ。こりゃ大変だというので、鎌たないであたふたと帰ってきたものな。その時ア、おれも草刈に行くべとて、家から出たばかりのところであったものな、松太郎こんだ、

『鉄ア酒調べに殺されるどこだア。助けに行ってけれ』

　どて、猫ノ沢じゅうこんだ、叫んで歩いだものな。したば、まだ朝草刈りに出はってね男ど4、5人ばかり走って行ったども、その時は酒役人たちは鉄どこ放して、庄内さ行ってしまった後であったど。その人たちに抱かれるようにして、鉄ア家さ来であったども、なんぼ叩かれだものだやら、顔だの手足がら血が流れ

で、ひでエ姿であったものな」

家に帰った鉄之助は、「あのヤロウたちに叩かれて口惜しい。仕返しさねばなんねエ」と騒ぎ立てたが、「役人さタテついだってかなうもんでねエ。気持を沈めろ」と何人にも言われて、ようやく気持を落着かせて朝食を取った。そして、田植も終わったので、また営林署の下刈り仕事に行こうと、仲間たちと長い柄のついた刈払鎌を持って家を出たのだった。**いわゆる猫ノ沢事件といわれるのは、この直後に起こるのである。**

なかった謀議

その当時、猫ノ沢の何人かが、農閑期になると大曲営林署の下刈りの仕事に歩いていた。下刈りというのは、杉苗を植林した山に草が生えて植えた杉を隠すようになると成長がとまるので、その草を鎌で刈る仕事であった。夏いっぱいはその仕事をしていたが、はたして猫ノ沢から何人の人が営林署の下刈りに行っていたかは、資料がないので判らない。ただ、裁判で罪名をきせられた25名の名前をあげながらセキさんに聞いてみると、次のような返事であった。

「おれの家の七蔵は、家の仕事もあんまりしねエで用足しに歩いてる人だから、もちろん行くはずがねスな。鉄之助は仕事に行っていたが、おれの親父の角之助は歩ぐ人でねがったし、留吉はよぐわがらねな。鶴吉はその時にきやぺえ（ペニス）腫れる病気にかがってで、仕事に歩かれる状態でながったもね。騒ぎ起きた時も、途中まで行ったどもきやぺえ痛くて、もどって来であったものな。金蔵はわがらねども、辰蔵は歩いであったな。長蔵と兼蔵は判らねな。松太郎は年取ってる人で、下刈りには歩けながったな。舟蔵も金松も行ってねな。久治はわがらね。留五郎は鬼コ留どいって、この人が頭《かしら》であったア。喜代治も直治も鎌たないで働きに行く人でねじ、兼蔵も兼治も稼ぐ人でなかったな。専之助はよく覚えでね。長之助もそうだし、長四郎も甚五郎も歩ぐ人でねじ、久米治と文治は歩いて、金四郎は歩がねがったな」

セキさんの話を整理すると、服罪した25人は次のようになる。
△働きに歩かなかった人。
七蔵、角之助、鶴吉、松太郎、舟蔵、金松、喜代治、直治、兼蔵、兼治、長

之助、長四郎、甚五郎、金四郎
△働きに歩いたどうか不明な人。
留吉、金蔵、長蔵、兼蔵、久治、専之助
△働きに歩いてた人。
鉄之助、辰蔵、留五郎、久米治、文治

セキさんの記憶によると、営林署の下刈りに歩かなかった人が14人、働きに歩いたどうか判らなかった人が6人、働きに出ていた人が5人ということになる。仮にセキさんの記憶違いによって、働きに歩いたかどうか判らない6人が全部働きに出ていたとしても、働きに出たのは11人ということになるのだが、このことが後で大きな意味を持ってくるのである。

この事実を頭に入れたうえで、宮城控訴院の判決の中から、摘発隊が襲われた順序をもう少し詳しく追ってみたい。少し読みにくいと思うが、その部分の裁判記録を次に挙げてみる。

白山神社境内やその附近の田んぼや堰などを調べて再び猫ノ沢に摘発隊が向かうと、

「(略) 角之助八人ヲシテ被告松太郎ニ盤木ヲ打鳴ラスヘキ旨申送リ松太郎ハ真意ヲ受ケ斉藤善蔵ヲシテ同部落石田長吉方軒頭ニ懸ケアル盤木ヲ乱打セシメ部落民ノ出動ヲ促カシタルヨリ被告松太郎及ヒ共ニ小学校附近ニ集リタル各人ハ勿論右暴挙ヲ伝ヘ聞キタル被告金蔵、丹蔵、金松、留五郎、喜代治及ヒ原審相被告石田兼蔵、五十嵐長之助、田村甚五郎等数十名ノ部落民モ亦共同ノ目的ヲ以テ毛羅ヲ着ケ笠ヲ冠リ鎌鉈等ヲ携ヘ前記白山神社ノ前面田圃ニ押シ寄セ群集力ヲ利用シテ右税務属等一行ヲ襲撃シ騒擾ヲ逞フシタリ而シテ右騒擾中被告七蔵ハ自ラ群衆中ニ在リテ其行動ヲ監視シ被告鉄之助ハ自ラ先頭ニ立チ群衆ヲ引率シテ進撃シ自己所有の鎌ヲ以テ大友税務属ノ頭部ヲ強打シ顱頂部中央ニ鳩卵大ノ血溢腫脹傷ヲ負ハシメ次テ其後方ニ来レル庄司税務属ノ頭部ヲモ打撃シ被告留吉ハ被告鉄之助ニ殴打セラレ水田中ニ陥リタル庄司税務属ヲ自己所有ノ鉈ヲ以テ斬付ケ其左手腕及ヒ左手指ニ各負傷セシメ被告鶴吉ハ切田税務属ヲ追掛ケ鎌ヲ以テ其背部ヲ斬付ケ長サ五仙迷深サ肺ニ達スル創傷ヲ負ハシメ被告鉄之助ニ殴打セラレ逃走ノ途中堰中ニ陥リ苦ミ居リタル大友税務属ヲ右鎌ニテ乱打シ其頭部ニ長サ六仙迷半深サ骨膜ニ達スル創傷ヲ負ハシメ被告角之助ハ木村税務属ヲ追掛ケ鎌ヲ以テ其頭部ヲ斬付ケ長サ四仙迷ノ創傷等ヲ負ハシメ被告長蔵、辰蔵、及田村兼蔵ハ各自鎌又ハ棒ヲ携ヘ白山神社附近ヲ西方ニ逃ケ行ケル高橋税務属ヲ追掛ケ以テ七蔵、鉄之助以外ノ右被告等ハ他人ニ卒先シテ勢ヲ助ケ又七蔵以外ノ被告等ハ税務属等ノ執行ヲモ防害シ被告金蔵ハ右群衆カ税務属ノ一行ニ向ヒ進撃セントスル途中ニ於テ鉄之助カ税務属等ニ手向フ者ハ已レ一人ナルヘシ上言フヤ自分モ挺身助力スルニ因リ遺付クヘシト叫ヒツツ衆ニ先立チ進行シ被告松太郎ハ前記ノ如ク合図ノ盤木ヲ乱打シテ勢ヲ助ケ被告舟蔵、金松、久治、留五郎、喜代治ハ前示原審相被告等ト共ニ附和随行シテ騒擾ヲ為シタルモノナリ（略）」

裁判記録によると、事件はこのようにして進行したのであった。ところが、セキさんの話はそうではないのである。

営林署の山へ下刈りの仕事に行くことになった人たち（筆者の推定では5～10人くらいだったのではないだろうか）は、午前7時ころに猫ノ沢の家を出発した。田植期間のあいだ休んでいたため、鎌や鉈などは家に持ち帰っていたので、田植後にはじめて働きに行くこの日は、どの人も鎌や鉈を持っていた。作業現場へ行くには、白山神社の前を通って行くのであった。それから後のことは、セキさんの話でたどることにしよう。

「酒役人たちとも、もっと詳しく庄内を調べれば、下刈りに行く人たちとなにも会わねのによ、2軒だか3軒調べてもどぶろく出てこねエものだから、酒はねエもんだと諦めで、庄内から帰って来たど。したばお宮（白山神社）あだりにどうも隠してあるみたいだからど、お宮のあたり探したども出てこねもんだから、こんだ猫ノ沢さ向かって来たんだど。そごさ、下刈りに行く人たちが、猫ノ沢からお宮の方さ行ったわけだア。これはおれ見たのではなく、人から聞いた話だとも、酒役人が来たのを見だ鉄之助がこんだ、やっとおさまってだ腹の虫が、まだあばれできたのだべしやな。鉄ァこんだ、

『あのヤロウだぢどこ、殺してしまわばなんね。おればりひどエ目にあってられるもんでエ』

どて、酒役人どこめがけて走って行ったど。したば鉄と一緒に下刈りに行くところだった人たちも4、5人が、

『まだ鉄が殺される』

どて一緒に走って行って、あんたごとが起きたわけだア。

おれは見だのでねエがらよぐ判らねども、鉄が『殺してやる』どて走って行ったば、酒役人どァ、

『ごめんしてけれ』

ってしたども、聞かねで鉈で斬った人もえだべし、お宮の下で、鎌で斬った人もえだったなア。斬られね酒役人どこんだ、庄内さ助けでけれと、走って行ったわけだア」

セキさんの話によると、この時に下刈りの仕事に一緒に行ったのは5、6人であり、しかも意図的なものではなかったのである。まったく偶然に起きた傷害事件ということになる。また、この事件によって25人が服罪しているが、実際にこの事件に関係したのは、下刈り仕事に行く途中の5、6人だったのである。

また、裁判記録によると、盤木を打ったのは、

「(略)同部落ノ惣代ヲ為シ居ル被告七蔵ハ群衆ニ対シ鉄之助ノ為相協力シテ税務属等ヲ膺懲シ遣ラント提言シテ追テ税務属帰来ノ際ハ盤木ヲ打チテ合図ヲ為スニ付キ多衆結束シテ出動スヘキ旨ヲ申(略)」し渡したためということになっている。

この盤木の乱打によって騒擾を増大させたとなっているのだが、セキさんの話によるとこれも計画的なものではなく、

「石田長蔵の家には盤木吊してあって、いつも12時になれば、その盤木ならしていたんだもの。田畑で働いでる猫ノ沢の人どは、その音聞いで、昼になったどて、家さ帰ったものだもの。あの日まだ、お宮のところで騒ぎあって、人殺されたのなんだので聞こえてきたものだから、長蔵の家さ泊まってだ大工がしゃな、あわてで盤木ならしたんだと。これ打だねばえがったのだども、その大工は猫ノ沢の人でねエものだから、あわでてしまって打ったものだべな」

と言うのである。

セキさんは、「税務署も裁判も全部嘘《ばし》だもんだ」と言っていたが、偶発の連続のようなこの事件は、**公務執行妨害傷害被告事件ではあっても、騒擾公務執行妨害傷害被告事件ではないのである。しかも、5、6人で酒役人の一行を襲った事件なのに、どうして25人もの人が服罪しなければならなかったのだろうか。**

関係ない人も収監

事件が起きてから傷を受けた酒役人がどのように助けられたかについては、税務署側の記録とセキさんの話はだいたい一致する。また、この事件がどのような方法で秋田警察署に知らされたかなどについては、セキさんは知っていなかった。一農婦としては、当然であろう。ただ、事件が起きたその日から大勢の警官たちが猫ノ沢にやって来て、事件の調査をはじめると同時に、犯人の逮捕をおこなっている。

「その後がこんだ、大変であったア。警察の人どいっぱい来て、今日も来い、夜も集まれ、今日も来い、夜も集まれどて、猫ノ沢の人がみんな学校さ呼ばれて、男も女も調べられだものな。それでも物事決まらねものだから、猫ノ沢の男の人はみんな、連れで行かれでしまったのス。秋田の刑務所さ」

とセキさんは語っているが、このあたりはセキさんの記憶と当時の新聞記事との間に、多くの違いが見られる。大正5年6月26日付の記事では、

「(略)山下署長以下刑事巡査数名が急行して犯人検挙に活動し、判検事も臨検の上嫌疑者一同を引致し厳重取調べ中にて、犯人の姓名は未だ不明なるが、本日頃一同秋田署に押送せらるべしとなり(略)」(秋田魁新報)

となっている。ところが6月28日付の同紙には、「加害者を収監、全部八名」という見出しで、

「税務属等を要撃せる河辺郡船岡猫の沢部落民中、加害者と認むべき八名を一昨日引致せるが、其の人々は五十嵐七蔵、五十嵐角之助、同鉄之助、斉藤留吉、鈴木久米治、田村金蔵、斉藤文治、同直治にて、内七蔵は元兇とも見るべく、何れも一昨日拘引状発すると共に収監され、昨日よりそれぞれ予審に廻り調べ開始せる」

と書かれている。セキさんには何度も繰返して聞いたが、そのたびに「みんな連れて行かれた」と言っていたが、これは猫ノ沢の男たち全員が収監されたというのではなく、身内の人がみんな連れて行かれたというのと勘違いしているのではないかと思われる。

また、最初に収監された8人のうち、セキさんはこの人は山仕事に歩くような人ではないと言っている人、いわば酒役

人を直接に襲った人ではない人が、七蔵、角之助、直治と3人も含まれているのである。このあたりの事情は、セキさんに聞いてもよく判らなかった。ただ、七蔵も角之助も酒役人が襲われた時にその現場にいなかったことは確かで、

「営林署の山さ下刈りの仕事に行くどて集まったのは、5、6人だものな。その中さだば、七蔵も角之助も入ってねがったたァ。あの事件が起きた時だっきゃ、七蔵は家にいるのをおれがちゃんと見でるものな。おれの親父の角之助まだ、下にある親戚に用があるって出かけで行って、用が終わって帰ってきたば盤木が鳴るものだから、びっくりして走って行ったば、もう終わってあったど」

とセキさんは語っている。

ここで考えられるのは、猫ノ沢の人たちは取り調べを受けても、お互いに事件に関係した人たちの名前を隠したのではないだろうか。そのために秋田警察署では、ようやく聞き出した直接に手を下した鉄之助、久米治、文治のほかにもセキさんが下刈りの仕事に歩いたかどうか不明としている留吉、金蔵の2人（この2人はあるいは下刈り仕事へ一緒に行ったかもしれないのである）のほかに、これは猫ノ沢の人たちが前もって相談して実行した事件と見て、部落総代の七蔵と、青年会長の角之助も一緒に収監されたのではないだろうか。

角之助が酒役人に殴られたのを復讐しようと、猫ノ沢の人たちが相談して帰りについた一行を襲ったのではないかという捜査当局の考えは、この事件が発生した当初からあったらしい。おそらく警察署側の発表をもとにして書かれたのであろう当時の新聞記事の中にも、その点がうかがわれる個所がいくつか見られる。

「猫ノ沢部落ニ入ル畦畔ニ差懸レハ雨マントニ身ヲ固メ頭覆ヒ深ク垂レアリテ定カニ見定マラスモ蓑笠ニ装ヘル人数ノ蠢メキ来ルヲ認メラレ一隊マタ一隊三隊ハカリニ前後シテ一揆テモ起レル如犇メキ来ルヲ漸次散見セラレタルカヨモヤ我ニ危害ヲ加フルモノトハ思ハ子ト何カシラ不思議ニ堪ヘス一行ノ先登ニアリシ大友間税課長ハ思ヘラク一筋道ノコトトテ擦リ違フ場合ニ紛紜ヲ来サストモ限ラス当方ヨリ低ク出テ敬意ヲ表シテ通リナハ間違モナカルヘシト咄嗟ノ間ニ思案ヲ定メ前方ヨリ急速ニ迫リ来レル蓑笠ノ一隊目睹約三十人余リ先登ニナリテ何カシラ指揮ヲ為

シッツアルラシキ」（秋田毎日新聞・大正五年六月二六日）

この記事では、約30人ほどの人が3隊に分かれて来たが、その風態は何か一揆でも起こるようだったとし、先頭に立っている人は一行を指揮していたとなっている。また、次の記事は、

「一同引上げんとして田の畦に出てたる折しも猫ノ沢村民約三十名が各自山刀、鎌などの柄物を携帯して十名宛三方に別れて押し寄せ来たり」（秋田魁新報・大正5年6月26日）

となっているが、これも集団で酒役人を襲ったという書き方になっている。事件が発生した当初から、警察側では集団で酒役人を襲撃したと推定していたようである。しかも、柄のついた鎌や鉈をそれぞれ持っていたことも、そうした推定をいっそう強めたものであろう。長らく休んでいた営林署の下刈り作業に出るのだから、鎌や鉈を持っているのは当然なのだが、警察側では逆にその点を、共同謀議の動かしがたい証拠と見たようである。

また、これは事件とは直接に関係がないのだが、七蔵たち8人が収監されたのは6月26日だが、このことを報道した同じ新聞に、次のような川田検事正の談話が載っている。

「密造矯正は直ちに検挙するを目的とするものに非ずして、今後密造をせぬ様にするを目的とするものなれば、税務署も多人数押寄せて圧迫的に検挙せんとしたるなどは方針を過ったものなるべし。兎に角斯る惨劇を行はれたるは相方共不幸なるものにて、此れが為め今後密造矯正の大事業に支障を来す様な事あれば此迄での苦心も水泡となるより、此際地方の町村長其ノ他有力者が自ら進んで、自分の村より斯る者を出さざる様努力せられたきものなり」（秋田魁新報・大正5年6月28日）

談話の冒頭で川田検事正は、**酒役人が大勢で検挙に押寄せたのは、密造矯正の方法を誤ったものだと指摘している**が、取り締り側で自分たちの行動を反省しているのは、筆者の調べたかぎりでいえば、この談話だけである。だが、猫ノ沢事件にたいしては、猫ノ沢の農民たちだけが悪人だと書かれたものだけが残っているが、当時の世論は必ずしもそうではなかったことを、この談話は語っているようである。

騙されて自供

さて、事件が発生してから3日後の6月26日に七蔵たち8人が収監されて本格的な取り調べを受けるのだが、どんな取り調べがおこなわれたかは判っていない。セキさんはそのことを、

「警察さ連れられて調べられた時のことだば、自分でも言わねがったし、聞く方も聞けば悪いと思って、誰も聞かねがったァ。んだども、いつだったかおれさ、

『あの時だばほんとに腹悪がったァ』

と、親父が言ったことあったども、ひどく調べられだものだべなァ」

と、角之助のことを語っている。口をつぐんで語らないほど、取り調べは厳しかったのであろう。その取り調べの中で新しい容疑者の名前が次々と出て、そのたびに収監されたらしいが、その事情をセキさんから聞いてみよう。

「あどで聞いた話だども、文治というのが度胸のねェ人でな、留五郎ってのが鬼ッこ留と言われてるくらい、人から嫌われでる人であった。この2人がな、牢さ入れられで調べられでる時、警察の人がら、

『ようぐ知らせれば、2人どこはご免じてやる。ほかの人だば、牢さ留めておぐどもな。2人どこだば留めねんて、ありなりにしゃべれ、みんなしゃべれ』

ど言われだんだど。そう言われだもんだから、鬼ッこ留と文治がしゃな、警察にかって騙されでしまって、なんも行かぬ人の名もあげで、

『あれも行った、これも行った。あれも行った、これも行った』

と、猫ノ沢の男たちがみんな行ったごとになってしまったんだど。このバカたちのために、なんも事件さ関係のねェ人ども引っぱられて、1年がら5年も牢さ入ったり、罰金取られだりしたのだでばァ。

おれの分家の鶴吉だっきゃ、ほんとに腹立てであったァ。鶴吉はきゃぺえ腫れで歩くのも大変だったのだから、

『文治、おれだっきゃ行けるようなからだでねェこと、お前もよく知ってるべェ』と言っても、

『鉄之助と鶴吉は兄弟だもの。行かねはずねベスよ』と言うんだど。

『文治、もう一回考えでみでけれ。間違いだべェ』と聞いでも、

『ぜったい間違いねェ。鶴吉が行った

の、俺が見たァ』って言うんだと。それが腹わりどてな。行がねのも行ったどて言うのが腹わりどて、鶴吉はうんとしゃべってあった」

セキさんの話によると、鬼ッこ留と言われるほど嫌われている留五郎と、あまり度胸のない気弱な文治の2人が警察に狙われて、「事件のいっさいを打ち明けると許してやるから」と言われ、2人は言えば言うほど罪にならずに早く家に帰っていけると思って、**猫ノ沢のほとんどの人が行ったことになったというのである。**

第1回目には留五郎は収監されていないから、その次あたりに収監されたものだろうか。そのあたりのことはよく判らないが、実際には5、6人の人たちより酒役人を襲撃していないのに、25人もの大勢の人が服罪した原因が、これでやっと理解できるのである。2人の自供をタテにとって、警察では次々と収監してきては、犯行の手順を書いていったものであろう。そして身になんの覚えのない人たちも、2人の自供にそうように自白させようと、かなり厳しい取り調べがおこなわれたらしいことは、角之助が自分の妻にもその取り調べの様子を話さなかったことでも、推察することができる。また、一審の裁判記録が事実と違っていたからこそ、宮城控訴院に控訴したり、大審院に上告したりしたのであろう。

だが、身に覚えのない罪で収監された人たちの場合も大変だったろうが、父や夫を奪われた留守家族の苦しみも大変なものであった。とくにセキさんの家などは、

「おれの家でだは、舅の七蔵と、おれのおやじの角之助が連れて行がれだものな。家に残されたのは、七蔵の母親の婆さまと、女の子1人と、おれの腹の中さまだ子ども入ってあったものな。この婆さまだば、七蔵も角之助も牢さ入ってる時に、亡くなってしまったものな。それがらこんだ、分家の鉄之助と鶴吉も連れて行かれたべェ。牢さ入ったほがの家の人ども、そりゃ苦労はしたども、姑たちが若がったり、兄弟がえだり、子どもが大っきがったりしてあったども、おれの家でだば、腹の大っきなおれが1人だものな、働ける人ってひばね。しかもな、その時におれはまだ、24歳の時であったものな」という大変なものだった。

しかも、それまではカマド（家計）のことにはいっさい触れることのなかった

セキさんが、そのカマドの切りもりもしなければならなかった。それも身重の若い女の肩にかかってきたのだから、その苦労は大きなものだったに違いない。

「裁判になって弁護士頼むことになったたて、そんな大金があるわけでないし、あっちの山売ったり、こっちの田コ売ったりして、カネを支度したもんだァ。山とか田コ売る時は、秋田の刑務所に入ってる舅さ相談に行って、あそこの山売れ、そこの田コ売れって言われて、こんど家さ帰れば、それを売ってな。カネは手さ入れば、こんだ弁護士さ渡すにまた秋田まで行くすべェ。腹さ子ども入っているし、肩で息つきながら歩いたもんだァ。弁護士は古沢と柴田という人であったども、この猫ノ沢まで調べに来てあったっけェ。そんなわけで、1年目の時だば田畑の仕事さねがったもんだから、作は取れなかったァ。1年くらい作なくともええがら、なんとかして1人だけでいいから家に残して貰いたくて、頑張って歩いたものだでば」

24歳のまだ世間のこともよく判らない農婦が、刑務所の門をくぐったり、田畑を売ったり、弁護士と交渉するといった仕事をしなければならなかったのだから、これまで考えたこともないようなことに次々と遭遇したといっても、決して過言にならない苦難の連続だったのである。そして公判は、1916年10月19日に秋田地方裁判所でおこなわれ、セキさんたちも聞きに行った。

「あの時はな、七蔵も角之助もなんもそんだことしてねんだし、弁護士も頼んであることだし、裁判に負けることはねェと思って行ったものな。おれの家では、小さな子どもと婆さまどこも連れで行ったが、この時は婆さまは、おれも行ぐとてきがねがったものな。おれの親父たち裁判所さ入って来たば、子どももおれの耳さ口つけで、

『母《か》あ、おれの父《おど》と爺ちゃと、カコベ被ってきたよ。なしてあんなもの被るんだァ』

と聞くんだおね。裁判の時は頭から取るども、刑務所から裁判所さ来る時と帰る時は、深編笠みだいなものばふらっと被せで、人さ顔見せぬようにして、馬車でガラガラと刑務所から来たもんであったけものね。その被ってるものが、子どもには栗だの拾いに歩く時に使う、カコベに見えたのだべな。んだども、裁判では負けでな、騒擾事件どいうものになっ

てしまって、どうも出来ねがったァ」

消えた鶴吉

警察側の調書をそのまま全面的に認めた秋田地方裁判所の第一審の判決を不服とした七蔵たち被告は、弁護士を通じて宮城控訴院に控訴した。そのためセキさんはまた、田畑を売って、裁判費用をつくるために走りまわらなければならなかった。

「秋田裁判所で刑が決まって、仙台の宮城控訴院というところさ控訴したものな。その間に1ヵ月だけ、秋田の刑務所からみんなを家によこしてあったものな。刑が決まれば刑務所さ入らねばダメだから、家さ帰って準備してこいということであったのだべな。1ヵ月だけ家にいて、また秋田刑務所さ行ったどもな。この時が婆さまと、七蔵と角之助とは最後であったスな。牢に入っている間に、婆さまは死んだものな」

1ヵ月だけ家に帰された七蔵と角之助は、これからのことをこまごまどセキさんに教えて、再び秋田刑務所に下獄して宮城控訴院の判決を待ったのであった。

だが、この時に1つの事件が起きている。鉄之助の兄で、七蔵には腹違いの弟にあたる鶴吉が、秋田刑務所にもどらないでそのまま逃げてしまったのだった。というのは、その裏に次のようなことがあった。

鶴吉は以前に、刑務所に入った経験を持っていたのだが、宮城控訴院の判決文の中にも次のような項目がある。

「被告鶴吉ハ明治四十四年十月十四日ニ秋田地方裁判ニ於テ森林窃盗罪ニ因リ懲役二月ニ処セラレ其当時刑ノ執行終了シタリ」

この事情について、セキさんはこう語っている。

「分家の鶴吉は、人に頼まれでこの沢の奥さ木流しの仕事に行ってる時に、川のふつにある木を山師から伐れどて言われて伐ったのだと。んだども、その木が盗伐されたと判った時に、山師は鶴吉が勝手に伐ったものだと言ったために、鶴吉だけが引っぱられだのだったものね。調べられたり、牢さ入った時に、なんぼひどい目にあったものだんだが、

『あそご（刑務所）さだば、二度と行くところではね』

って、よく言ってあったものな。

おれの舅の七蔵さも、

『判決わだってしまえば、あどは動かれないがら、おれと一緒に仙台さ行って、結果がおもわしくねがったら逃げるべス。牢さだっきゃ行ぐな』

どて、何回もしゃべに来たものな。んだども舅だば、

『そんなことは出来ねぇ』

って、首振ってあったものな。

こんど、一ヵ月家にいるの終わって、秋田の刑務所さもどることになったものな。その時に鶴吉は、

『おれだば行かねぇ。判決聞いてみで、ダメだば逃げるから……』

と言って、秋田の刑務所さ行かねで、仙台さ逃げだったもの。それから判決あった時に、『コウソキキヤク』と電報が1通来たっきりで、あとは連絡がなくなってしまたものな。あの時に鶴吉は、50歳を少しばかり越しであったども、妻も子どももえでな。しかも何年逃げてればいいのだということも判らねで逃げてしまったものだから、あとは家さ来ねがったし、便りもこながったものな。おれの家から1軒おいで隣の家が鶴吉の家だども、どこさ行ってしまったのか、なんも判らねぇ。満州さ行ったのだべぇとか、樺太さ行ったのでねぇがという人もあるども、鶴吉とこ見た人がえるわけでもねスね。いまだば息子がカマド持っているども、もう死んだものだと家の人は思ってる。おれも、もうこの世の人ではねぇと思ってるども、いったいどこで死んだものだやらなァ」と、セキさんは涙ながらに語っていた。

こうして1人の男が、まるで神隠しにでもあったようにこの世から姿を消したのだった。鶴吉の家では、もう鶴吉はこの世にいないものとして位牌もつくり、鶴吉が家から出た日に法事をしているということだった。

宮城控訴院に控訴したのは、翌年の1917年6月22日に判決が出され、第一審の判決をそのまま認めた控訴棄却であった。だが、それでもなお諦められなかった七蔵たち被告は、こんどは大審院に上告した。セキさんはまた秋田刑務所に行って七蔵と相談し、田畑を売って弁護士に渡すカネをつくるのに走りまわった。猫ノ沢でも指折りの資産家だったセキさんの家は、こうしてだんだんと財産が減っていった。

「ほんとに難儀した。口では言われぬほ

どの難儀した。子ども2人さ年寄り1人かがえで、裁判あるうちは秋田へ相談に行ったり、裁判さかける田畑売ったりだスベ。田をつくらねば作あがってこねがら、食っていけなくなるスね。田畑はつくらねばなんねが、働けないわげすよ」

とセキさんの苦労はつづいた。

だが、**最後の望みをたくした大審院への上告も、1917年11月3日に全面的に棄却の判決を受けた**。こうして七蔵たち猫ノ沢の農民たちは、1年にわたる法廷闘争に敗れ、第一審どおりに10人が下獄し、15人が罰金を払った。直接に事件を引き起こした鉄之助をのぞいては、事件とはかかわりのない人たちが重い懲役を受け、実際に事件に関係した人たちは罰金刑を受けたのであった。

刑が決まってから服役したが、セキさんの家では七蔵が懲役6年、角之助5年と2人とも長かった。

「田畑つくるのも、女手ひとつだスベ。あっちの家がら助けてもらったり、こっちの家の人に手伝ってもらったりして、やっと半分ばかりつくったな。つくらね分は、荒らしておいだァ。つくらねがらって売ってしまえば、後で帰ってきた時に困るがらスな。裁判さかけるほかにだば、1枚も売らねがったども、そのかわり実家からだば世話になったァ。実家でだば、1人も引っぱられねかったものだから、ほんとに助かったなァ」

とセキさん——。

留守宅の苦労

セキさんは事件が起きた年もいれると、24歳から28歳まで1人で家を守ったのだが、この間にはいろいろな出来事があったという。

「なんた時もあったァ、なんた時も……。したたって、いまさらなんともなるめえしど思って、我慢に我慢した。猫ノ沢の人からだは、べつに悪口言われだりしなかったども、どこからも1文のゼンコ入ってくるわけではないし、役場銭かけるのと、子どもに病気された時だば、ほんとに困ったな。役場銭コかけるたってねェがら、実家から米コ借りてきて売って、それでかけだことも何回もあったァ。2人の子どものうち、姉コは丈夫で育ったども、いま家にいる長男が弱くてしやな、よく医者さ歩いだ。子ども悪くなれば、医者さ行くたってゼンコないから、実家さ行って、20円借してけれ、25円借してけれって、借りて連れで歩いだったァ。あまりにも弱くてな、3つになっても歩げねかったもの。おれの親父が4年目に牢から出て来た時に、やっと歩けるようになってあったものな。実家の人たちは、

『この子だば、とても助かるどこさえがねべな』

　と言ったもんだ。

　姉コさも、難儀かけだァ。婆さま亡くなってからは、長男の子守りがえねくなったものな。田畑さ連れて行けば、仕事にならねがらって、こんだ姉コが学校さ行く時に、背負わせてやったやず。子どもの子守りしながら、勉強してこいと言ってな。先生も可愛想だと思って、黙ってくれであったども、ほんとに姉コさは難儀かけだなァ」


　幼ない2人の子どもをかかえた若い農婦は、自分の生活に追われつづけた。追われつづけても、いっこうに暮しむきはよくならなかった。しかも、古い家柄であればあるほど、その他のいろいろなことがあった。

「白山神社だども、あのお宮はしゃな、おれの家の先祖がこの猫ノ沢さ来た時に、関西の方から内神様として持ってきて、自分の家の山を供へて、別当頼んで神社どこ守ってあったもの。んだども、おれは家のことで一杯で、とても神様どころでながったものな。それでは神様が粗末になってダメだから、部落持にして、部落でこの神社を祀ってえぐべェという相談ができて、そうすることに決めたど。おれもそうしてければ神様も粗末にならねェがら、いいごとだと思ったものな。その時におれの実家では兄が死んで、弟がカマドとってあったども、その弟がしゃ、

『それだばたいしたええことだども、五十嵐の男たちは死んだわけでなぐ、明日にでももどってくるかもしれねェ。あれほどの大きな山を供えである他人の内神を、部落のものにするのだったば、誰か責任者が出てけれ。とても神様が粗末になってダメだんて、おらたちこう決めたという人出てけれ』

　と言ったと。

　したども、おれが責任者になるで人、1人も出なくてこの相談は流れてしまって、まだおれの家で祀らねばなんねぐなったものな。そうなっても、おれは忙くて神社さ手もかけれねば、草取りにも行けなくて、ほんとに粗末にしてしまっ

たァ。粗末にせば悪いと思ってもしゃな、毎日の生活のほうが先で、とても手がまわらねがったものな」

　また、いくら総代をやっていた家とはいっても、その男たちが家にいなくて、しかもカネがなくて貧乏をするような立場になると、村人たちからはいや味を言われたり、不利な立場に置かれることもたびたびあった。

「猫ノ沢で火事を消すポンプ買うどて、巡査が間さ入って、買うことなったんだものな。おれの家さも、割当てのゼンコ出せって来てあったども、

『おれの家しゃな、いまだばとご絞っても、ゼンコ出るようなことはねんて、おれの者ど帰ってくればすぐに納めさせるんて、なんとかして部落で立替えてもらえねべがァ』

　って願ったども、なんぼ願っても、それは出来る相談でねェと言われでね。又作の家さだの、又左エ門の家さだの、巡査のところさだの呼ばられて、ゼンコ出せどて怒られだものなァ。出せたって、あれば出すども、なんにも持ってねがら、出されなかったものな。隣近所の人がらも、怒られた。隣の爺さんだっきゃな、

『隣の主婦《あば》、よく聞けよ。お前の家さ火づいたら、おらの家守れるがァ。その時はなんとしてけるがァ』

　とて叫ばれだものな。

　したば親戚の人たちが、

『お前とこはとても可愛想で見てられねがら、おらたちが貸すんて出せェ』

　どて、二人来であったもの。その時におれは、

『お前たちから借りるのはええども、きょう借りで明日返せたって、それだば出来ねんて、なんとかおれの者ど帰ってくるまで、貸してけねがァ』

　ど頼んだの。したば、

『なんとそれだばダメだ』

　どて、貸してくれながったから、借りながったものな。

　ところがな、そのポンプ買ってきて使ってみだば、なんも水の上らね、壊われてるポンプだったものな。巡査が騙されたのだスな。これだばなんも用に立たねどて、またどこさが売ってしまったども、それがらしばらくたってから、この沢の奥に部落の山あるものな。その山を営林署が借りて炭倉建てたので、営林署から土地を借りた分のカネがきて、一軒ごとに分けたの。その時な、

『炭倉のゼンコきたども、お前の家ではポンプ買う時にゼンコ出さねがったから、その分はやられねェ』

と言うんだもの。なんも用のただねポンプ買って、また売ったということも判ってであったとも、おれは知らぬふりして、

『それだば喜んであげるス』

と言って、もらわねがったァ。男の人のいない家ってのは、ほんとにバカにされたものであったァ」

男手が家にいないばかりに、こうした人知れない苦労もした。しかし、女手一つでは、カネの入る方法がないのが苦しかった。

「ゼンコないものだから、米コでばかり買物したもんであったァ。んだども、半分も田んぼつくてねものだから、その米コもすぐになくなってね。そうすればこんだ、実家から借りできてよ。なんぼ借りだかわからねェ。その実家にだって親たち2人いるども、他人が入っているものな。息子や嫁からイヤ味言われれば、親たちとご苦しめることになるものだから、秋になって米とれれば、借りだの全部返して、

『まだ面倒見てけれよな。まだ足りなくなるんだからな』

と言って、頼んだもんだ。ゼンコないのにだば、ほんとに難儀したなァ」

角之助の刑期は5年だったが、勤勉に務めたというので4年目に帰ってきた。だが、田畑の大半は荒れているうえに、裁判の費用にあてるためにかなりの田畑を売っていたため、以前のような生活にもどるには、かなりの年月を必要とした。

七蔵も6年の刑だったが、1年短かくなって5年で帰ってきた。帰るとすぐに猫ノ沢の総代に推され、名誉は回復した。七蔵は昭和8年11月8日に亡くなっている。

角之助もまた、帰ってきた翌年に、村会議員に推された。

「あの時は、まだ十分に暮らしただねェのに困ったなァどて、おれさも相談あったァ。

『みんなして毎日こうやって頼みにきてけるども、帰ってすぐだから、まだカマドもちゃんとならねのに、困ったなァ。なんとすればええがな』

って。その時おれしゃ、

『これくりゃの人ど頼みに来てけるのだから、なあに終わりに乞食になったって

ええがらやって、牢からもどってきた肌をきれいにせばいい。やれ』

ど言って、村会議員にならせだもの」

村人たちは、七蔵も角之助も無実であることを知っていただけに、こうして一応の名誉の回復をさせたのであった。

角之助は村会議員を3期やったが、57歳の時に胃が悪くて秋田市の病院へ長期にわたって入院し、家に帰ったとたんに風邪をひいて肺炎となり、1週間ほど寝てあっけなくこの世を去った。１９４５年5月5日のことであった。

いまでも町役場にある犯罪人名簿には、七蔵や角之助も含めて、無実なのに犯人に仕立てられた人たちの名前が記載されている。この世から去っても、犯罪人扱いを受けているのである。角之助の一人息子の寛一さん（59）は、

「弁護士を頼んで裁判を起こしてでも、無実の罪をあかすことは出来ないだろうか」

と、いまでも考えている。

（初出）野添憲治・真壁仁編著『どぶろくと抵抗』（たいまつ社、１９７６年）。後年、野添憲治著作集「みちのく・民の語り」第2巻『みちのく職人衆』（小社、２００６年）収録。今回数字の表記や強調箇所を編集部があらためました。

歳を重ねて来ますと、どうしたってナンかあります。ささいな出っ張りに足をひっかけ壁にゴッン！　おでこから血が出たらやっとそこで気付くんです。足の上がっていないこと。瞬発力の落ちたこと。それは仕方ない。躓《つまず》く運命にはあったんだ。次に気をつけるしかない。開き直ってしまえ。滅入《めい》ったら気分転換だ。小生はてくてく街を歩きます。モチロン足下に気をつけます。だって躓くのはコワイもん。……それはともかく。そうこうするうち1軒くらい性に合う酒場なりナンなりが見つかるモンです。宝探しの気持ち。これを忘れちゃあ、つまりません。

エコツーリズムの宝探しとおいしいお酒の効用

京都嵯峨芸術大学観光デザイン研究センター所長
真板 昭夫

宝の宝庫だった日本

持続的な環境保全の運動が世界的に高まった1980年代の初頭から筆者は縁あってこの「**エコツーリズム**」**の研究**や、それを通じた**地域づくりの実践活動**にアジア地域や南太平洋地域を飛び回っている。簡単に**エコツーリズム**を説明すれば、図1に示したように地域の資源の保全を観光という仕組みを導入して、持続的に保全すると同時に、地域社会の活性化を促して行く資源保全型経済活動の仕組みづくりと言える。

ところでこの**観光**という言葉であるが、元々は明治時代にツーリズムの訳語を探す中から中国の「**国の光を観る、光あるところに良き人集まり国栄える**」と記さ

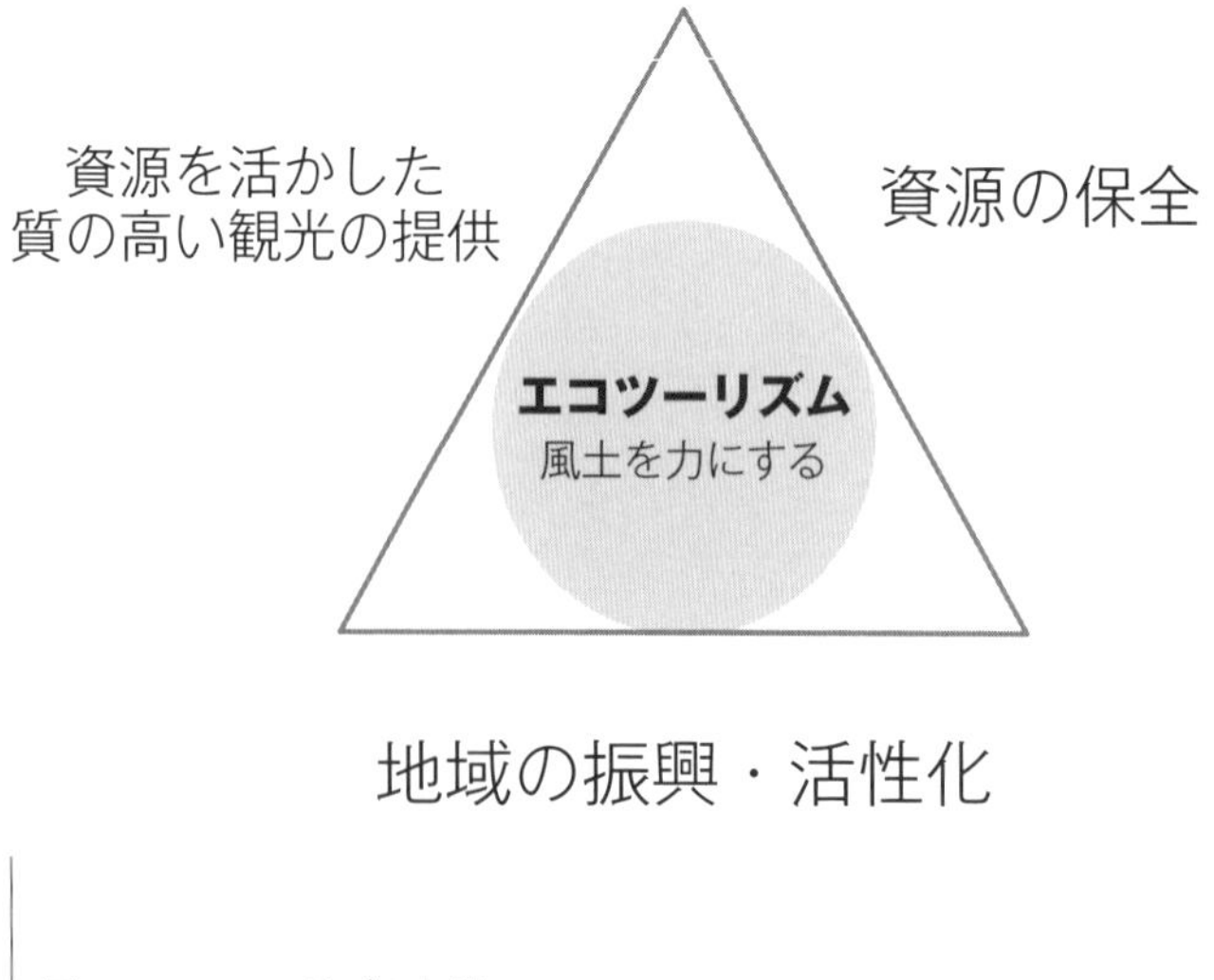

図1　エコツーリズムとは
※日本エコツーリズム協会、1998　真板・梅津（1994）に基づく

れた「**易経**」から引用されたものが始まりである。すなわち地域を発展させるには**地域の**「**光**」、言い換えれば**地域の人々の誇りや自慢**（これを**地域の宝**と呼んでいる）を探し出し、観光の仕組みをつかって、それを巧みに活用する事を意味している。

筆者は生活領域から離れた**原生的な大自然の保全**から始まった**西欧地域型エコツーリズム**に対して、日本やアジアは、生活領域との密接な関わりの行為の中で貴重な里山的な自然が維持されて来た事に注目し、**里山的自然環境の保全**は「この自然と関わりを持って生まれて維持されて来た地域の文化や生活の知恵という地域固有の文化にこそ誇りや自慢と言える光がある」とし、生活や文化と自然を一体として活用しながら保全して行く仕組みづくりの「**日本型エコツーリズム**」を提唱してきた。そして、地域の「光」探し、これを「**宝探し**」と呼んで活用する運動を展開している。

ところで、**平成の大合併**によって全国に３０００以上あった**市町村の数**は、１８２０（２００６年）にまで減少した。遡って１８８９年（明治22年）の**市町村制の施行前**、日本列島には７万１３１４もの町や村が存在したのである。**江戸時代から続く集落**であり、自然環境を基底に持続的な生産と生活を築き、そこに**固有の生活文化を育んできた単位**である。日本列島の自然は多様である。その自然との関わりから生まれた**７万１３１４という数の多様な生活文化の体系**によって、列島の隅々まで、cultivateという言葉を借りれば、**耕されていた**のである。確かに戦後70年のなかで、何よりも**失われたもの**は、７万１３１４を支えた自然環境と生活文化である。いいかえれば日本人としての

「誇り=光」である。しかし地域が**自律と自立**を迫られ、**住民自身の自覚**を促すことなくしては行政も立ちゆかないような厳しさが増すなかで、小さな集落から地方の都市まで、**地域の生き残りをかけた地域おこし**の取り組みが進んでいる。

著者らは宝さがしとそれを通じた人々とのふれあいから、いかなる地域であっても、人が住んでいれば人々の気持ちや振る舞いに、ときに風景となってあらわれる自然の姿のなかに、**営々と築かれてきた知恵**が刻み込まれていることを実感してきた。地域とは自然や生活文化、さらには人々の暮らしの積み重ねから生まれる**有形無形の多様な誇り**とでもいえる「宝」であり、その誇りと思う心を共有し、そのものと関わっていく日常性が存続している広がりであると考えている。

宝探しから掘り起こした宝「お酒の文化」

エコツーリズムによる「宝探し」の最初の場所は**岩手県二戸市**で１９９１年から始まった。つい数年前の事であるが隣町であった**浄法寺町**が二戸市に編入された時の事である。市長が「浄法寺町でも二戸市と同じ宝探しをして地域の誇りを探し出そう」と提案がなされた。ご存知の方もおられるかと思うが、浄法寺町は日本でも有数の**漆の生産地**であり、日本産の漆はほとんどがここで生産されている歴史の古い地域である。この漆を使った**浄法寺塗**も有名で、東方随一といっても良い地域である。「宝探し」で、１軒の農家の家を訪ねて行った時、40枚以上の**お面**があるというので見

せてもらっていた。その時農家の親父さんは
「あれ、1枚ねんべ」

と探し始めた。そのとき私たちの前をその家の小さな子供が走り去って行ったのだが、

「おめ！　ちょっとまて」

といって子供を取っ捕まえて、その子のお尻を触ってはいでみると、その子供は、お遊び半分でお尻に愛嬌のある面をつけていたのである。聞けば、この地域ならではの**どぶろく**が出来た時、皆でお祝いする「**酒濾舞**（さかまい）」という踊りで使用する女の面であるという。おかめにしては頬がこけ、丸い目、とがった口はひょっとこを思わせる。**おかめ・ひょっとこは道化のコンビ**である。酒濾舞の面はひょっとことおかめのハーフ、みるからに**道化の面**である。実は、この踊りは既にどぶろくは作られなくなっていたため**途絶えていた宝**となっていたのである。しかしこの面の発見から2年後、長らく途絶えていた酒濾舞は、「**どぶろく特区**」を獲得し、平成23年に二戸市で開催された「**全国エコツーリズム大会**」[1]において復活したのである。


酒濾舞は、東北地方の各地に伝えられる**山伏神楽**の流れに属する**新山神楽**の演目の1つで800年の歴史があるという。新山神楽は、かつては**小正月**過ぎに踊りながらひと月ほど家々を泊まって回っていたという。新山神楽の演目はかつて40種くらいが伝えられていたという。一度中断したが、「また神楽をやろう」と舞った経験のある地域の人たちが集まって復活再開されたのである。本来は、祈祷の儀礼的な舞が中心だが、人々を楽しませる演目もいくつかあり、酒濾舞は「**時間稼ぎのような、人々を笑わせる舞の1つ**」である。酒濾舞は**どぶろくを濾す姿を舞いにしたもの**であ

る。老婆が、どぶろくをもらいに来た若者をうまくだまして手伝わせ、どぶろくを濾すという姿を表したもので、面白おかしく舞う。老婆は老女の面をつけ、若い者はひょっとこの面をつける。ひょっとこのことを、こちらでは「**ほろほろ**」という。

どぶろくの醸造は、明治31年に自家製造が禁止されるまで、農村ではごく普通に行われていた。もともとどぶろくをつくるのは一家の**主婦の仕事**だったという。一家の主婦は「**刀自**《とじ》」と呼ばれるが、それは「杜氏」の語源であるという。酒濾舞の主役が老婆であるのは、そうした風習をうつして酒濾舞の主役をおばあさんにしている。

まず**老婆**が、面を付け、「**むっくり**」（筒袖のきもの）を着て手拭いをかぶり、どぶろくのつくる大きな**コガ**をもって舞台に登場する。そこにそのときによって人数が違うが2人から4人くらいの「**ほろほろ面**」**の若い者**が登場する。

「**ばば、酒っこないか？　濾してけれねえか**」

「なら、いっとこ間、待ってろ。まんず、たなってきてけろ」

大きいコガ（**ドブロク**を造るおけ）を若いものにたなってこさせ、おばあさんがどぶろくを濾す仕草が舞になる。老婆は舞台脇から、どぶろくを**濾す道具**である**ザル**や**タライ**、**ひしゃく**などを舞いながら持ってきて若者（？）に渡す。濾すのにどぶろくを撒いてしまったり、こぼしたり、雑巾をもってきて拭いたり。それをみて、お客さんは大いに笑う。濾し終わったところで、若い者は大きな**片口**から注いだどぶろくを飲んだ後、お客さんのなかに入っていく。大きな片口は「**ヒ**

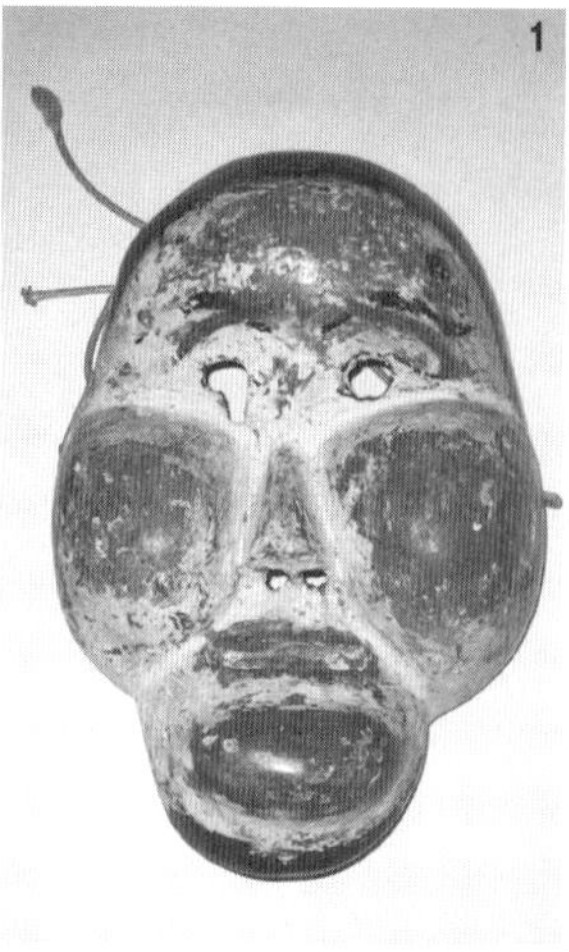

❶おカメの面
❷オカメの酒濾舞の様子
❸漆片口でどぶろくを注ぐ

アゲ」と呼び、どぶろくを振る舞うための片口で、浄法寺塗りでは一升半ほどの容量のものが多い。どぶろくを注ぐ椀は「**コブクラ**」と呼ばれ、湯飲み茶碗より大きい。これもやはり浄法寺塗りの漆器である。若い者がお客さんのなかを歩いているところで、**婆**（ばば）がザルと扇子をもって舞い、酒濾舞は終わりになる。

が、持って歩くには、ヒアゲではこぼれてしまって持って歩けない。そこで酒を入れた2升ばかり入るヤカンを用意しておき、それを持ってお客さんのなかに入っていく。

「ありゃ、本当の酒だでやっ！」

酒濾舞はもともと「**もどき**」であり、どぶろくが舞台にあるわけではない。注がれる液体も「水だろう」とたかをくって、「もどき」の芸に参加する気分でいたお客さんは、一口呑んで驚き、声をあげる。体よく老婆の手伝いをさせられた若者や、老婆の失態を笑っていたお客さんは、**最後に自分たちが一杯、それも幸せな一杯を食わされて大笑い**になる。その笑い声は太鼓の音に勝るほどの哄笑となって会場を包み、笑いのうちに座の一体感が高まる。

新山神楽のなかで酒濾舞は、狂言のような「時間稼ぎような、人々を笑わせる舞の1つ」である。自分の祈りや願いを投影しながら、厳粛な気持ちで儀礼の舞を見ていた観客の緊張をほぐし、座の一体感を盛り上げてくれる舞であるといえる。

二戸では、どぶろくを「**オッホ**」とも呼ぶ。**隠語**である。「法律による取締が厳しくなってからも『値の張る清酒をわざわざ酒屋に買いに行くよりは、手軽で美味しい昔ながらのドブロクがいい』と、密かにつくったものを夜な夜な味わう者が後を絶たず……。というわけで、晩方になると現れる「フクロウ」の方言になぞらえて」、「オッホ」と呼ばれたのだという。酒濾舞を伝える二戸市浄法寺地区は、「ドブロク特区」となり、大手をふってドブロクを味わうことができる地域になった。**神と舞いがある人々の集まる場**に酒はつきものである。わざわざ、その**酒を振る舞うための演目**があるのはいかにも酒脱、風雅。文化である。酒濾舞は酒を醸し、酒を楽しむ地域文化のシンボルといえる。お酒を楽しむことは、**生まれた地域を慈しむ心**を育む役割を持っているのである。

フィジーのお宝発見「酒?でないお酒の文化」

最近飲酒運転が厳しくなった事から、**ノンアルコールビール**が第3のビールとして流行っているが、フィジーは何百年も前からノンアルコールビール（?）文化の国である事を御存知だろうか。

南太平洋の楽園と呼ばれる**フィジー諸島**の小さな集落の活性化を頼まれた私は、1990年代半ばからエコツーリズムによる宝探しの指導で何年間か通い続けた。フィジーはかつて集落間での戦いに明け暮れ、負けた相手の肉を食べる日常的な**カーニバリズム**、つまり人肉を食べる習慣があったのである。しかし1874年に、人の肉を食べない、**キリスト教**に改心する、フィジー国家として民主主義で運用するとの3点の誓いを立て**イギリスの植民地**になったのである。いまでもその時代の習慣としていた**人肉スプーン**や交戦のときの殺傷の**戦闘道具**を**民族玩具**として販売している。私が調査を始めた頃、至る所でカーニバリズムのあった時代の習慣を、民族の誇りとして紹介する様子を聞いていて何とも言えないおぞましさを感じた事を覚えている。

イギリスの植民地となってからインド系の住民が入植し、**サトウキビ畑**の開発が始まるのである。この植民地化される以前の時代と、植民地化してから100年以上経過した今日に至るまでの中で、夫々《それぞれ》の民族の歴史と深く関わる中から生まれている2つの飲み物が存在している。

1つは今風に言えば「ノンアルコールビール」的な

フィージアンバサ村カバの儀式

ものである。それは**カバの儀式**で飲む**ヤンゴナ**というコショウ科の木の根を叩いて潰し、それを水で絞った泥色の**根のしぼり汁**である。この飲み物は南太平洋の国々ではお馴染みの飲み物である。ただ夫々の**フィジー**、**サモア**、**トンガ**、**ヴァヌアツ**といった国によって、このしぼり汁の濃さが違っていて、ものすごく薄めて飲む所もあればドローッとして濃い液を用いている国もある。

私が最初に経験したのはフィジーで一番経済的に困窮してる**アンバサ**という集落を訪問したときの事であった。この飲み物にはアルコールは入っていないのだが**鎮静効果**があり飲むほどに口の中がしびれ、何となくだるくなってくる。

集落に入るとき町でこのヤンゴナをお土産として買って行く。そしてまず村に着くとこのお土産を村の長に**プレゼントする儀式**から始まるのである。

広場に設けられた建物の中で、渡す側が「あなたは由緒正しき家で、云々」と言葉を発すると、長がそのプレゼントを村民に高く掲げてみせながら「我々の集落は、由緒正しき云々、あなた方を仲間として歓迎し良き友として云々」と返答がありいよいよ儀式の開始である。現在でも様々な式典にはこの**ヤンゴナの儀式**が欠かせず必ず集落に入ったり、公の儀式をするときはこの洗礼を受けることになる。今日では**嗜好品**として気軽に飲用する程に普及しており、フィジーアンは家の前に御座を敷いて、友達同士で夜遅くまであちこちでヤンゴナを酌み交わす風景が見受けられる。一見するとお酒のような扱い方をされているのだがお酒ではない。でも何日か滞在して毎日このヤンゴナを飲んでいるとアルコールの**飲酒と同じように習慣性**があって結構いい気持ちになってくるから不思議である。日本の飲酒の習慣には、もともと神に感謝してうまく飲む為の儀式等がつきものだが、フィジーでも一定の儀礼を伴った「カバの儀式」が存在する。これは私が現地の長から聞いた話であるが、フィジーでは**部族間の戦い**が絶え間なくあり、戦いに勝つにはアドレナリンを押さえて冷静に戦って相手を倒す必要があった。その為に戦いに行く前にこのカバの儀式を通じて**身を清めると同時に精神の興奮をコントロール**して戦いに臨んだ」と語ってくれた事を思い出す。

まず必要な道具であるが、木製の大きな器。この器に水をそそぎ、その中でカバの根を粉にして詰めた布袋をぬらし、手で何度も袋をしぼり出す。

この水に溶かした液は、一見すればほとんど泥水で、これを飲んでお腹を壊さないかと心配になる。

次に**ヤシ実の殻でつくった器**でカバの汁を汲み取り飲むのだが、この時1人はカバの汁を作り、もう1人が殻に汁を汲み取り、お客様まで運ぶ。そしてもう1人が神様や先祖に向かってお祈りを捧げる、村では上位に位置する副長的な人が担当する。そして出来ているカバ汁を**えらい人から順に飲んで行く**。

このとき、私の場合、自分の前にカバ汁が回って来た時、手を2回たたき、〝**ヘーイブラ**〟と声を上げ、右手でカバを受けとる。それを観て、副長が1回手をたたくのを待ち、ググと飲み干す。(初めてのときはとっても美味しいとは感じず不味い)

飲み終わったら、**ココナッツの殻**を返し、3回手をたたいて、〝**ビナカ**〟と礼を述べる。

私のときは6人でこの儀式に参加したのだが、器の中が空になるまで何回でも続けられた事を覚えている。

ちなみにフィジアンは**ビールの飲酒は普段は禁止**されていると聞いた。確かに私のいる時で、飲んでいる人を見た事は無かった。まさにノンアルコールビールを先に行っている民族国家だった。

もう1つはこの**サトウキビ生産**にともなって生まれた**ラム酒**である。フィジーで出来たサトウキビを輸出する港で有名な**ラウトカ港**の近くのバーに入ったときの事である。席はインド系の労働者風の人でいっぱいだった。当然フィジアンはいない。**コーラ**を混ぜて飲んでいる飲み物が眼に入った。妙に良い香りが漂っている。何かと聞いたら「**コークラム**」と教えてくれた。これが私と飲み物としてのラム酒の最初の出会いである。ラム酒はケーキや干しぶどうの香り付け用としか思っていなかった私には、普通のアルコール飲料として飲むとは想像だにしていなかったのである。

調べてみると、ラムは、比較的イギリスと関係の深い酒であった。資料によれば、かつてイギリス人は、航海の途中で難破しそうになり、ラムを飲んで心の平穏を保ったことから「**憩いの水**」とも呼んでいたそうだ。そのついでに面白い話も残っている。

「18世紀になるとラムはイギリス海軍の支給品となったそうだが、当時火を扱う場所で働く者にラムを飲ませていたと言われる。当初はラムをストレートで与えていたが、ラムは強い酒だったため、ラムと水を等量ずつ混合して作った「水割りラム」を支給するように命令したそうだ。この薄いラムは「**グロッグ**」と呼ぶようになったと言われている」そうだ。

先日**京都の町屋バー**で有名な「**TheDoor**」で飲んでいた時のことである。

「私たちはこの水割りラムをグロッグと呼んでいますが、酔ってしまうのを**グロッキー**と言いますよね。グロッキーになるという言葉の語源だそうです」とにっこり笑って知恵を授けてくれた。1つ利口になった瞬間である。

日本版ラム酒を作った

実はこの**TheDoor**で飲んでいたラム酒は日本産のラム酒である。

私たちは地域の宝探し作業から発見されたものを元に地域の誇りとも言える物産等の新しい宝を作り出す事を「**宝興し**」と呼んでいる。

フィジーと同じようにサトウキビ開拓で村作りを

行ってきた島が日本にはある。その島を「**南大東村**」という。沖縄から太平洋に450km沖合に浮かぶ。今から110年前に無人島だったここに八丈島から23人が上陸し開拓して来た島である。その後、沖縄本島からの入植もあり大和文化と琉球文化がチャンプルしている現在の人口1500人となった。島のほとんどが**サトウキビ畑**であり島の生活はサトウキビの栽培に会わせて1年が組まれているといってもおかしくない。

しかしこの島には昔は日本酒作りも試みたときがあるらしいのだが私がエコツーリズムで関わった15年前には**自前の酒**と言われるものは皆無であった。

ちょうどその頃はフィジーの調査の真っ盛りだったのだが、「南大東島の宝興し」を村から要請された。本当に不思議な事だが、**お酒の縁とは人と人、地域と地域を結びつけて行く。**村で村長と雑談をしていたときの事である。

「真板さん、沖縄では黒砂糖が余り気味なんだけど何か良いアイディアありますか」

と聞かれたのである。私はフィジーでラム酒があるなら同じサトウキビのある南大東村でもラム酒が出来るのでは無いか？ と思い込み、**ラム酒作りの提案**を村長に行ったのである。当然の事であるがラム酒等飲んだ事がある島人などいるわけが無い。ましてや沖縄文化が色濃くあり**泡盛**、**古酒**が日常である。島の人からは無理無理無理！とラムという言葉を出すだけでそっぽを向かれてしまった。

そこで、まずはラム酒とは何か？ どんな飲み方があるのか、それに会う料理は島では何か？を一から勉強することとなった。

友達に頼んで**世界中の20種類以上のラム酒集め**であ

る。その過程で色による分類で、

ホワイト・ラム（無色）
ゴールド・ラム（薄い褐色）
ダーク・ラム（濃い褐色）

材料による方法で、

①サトウキビの搾り汁から砂糖をとった後に残る**廃糖蜜**を醗酵させてできた醸造酒を蒸留し、**エタノール**の濃度を高めてから熟成させることによって作られる「**インダストリアル・ラム**」

②サトウキビの搾り汁を、又はサトウキビから精製された**糖蜜**そのまま醗酵させてできた醸造酒を蒸留し、エタノールの濃度を高めてから熟成させることによって作られる「**アグリコール・ラム**」

といった種類のものがある事など、フィジーでは勉強しなかった事の知識がいっぱい頭の中に入ってくるのである。

次に飲み方、食べ方では東京から知り合いの**イタリアンシェフ**や**バーテンダー**を南大東村に招聘して講習会を実地した。

イタリアンシェフには、1日島中を歩いてもらい**島野菜**で使えるものを探してもらい、島の食生活改善グループの夫人達を集めての講習会である。イケメンだった事もあり島の**おかあ、おばー**達は満面の笑みでシェフの説明と料理の手つきにかぶり付きである。

夕方には、手の空いた泡盛好きの男衆に集まってもらって世界の**ラム酒カクテルの飲み比べ**である。また同時にシェフ自慢の南大東イタリアンを食べるパーティーも開かれた。宴会は夜遅くまで続き、島人には好評だったのだが村役場は費用の面や酒造許可をクリアーするハードルが高かったせいなのか、ラム酒製造には、なかなかのって来なかったのである。

この日から1年くらいが過ぎたときの事である。これが切っ掛けとなったかは定かではないのだが、ラム酒を南大東村で製造する話が進んでいるというニュースが入って来た。

2004年3月に**沖縄電力の社内ベンチャー制度（MOVE2000プログラム）**を活用して会社を設立しラム酒製造を開始するという。さっそく南大東村に飛んでこの様子を見に行った。どんな酒好きの人かと思いきや、この事業を立ち上げた社長さんにあってみてビックリ。とても奇麗でホワイトラムのように澄んだ感じの美人である。名前は**金城祐子**氏。頭の固い沖縄電力に企画書を何度も書き直しては説明し、ついに説得しての事業化であるからその意気込みの強さはなみなみならぬものを感じる。金城氏の意気込みに対して重い腰を自分では上げなかった南大東村役場も、**旧南大東空港**のターミナル施設を工場として貸し出し、生産を助けたのである。

会社名は「**グレイスラム**」。

名前の由来は「ギリシャ神話の中に出てくる豊穣の三女神のグレイスにちなみ、南大東島の自然の恵みから作られるこのラムに思いを馳せてグレイス＋ラムで決めた」と語り、きっかけは、「そもそも、私のお酒好きが高じてラム酒と出会ったのですが、もっぱらの**泡盛党の私がラム酒の原料がサトウキビであることを知り、沖縄のサトウキビでラム酒を造れば、ある意味、本当の地酒!?が生まれるかもしれない！**と思い立ちあげました。」と語っている。

当然ながらサトウキビの栽培が盛んな南大東島の利点を活かし2種類の**コルコル（CORCOR）**と命名した

CORCOR（コルコル）とCORCOR AGRICOLE（アグリコール）

ラム酒を販売している。

①製糖工場で砂糖（ざらめ）を精製する際に副産物として産出される「糖蜜」を発酵させて造った**CORCOR**（コルコル）

②サトウキビを搾り、その「サトウキビ汁」を発酵させて造る**CORCOR AGRICOLE**（アグリコール）

いずれもロックで飲むと南大東の**サトウキビ畑の干し草の香り**がほのかにする。各国から集めたどのラム酒よりさっぱりして、また南大東島のサトウキビの風景が浮かんでくるお酒であるので、このラム酒は私が一番愛着を持っていろんな人に勧めているお酒である。

さて話を前述した**TheDoor**に戻そう。この節の書き出しで「飲んでいたラム酒は日本産のラム酒である」と書いたが、ラム酒の話で盛り上がったのは、実はこのCORCORが他の洋酒と混じって**棚に鎮座**していからである。まさか、南大東のラム酒CORCORが京都のバーにあるなど想像だにしていなかった。マスターと私は夜が更けるまでカウンターで南大東自慢とラム酒自慢談義に花が咲いたのは言うまでもない。以来、ラム酒はマスターと私の友情を一気に強めることとなり、私はさらに新しいと酒好きの友達を連れて週に1回は通う常連客となっている。

おわりに
―エコツーリズムの宝探しで見えて来たお酒の効用とは

お酒はよく百薬の長という事を聞く。でももっと凄いことがある。それはお酒が地域コミュニティーの形成と維持に果たすとてつもない役割である。

① **地域でお酒が生まれる時**、そのお酒がいかなるものであろうと、人々がその地域の自然と深く関わって来た歴史の集積があり、**地域の誇り**が隠されている。

② お酒はその味わい方に地域の食文化や伝統、儀式等が必ず付随して成り立っている。従って**お酒を味わう事は地域の歴史文化を食して味わう事を意味している**。飲む行為を通じて眼に見えない地域の文化を追体験しているのである。そして飲む程に地域を愛する**郷**

土愛が生まれるのである。

③　そしてお酒を飲む事を通じ、私たちは**見知らぬ相手**との共通の価値や趣味そして話題を見いだし、**新しい仲間の輪**を広げて行くエネルギーを持っている。そうである、**仲間意識を強める**のである。

これがここには書ききれなかったこともふくめて、私が世界を回りながら体で感じて来た私の「お酒感」である。単純に言えば、

「**楽しいお酒で食を取って元気になり、食を知って地域を愛し、酔ってしゃべって友を造る！**」である。

注

（1）「全国エコツーリズム大会 in岩手にのへ」において実施されたツアープログラムの一つ「浄門の里で晩秋を楽しむ庭じまいどぶろく文化を浄法寺漆器で食す」

参考文献

（1）『宝探しから持続可能な地域づくりへ―日本型エコツーリズムとはなにか』真板昭夫、比田井和子、高梨洋一郎／著（学芸出版社　２０１０年）

（2）『二戸市物語』「二戸市物語」編集員会編（二戸市　２０１１年）

（3）「まちづくりヒヤリングノート」二戸市地域振興課（２００７年、２０１１年）

お酒は料理と一緒に愉しむと一段と華やかになるもンでございます。レストランといえばそれを知る絶好の場所。そのレストランという呼び名でございますが、聞いた所によりますと、語源は疲れをとる、回復するという意味なのだそうです。粋ですなあ。ハナから元気な方がもぐもぐ召し上がるのも結構ですが、料理に舌鼓を打つうちに元気が戻る、笑顔が戻る――。想像しましたら腹がグゥっと鳴りました。そろそろ食事のお時間ですね。それでは酒は脇役、料理が主役のお話をお届け致しましょう。

▶266

酒粕料理のほろよい

玩具の旅・取材ノートより

川端 正吾
編集者／『BRUTUS』コラム「みやげもん」連載

気がつけばもう8年になるが、**『ブルータス』**という男性誌にて、毎号**日本各地の郷土玩具や縁起物を紹介する連載**をやらせてもらっている。この雑誌は月に2回も出るので、もう160回以上回を重ねているのだけど、**このご時世**、もちろん毎回この記事のために出張に出かけられるほど甘くはなくて、だいたいが他の仕事や私用で出かけた**〝ついで〟**に**職人さんの工房**におじゃましたり、**土産物店**で購入したりしながら、細々と続けている次第。

この〝ついで〟として一番多いのが連れ合いが行なっている**〝取材（という名の食べ歩き）の付き添い〟**である。彼女は、今、大学で「宗教と行事食」についての研究を行なっており、頻繁に**フィールドワーク**へと出る。それに便乗するのだ。

なので、さぞ郷土玩具と郷土食とお酒がセットになった本書にふさわしい旅をしているかと思われたのかもしれないが、実は我々夫婦は**酒をほとんど飲まない**のだ。下戸ではないのだけれど、耐性があまりなく、翌日に多大な影響を及ぼすため、タイトな取材スケジュールの中では**おいそれと飲めない**。お酒のコラムであるのに、困ったものだと思いつつ、**旅のメモ**を見返していると、**酒の文字**がいくつか目にとまった。

〝酒粕〟である。各地で酒粕の料理を食べていた。**我々にとって酒は飲まずに食べるものだったらしい。**

例えば、栃木の郷土玩具、**黄鮒**《きぶな》を求めに行った旅。

黄鮒は宇都宮の玩具で、昔**天然痘**が流行った際に、黄色の鮒が街の中心部を流れる**田川**で釣れ、病人がその身を食べたところ快方に向かった、という伝説から生まれた**張子人形**である。

棒の先に黄色の鮒を象った張り子をぶら下げた玩具で、宇都宮駅からすぐの商店街にある「**ふくべ洞**」にて、制作と販売が行われていた。「ふくべ」とは、地元の方言で「**かんぴょう**」（干瓢）の意味。栃木は全国の生産量の9割を占めているそうで、この**干瓢の外皮を使っただるま**などの細工物がメインの民芸品店であった。話をうかがってみると、この黄鮒は、代々伝わっているものではなく、**廃絶**してしまった黄鮒をもう一度復活させたいという思いから、店主が**復元**したものだそうだ。

そんなわけで、干瓢のだるまに囲まれながらひとしきり話をきいた後は、**宇都宮餃**

子の店に後ろ髪をひかれつつも、**かんぴょう料理屋**を物色。**地元の家庭料理**をふるまってくれる居酒屋を見つけ、かんぴょうの**ごま酢あえ**に、**卵とじ**、**ゴボウの千切りと昆布を干瓢で巻いた鉄砲漬け**など、なかなか東京では見かけることのない料理を次々に食す。どれもしっかりと味が染みていて、安定ある家庭料理の鑑《かがみ》のような味だ。

女将さんいわく、こうした**家庭料理の味**も、郷土玩具と同じく、最近では**忘れられていくばかり**で、地元でもこうした料理をつくる家庭は減る一方だそうだ。郷土玩具にしても、**実際子供が玩具として遊ぶことは今やほとんどない**。

遊ばれることのない玩具と、家庭で作られなくなった家庭料理。ともに、こうした**懐かしさを求めてやってくる大人**を癒してくれる存在として、うまい居場所を見つけて残っていけるのであれば、それはそれで幸せなことなんじゃないか。

本来の役割を終えながらも、今なおこうして楽しめることを、むしろ幸運と思おう、なんて話をしつつも、彼女はまだ何か物足りなそうだ。

なんでも、今回の旅の一番のお目当てだった「**しもつかれ**」なる料理がメニューに無いらしい。**酒も飲まない客が居酒屋にダラダラいて**も迷惑であろうと、干瓢を堪能したら速やかに退散し、「しもつかれ」なる料理があるお店を探すとこにしたのだが、これがまったくみあたらない。なんでも、もともとは旧暦の**初午**に作って食べる料理だったらしく、この2月の限られた時期にしか食べられないのかもしれないから、ぜひ食べておきたいのだと粘る彼女。

最後にわずかな望みを託して入ったお店にそれはあった。そこは、意外にも地元の**スーパーマーケットのお惣菜コーナー**。しかし、苦労して見つけた「しもつかれ」はお世辞にも見るからに食欲をそそるような美味しそうな食べ物ではない。素材の形を認識できないほどすりつぶされた何かが、ぐちゃぐちゃと混ぜこぜになった、ギョッとするような見た目なのだ。

なんというか、食べ物というよりは、一度食べたのだけど飲み過ぎて酒と一緒に戻してしまったモノというか、まぁ、なんともソレっぽく見えるのである。そして、**ソレっぽくみえることでも有名な郷土料理**らしい。

早速、そのパックを買い、スーパーの駐車場の片隅に大の大人2人がしゃがみこみ、パック容器から**どろどろした謎の食品**を口にかきこむ。手にぶら下げたビニール袋からは、**棒の先に黄色い魚の張り子の玩具**を吊り上げてぶらぶらさせながら食べているその姿は完全にアブナイ大人だ。

さっきの店で**酒1杯でも飲んでおけば良かった**、とその状況が恥ずかしくてソワソワしてしまうも、妻はマイウェイで平然とズルズルとしもつかれを頬張る。なんでも、このしもつかれは、稲荷神社にお供え物にする**行事食**で、**節分の福豆**の残りと、**正月に食べた鮭**の残りの頭の部分を使う。福豆には「破魔招福」のご利益が、正月の鮭には悪霊を追い払う力もあると信じられている。これを鬼おろしですりつぶして、人参、大根を加え煮込み、最後に**酒粕**を混ぜて味を整えた料理。赤飯と一緒にお供えするらしく、ちゃっかり**赤飯のおむすび**も買ってきており、これと交互に食べてみた。

見た目はなかなかパンチがきいているが、**味はうらはらに、酒粕のコク深さと鮭の風味**があわさった盤石な味。鮭頭の軟骨のコリコリした歯ごたえもたまらない。素材自体はどれもお馴染みのものばかりなのだから、それも当たり前か。

このしもつかれは「7軒食べ歩くと病気にならない」と言われているそうだが、もうすっかりあたりも暗くなり、黄鮒としもつかれで十分健康へのご利益を重ねたということで、この日はお開きとなった。我が家でのお酒をめぐるお話はたいていこんな感じですこぶる健康的なのである。

仙台で、**仙台張子**を取材した時も、夕食は酒粕料理だった。

仙台張子は、**伊達藩士**が創りだした郷土玩具と言われ、藩内の下級武士の内職として続いてきた。空や海をイメージした珍しい**青いダルマ**で、金粉で飾られ、胴模様には宝船や福の神が描かれた、**派手好きな政宗公のお膝元**らしい豪奢なたたずまい。**本郷だるま**には、特に取材のお願いをしていたわけでもなく、1人のお客として訪れたのだけれど、あれこれ製作の工程や木型を見せながら親切に教えてくれたおかみさん。

「**牛たん**は食べた?」

なんてきかれたりもしたのだけれど、実はこれから気仙沼に向かって夕食を食べることになっていると告白し、お店を後にした。

同じ宮城でも、仙台から**気仙沼**までは高速バスで3時間弱かかる。

僕は牛たんでもまったく問題ないのだけれど、どうしても食べておきたいものがあると彼女。これが酒粕料理の「**あざら**」だった。気仙沼の商店街の八百屋で早速発見。今でもかなり生活に根付いている郷土料理らしい。公園のベンチでビニール袋を広げて試食してみる。

もともとは古くなってすっかり発酵が進んで酸っぱくなってしまった**白菜漬け**をおいしく食べるために考えだされたものだそうで、**白菜の古漬けと赤魚、酒粕を一緒に煮た**ものだ。コクのある古漬けの力強い味に、魚の旨味とほろほろの身がからみ合う、漬物というよりは、もう立派な魚料理だ。

これはお酒が欲しくなるね、と珍しくもそんな話にもなったのだが、まぁ、明日も朝は早いし、なんだかビニールいっぱいのあざらを食べていたら、心なしか**ほろよい気分**になってきた。酒粕にだって若干のエタノールが残存しているのだ、ということでお開きに。

張り子ももともとは**反故紙を再利用して作った玩具**。

「しもつかれ」や「あざら」も残菜や古漬けを**再利用するための料理**。酒粕だって、**酒のしぼりかす**じゃないか。我々の旅は、なんだか常に**再利用の節約術をたどる旅**になっているなぁ、などと話ながら、東京へととんぼ返りするつもりが、**孟宗汁**も食べてみたい、ということになり山形の鶴岡へ。ちょうど5月の頭で、筍の季節からは少し遅いのではない

か、と思ったのだが、鶴岡は孟宗竹が育つ北限に近いらしく、ちょっと旬の時期がズレて、5月頭くらいがちょうどいいらしいのだ。

酒粕料理のハシゴである。

翌朝は朝から孟宗汁。じっくり煮こまれて、**カドのとれたまろやかな酒粕の香り**が立ち上る。箸で筍をつまんで一口齧った瞬間に、わざわざハシゴしてやってきたことが十分に報われた。**シャキシャキの食感**というのはまさにこういうことを言うのだと、**瑞々しい筍の味**に感心した。

筍といえば、アク抜きをするのがめんどうで、採ってから時間が経てば経つほどえぐみやアクがキツくなってしまう。ところが筍の産地である鶴岡では、下茹しただけで筍が食べられるそう。しかも、この朝採れの筍でつくる孟宗汁が最高なんだとか。すっかり旬の味を楽しんだ後は**山形張り子**の製作元へもお邪魔できた。

こうして妻の食欲につられて玩具の旅も進むのであった。

（写真も著者）

銀紙で焼いた馬鈴薯を、松葉焼いた石のわきにならべて、酒をあためる趣味は、つまり、この龍沢寺の感動からだが、さて、孤独に、軽井沢の雑木で、それをやってみても、心奥に鐘はきこえても、そこらじゅうから野良犬が吠えるばかりである。だが、それでもいい、郷に入って、郷の落葉火を楽しめばいい。どこもかも、龍沢寺の鐘があっては、興ざめではないか。

水上勉『土を喰う日々』(新潮文庫版)より

結び

中学以来の友人とはオッサンになった今も駄弁り合うンですが、場所は決まってファミレス。ぱっとしない互いの日常報告はすぐにお終い。話の接ぎ穂は近くの席のカップルやら家族連れの声に聞き耳立ててつくろう始末。小生は最近味を占めましたビールを1杯オーダーしておきます。下戸でございますからすぐにほろよう。友人はフリードリンクの往復。地味なオッサン2人の宴は実にまた地味なんだ。

友人がビールを飲むことはまずございません。他の酒類がよいわけでなく、単に飲まない。イヤなんでございましょう。父君が常に酔っ払っていた話をことあるごとに聞いておりました。あるとき、商店街で友人が「うわっ、いた。オヤジだよ」と顎で示す方を注視しますと、自転車がゆっくり右に左にふらふらしている。表情は遠くて分かりません。「また飲んでやがんな」とこぼしておりました。

酒で壊れかけていた体が悲鳴を上げ、還暦そこそこにこの父君は世を去ります。あまりに早い。晩年から亡くなるまでファミレスでは父君の話が増えました。あるとき、小生がちびりとやっていたビールを「貸せ」と言うや口に運んだ。ナンだい、けっこういけるのかと思いましたが向こうの表情は晴れない。そうでしょうナ、友人にとって酒は父君のわけでございます。看病の様子は聞いておりましたから、二の句が継げなかった。

葬儀は内々ですませたそうです。たまたま電話をしましたら訃報を聞き、晩に焼香のため訪問。御遺影に向かい手を合わせようと初めてお顔を見ました。これが驚いた。温和な真摯な表情。友人も実は優しい奴ですが、それもそのはず、この父君の顔見たら……。ずっと聞いていた話のイメージとは違っておりました。お酒に対して小生自身が抱く偏見を自覚した瞬間でもございました。今も友人は嗜《たしな》みません。小生１人ほろよう。

さて、『酒運び』もこれにてお開きでございます。お付き合いを頂きまして誠にありがとうございました。今回も突然で尚かつ漠然とした編集部の原稿依頼に応じて下さいました執筆者の皆様に心より御礼を申し上げます。続刊を許して下さいました社会評論社社主・松田健二様には頭の下がる思いでございます。装釘は臼井新太郎様にオンブにだっこ、亀澤裕也様からとびきり華のあるだるま絵を描いて頂きました。中村浩訳様にもご協力頂きました。感謝申し上げます。

多くの友人知人や縁者とを結ぶお酒の妙。１人でも多くの読者の皆様に心の清涼剤としてお役立て頂ければ幸いでございます。飲まない方もどうぞお手にとってご一読を。へべれけとほろよいは違うんですから。

当初『酒読み』だけの尻切れトンボになりかけておりましたほろよいブックス。続けてみてはと背中を押して下さった作家・山本祥一朗様。そのご縁で第２作『酒つながり』を刊行しております。併せてご一読を賜りたくご案内申し上げます。お酒を通して人の営みを垣間見る……ほろよいブックス続刊にご期待とご参加を頂ければ幸いです。

２０１３年９月吉日

ほろよいブックス編集部　板垣誠一郎

✣酒運び　執筆者✣

斎藤弘美　迫内祐司
篠原　徹　巻島　隆
井上逸兵　内野豊大
加藤幸治　相馬高道
上野明子　野添憲治
瀬間　剛　真板昭夫
宮沢　聡　川端正吾

謝辞

本書制作にあたり次の皆様・機関にお世話になりました。
心より御礼を申し上げます。

山本祥一朗
中村浩訳
瀧澤進（木田金次郎美術館）
伊東喜雄
二宮盛
*
真弓敦史（欧風台所ラ・パレット）
松本親侍（The Scores）
中原達治
新田申幸（EAU DE VIE）
佐々木孝（Shot Bar Chic）
田中裕稔（bar nocturne）

以上、敬称略

ほろよいブックス

酒《さけ》運《はこ》び

情報と文化をむすぶ交流の酒

２０１３年９月17日　初版第１刷発行

編　者　ほろよいブックス編集部
発行者　松田健二
発行所　株式会社 社会評論社
〒113-0033
東京都文京区本郷２-３-10
電　話　０３（３８１４）３８６１
ＦＡＸ　０３（３８１８）２８０８
http://www.shahyo.com
装　釘　臼井新太郎
装釘画　亀澤裕也
印刷製本　倉敷印刷株式会社